JN098490

拡張的学習と
教育イノベーション

活動理論との対話

山住勝広 編著

ミネルヴァ書房

まえがき

山住　勝広

　新型コロナウイルスのパンデミックは，知識・技能の個人的獲得という「交換価値（exchange value）」の側面に教育の成果を還元しようとする傾向にいっそう拍車をかけている。しかし他方で，学校での学びが「使用価値（use value）」，すなわち私たちが共に協働・連帯してよりよく生きていくために学びが具体的で固有の意味をもち，有用なものになるという側面に対するニーズもまた，危機の時代にあってかつてないほど高まってきている。

　こうした学校教育の根源的な矛盾の激化は，私たちに，個体主義的・競争主義的な私的利益の原理（交換価値）を超えるような，新たな学校教育の構想を不可避のものとしている。つまり，現代のグローバルに進行する人道上，そして地球環境上の危機的状況が，ポスト資本主義的な脱成長の社会の創造と結びつくような学校教育のイノベーションをリアルに求め必要としているのである。そこで新たなオルタナティブとなりうるのは，個性と人間性の深い尊重にもとづき，相互扶助とケアと自律的な連帯の原理（使用価値）に拠って立つような学校教育のあり方だろう。それは，知識・技能の私的所有の利害を超えて，社会的・経済的な衡平性（equity），集団的なウェルビーイング，エコロジカルな持続可能性（sustainability）といった共通善（common good）の構築をめざし，コモンズ（共有財産）としての知識・技能を生み出していくような学校教育である。

　本書『拡張的学習と教育イノベーション——活動理論との対話』は，人間の「活動システム」の集団的な創造をとらえる枠組みである「文化・歴史的活動理論（cultural-historical activity theory）」（以下，活動理論という）にもとづき，使用価値と交換価値が対立・競合する学校学習の根本的な矛盾をブレークスルーし，学びの使用価値を再発見していくような，現代の学校教育の多様な分野における教育イノベーションを対象に，それを研究する新たな理論的な枠組

i

みと方法論，その実践のモデル化と典型的事例について明らかにし，提起しようとするものである。

　活動理論は，その世界的な第一人者である，フィンランド，ヘルシンキ大学活動・発達・学習研究センター（Center for Research on Activity, Development and Learning：CRADLE）センター長のユーリア・エンゲストローム（Yrjö Engeström）が提唱してきた理論で，教育，仕事，コミュニティの各領域において，文化・歴史的に構築されてきた人間の集団的な活動システムを人びとがどう集団的にデザインし変革していくのかを研究する枠組みであり方法論である。

　今日，ウイルスという未知の脅威に象徴されるような不確実な未来に対して，学校での学びが，どのようにして子どもや若者が現実社会で生きることにとって具体的で固有の意味をもち有用なものとなりうるのかが，まさに問われてきている。本書で論究する，活動理論にもとづく教育イノベーションは，学校現場での教科学習や特別活動，総合的な学習，道徳教育の具体的な実践において，そうした根源的な問いに挑んでいこうとするものである。

　エンゲストロームの1991年の論文に，‘Non scolae sed vitae discimus: Toward overcoming the encapsulation of school learning’ というタイトルのものがある。このラテン語のタイトルの由来をエンゲストローム教授に直接お伺いする機会があったが，この言葉は，ヘルシンキ大学図書館の壁に掲げられていたものとのことだった。その意味は，「われわれは学校のため（scolae）ではなく（Non），生きるために（vitae）学ぶ（discimus）」である。ここでサブタイトルが，学校での学習の「カプセル化（encapsulation）」を乗り越える，となっているのは，活動理論にもとづく教育イノベーションが，学校外の現実の具体的経験や認識から遮断された学校での学習の「カプセル化」を打ち破り，ひとりひとりのかけがえのない個性的な生を生きるための学びへと向かっていこうとするものだからであろう。

　活動理論は，現在，人間の活動の変革に関する先端的で独創的な理論として，教育研究の領域を超える，人間のさまざまな活動と社会的実践の分野において，国内外で大きな関心と注目を急速に集めてきている。また，多様な実践分野において活動理論を応用する研究が量的に拡大の一途をたどっており，質的にも

深化・発展している。そうした分野には，組織学習や職場学習，組織学やマネ
ジメント，ビジネスや経営学，看護や医療，介護や福祉，第二言語習得，まち
づくりや都市プランニング，非営利組織や社会運動などが含まれる。活動理論
は，そのようなそれぞれに異質で多様な活動と社会的実践を，分野間にある壁
を横断して結合させることのできる革新的な研究パラダイムということができ
る。つまり，活動理論は，それら異なる社会的実践の試みが共通して生み出そ
うとしている，人間の創造的なポテンシャルの解放とポスト資本主義的な脱成
長型社会への展望とを開示し，広く共有していくことを可能にする研究枠組み
なのである。

　このような活動理論を応用した多様な社会的実践の現場におけるイノベー
ション研究の中心には，エンゲストロームが主唱する「拡張的学習（expansive
learning)」の理論がある。「拡張的学習」の理論は，人間の学習を，活動の集
団的な創造と変革のプロセスとして見る学習理論である。活動理論を基盤にし
た拡張的学習の理論は，学習が教育者の手を離れて，学習それ自身によって方
向づけられるものとなり，「いまだここにないものを学ぶこと（learning what is
not yet there)」，すなわち学習者が自ら変革的な担い手となり創り手となり，
協働して，集団生活を成り立たせる新しい形——活動の新しい物理的・シンボ
ル的ツール，ルールや分業のパターンなど——を生成していくような学習をと
らえる新しい学習理論である。つまり，拡張的学習とは，学習者のエージェン
シー——自分たちの「活動システム」を自分たちで形作ろうとする人びとの能
力と意志——を形成し拡張することをねらいにした学習なのである。

　拡張的学習理論は，今日，学習理論の有力なニュー・パラダイムとして，世
界的な広がりをもつとともに，教育・学習・発達研究を中心に国内外の多様な
研究領域において，大きなインパクトを与えるものとなってきている。

　国内的には，活動理論と拡張的学習理論の知的源流である，レフ・セミョー
ノヴィチ・ヴィゴツキー（Лев Семенович Выготский）の学習・発達理論が1990
年代からブームとなり，新しい学習理論が勃興してきた。そうした潮流，すな
わちヴィゴツキー理論の現代における最良の継承・発展の代表が，拡張的学習
理論である。それゆえ，今日，国内的，そして国際的に，新しい学習理論とし

て最も注目を集め，期待されているもののひとつが，拡張的学習理論であるということができる。

　こうして本書では，活動理論と拡張的学習理論にもとづき，現代の学校現場で子どもと教師の拡張的学習を生み出していく教育イノベーションを実践的に探究し，今日の教育改革と学校改革の革新的で先端的な座標軸を提起していきたい。

　本書の内容は，大きく三つのパートに分かれている。Part 1 はイントロダクションで，活動理論と拡張的学習理論の基本的な枠組み，教育イノベーションにおけるその実践的な応用について，具体的な事例を織り交ぜながら導入する。Part 2 では，学校での学習活動のデザインと分析に，拡張的学習理論を具体的に応用し，小学生や高校生の拡張的学習の創造のための実践的な指針を導き出していく。ここでは同時に，そうした学習の変革が学校改革という大きな教育イノベーションにつながることを提起する。Part 3 では，教師と保育者の側から見た拡張的学習に焦点化し，具体的な実践事例の分析を通して，教師教育の分野におけるイノベーションに新しい視点と知見をもたらしていく。

　このように本書は，拡張的学習理論を現代の学校教育の具体的な実践と教育イノベーションに真正面から応用する，日本の教育研究における初めての独自な試みとして，学校現場における新たな教育実践と学習活動の創造を現実的に提案しようとするものである。

　なお本書は，2022年度～2026年度 科学研究費・基盤研究（A）「拡張する学校を創る——変革的エージェンシーの形成へ」（研究代表者：山住勝広，課題番号：22H00084）の研究成果の一部である。記して支援に感謝したい。

　ミネルヴァ書房編集部長の浅井久仁人さんには，本書の企画に対して温かいご理解をいただき，とても丁寧な編集作業によって大きなお力添えをいただいた。拡張的学習理論を日本の具体的な教育実践のイノベーションにつないでいく本書の試みにご賛同いただき，研究を時代の現実に結びつけることによって社会貢献の役割を果たしていく，という出版の意義をお認めいただいたおかげで，本書は刊行することができた。浅井さんの本当にありがたいご支援に心から厚く感謝申し上げたい。

拡張的学習と教育イノベーション　目　次

Part 1
イントロダクション

第1章
活動理論と拡張的学習理論による教育イノベーションの探究

山住 勝広

　「文化・歴史的活動理論（cultural-historical activity theory）」（以下，活動理論という）と「拡張的学習理論（expansive learning theory）」は，過去30年ほどの間，教育・学習・発達研究（教育学，学習科学，発達科学）の領域で国際的に最もインパクトの大きい潮流となってきた新しいパラダイムのひとつである。それは，現代の教育研究と学校教育研究の多様な分野における教育イノベーションをとらえ，創り出す理論的な枠組みと実践的な指針として，今日の教育改革と学校改革の革新的で先端的な座標軸を提起しうる，新しい有力な教育理論であるといえる。

　「活動理論」は，客観的な対象（ものの世界）に働きかけ，対象から働きかけられる身体としての人間の主体的で感受性に満ちた「集団的活動」の中で，「集団的活動」を通して，人びとが対象の新たな形を作り，作り直していき，同時にそのことによって自分たち自身が作り直されていく人間形成，すなわち教育の営みをとらえる枠組みである。つまり，活動理論は，人びとが自分たちの活動をどう集団的にデザインし転換していくのかをとらえることによって，彼らが周りの世界を創造的に変えていく主体になるとともに，同時に自分たちを自分たち自身で教育して作り変えていく，いわば環境と自己の同時的・相即的な変革を明らかにしようとする教育学の新しい理論なのである。

　こうして活動理論は，人間が活動によって自らの創造的なポテンシャルを解き放ち，世界と自己をひとつに結びつけて変革していく主体となっていくような実践に積極的に関与することを理論のエートス（倫理）とする。それは，「形成的介入（formative intervention）」と呼ばれる，人間の学習と発達への新たな介入の方法論を構築することによって，上からのパターナリズム（父権主

義）や「善意の改革」のような，直接的な「刺激→反応」といった因果図式に
もとづくリニアな介入観を乗り越えるような教育学と教育研究を創り出そうと
するものである。そうした活動理論的な「形成的介入」の鍵となるのは，活動
のエージェント（担い手）たちが，目の前の実践の中にある矛盾に直面するこ
とから始まり，協働の問題分析を自分たち自身で進めることによって，自分た
ち自身の未来をデザインし具現化していく下からの学習のプロセスを呼び起し，
促進し，支援することである。

　活動の担い手たちがこのようにいわば「いまだここにないものを学ぶ
(learning what is not yet there)」ような学習を概念化しようとするのが，「拡張
的学習理論（expansive learning theory）」である。それは，伝統的な学習理論の
オルタナティブとして，対象を作り変えるとともに自己が作り変えられるよう
な活動を集団的に創造していくための学びのプロセスをとらえ，提起しようと
する最新の学習理論である。拡張的学習理論は，学習の「拡張性（expansivi-
ty)」に光を当てるというパラダイム転換によって，通常の標準的な学習理論
が，伝統的に，既成文化の獲得や制度的な制約への適応として人間の学習を定
義している限界を打ち破ろうとするものである。つまり，従来は切り離されて
無関係なままだった「学習」と「拡張」を結合し，文化を変革し創造する働き
をもつ学習の次元を明らかにしていくのが拡張的学習理論である。

　このような拡張的学習は，自分たちの生きる営みに与えられたり課せられた
りしている諸条件に対して，活動の担い手たちが自分たち自身によるコント
ロールを強め拡張していくような学習である，ということができる。つまり，
拡張的学習は，自分たちの活動を自分たちで協働して創造し変革していくため
の学びなのである。そして，人びとが社会的実践を通して，自分たち自身の活
動システムを形作るエージェント（担い手）になっていくこと，すなわち協働
して変化を創造するエージェンシー（担い手性）を発揮し拡張していく点こそ
が，拡張的学習の最大の成果なのである。

　エージェンシーとは，一般に，行為の担い手としての能力と意志のことを指
す。活動理論の観点からすれば，エージェンシーは，「自分たちの周りの世界
と自分自身の行動を変えていく能力」(Engeström, 2016, p. 43) であり，「自分た

ち自身の活動システムを形成しようとする当事者たちの能力と意志」(p. 74)
を意味する。いいかえれば，活動理論がとらえようとするエージェンシーは，
自分たちの活動の未来を自分たちの手に握る能力と意志のことなのである。

　本章では，学校教育の新たな研究の枠組みとして，活動理論と拡張的学習理
論を取り上げ，その実践的応用の可能性について検討していきたい。以下，ま
ず1において，活動理論と拡張的学習理論がどのような意味において学校教育
の研究と実践の新たな枠組みであるのかを明らかにしていく。次に2では，拡
張的学習理論が人間の学習のプロセスに対する根本的に新しいとらえ方を切り
開くものであることについて論究する。3では，学校での学習の根源的な矛盾
に着目し，それをブレークスルーすることのできる，学校における拡張的な学
習はどのようなものであるのかについて考察する。

1　学校教育の研究と実践の新たな枠組みとしての活動理論と拡張的学習理論

（1）活動システムに組み込まれた学びの研究と実践

　「活動理論」は，教育，仕事，コミュニティの各領域において，文化・歴史
的に構築されてきた人間の「活動システム」を人びとがどう集団的にデザイン
し変革していくのかを研究する枠組みである（山住，2017；Yamazumi, 2021）。
それは，学校教育の研究と実践を新たに切り開こうとするとき，学校でつくる
学びをとらえ，意味づけ，デザインし直し，創造していく実践に役立つ枠組み
として，現実に生きて働く理論的な手立てになるものである。

　「活動システム」とは，活動理論研究の世界的な第一人者である，フィンラ
ンド，ヘルシンキ大学活動・発達・学習研究センター（Center for Research on
Activity, Development and Learning：CRADLE）センター長のユーリア・エンゲ
ストローム（Engeström, 1987/2015, 2008, 2016, 2018）によって次の図1-1のよう
にモデル化された，文化に媒介されて対象に向かう人間の社会的・集団的活動
のまとまりのことである。活動システムのモデルは，社会的・歴史的な性質を
もつ人間の活動組織が，相互に影響を及ぼし合う七つの基本的な要素から構成

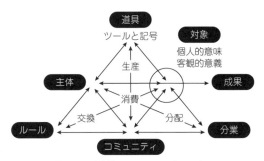

図1-1　活動システムの一般モデル
出典：Engeström（1987/2015, p. 63）より。

　されたものであることをとらえている。つまり，このモデルは，「主体」（個人やグループ）が「道具」（ツールや記号，手立てや方法，コンセプトやビジョン，技術）を用いて「対象」に働きかけ，求められる「成果」をめざして「対象」を作り変えていくような，「ルール」「コミュニティ」「分業」を社会的基盤とした人びとの集団的活動をとらえる概念的な枠組みなのである。

　この場合，活動の「対象」は，短期的に達成される行為の「目標（goal）」のことではない。ここでの「対象」とは，「実質的な基盤をもつ長期的な目的（purpose）」のことであり，そうした「対象」こそが活動に「意味や動機を与える」ものなのである（Engeström, 2017, p. 357）。また，ある活動は，社会的・集団的な活動として，たとえば特定の教師と子どもたち，そして教室外の関係者から成る「コミュニティ」によって担われ，そのメンバー間での「分業」，たとえば教師と子どもたちの協力・協働といった，異なる役割や行為の分担によってのみ遂行されることができる。このことは，活動を行う人びととの間でのやりとりや関わり合いを規制し拘束する「ルール」，たとえば学級で協働の活動を行う上での約束事を必要とする。

　それでは，学校で創る学びの研究と実践にとって，活動理論は新たな枠組みとしていかに有用なものであるのだろうか？　それに対しては，次のように答えることができるだろう。学校教育の研究と実践における活動理論の有用性は，何よりも，学校での子どもたちの学びに対するシステミックなとらえ方にある。つまり，私たちが目にしている具体的な学びの行為は，学校の活動システムの

全体的な働きの部分としてあり，全体の働きと有機的に連関した部分として生まれ，行われているのである。ある学校での子どもの学びは，その学校で創り出されている集団的活動システムに組み込まれたものであり，それに根ざして生み出される。それゆえ，異なるタイプの学習，たとえば，教室内での伝統的な教科書中心の学習と学校外の現実世界での多様なパートナーとの協働学習との間の根底にある違いは何かといえば，それはそれぞれが具体的にどのような活動システムに根ざし，組み込まれているのかの差異ということになる。したがって，活動理論を新たな研究の枠組みとすることによって，学校で創る学びがどのような活動システムに組み込まれているのかという観点と次元において，学校での子どもたちの学びを最も深く根源的に分析し，それゆえに最もよく促進することが可能になると考えられるのである。

　このように学校での子どもたちの学びを活動システムの観点から見るならば，個々の子どもがどうであるのかについてだけ目を向けるわけにはいかなくなる（Gee, 2008, p. 91）。活動理論の枠組みでは，活動システムのモデルを使いながら，「子どもたちがどのような活動システムに参加することによって学んでいるのか？」，また「子どもたちはどのようにしてその活動システムに参加しているのか？」に焦点を合わせていく。そうして，学校における子どもたちの学習を，単独の個人内で完結するような，認知・情動レベルで展開するプロセスとするのではなく，より次元の高いレベル，すなわち「対象」「道具」「コミュニティ」「ルール」「分業」といった構造的な諸要因が連関する活動システムのレベルでどのようにダイナミックに生成されているのかをとらえようとするのが，活動理論的研究の枠組みである（参照, Greeno & Engeström, 2014）。それは，従来，外部と切り離された個人的行動の範囲に閉ざされていた認知主義的な分析の単位を超え，子どもたちの学習が活動システムという高次なレベルにおいて，どのように生み出されるのかをとらえていこうとするものなのである。

　繰り返せば，ジェームズ・ポール・ジーがいうように，活動システムのモデルにもとづき，次のように問うことができるのである。「生徒は，どのような種類の活動システムの中に存在しているのか，活動システムの中での彼や彼女の役割は何か，その活動システムは彼や彼女の観点からはどう見えているのか，

またそれは他の行為者（たとえば教師や他の生徒たち）の観点からはどう見えているのか，そして学校以外の他のどのような活動システムが学校の中に存在する生徒に関わりをもっているのか」(Gee, 2008, p. 91)。こうした問いに答えていくことによって，私たちは学校で子どもたちが触れている情報は何かということ以上の重要な問題について考えることができる。つまり，活動理論における集団的活動システムのモデルを活用して，活動システムのすべての要素を等しく吟味していき，「それらすべての要素が学習者の知識や遂行能力をどのように媒介しているのか」(p. 91) を探り出すことができるのである。

　学校での学習は，このように，活動システムの諸要素による「多元的媒介 (multiple mediations)」(Engeström, 2008, p. 26) を通して具現化されている。授業と学習の過程で明示的に教えられたり意図的に伝達されたりする内容，すなわち「公式のカリキュラム (official curriculum)」よりもむしろ活動システムにおけるこうした学習の「多元的媒介」がどのようなものであるかが，子どもたちが学校で平等な学びの「機会」を得ることができているかどうかに，主要で決定的な影響を与えている。なぜなら，そのような「多元的媒介」を通して，「隠れたカリキュラム (hidden curriculum)」(Jackson, 1968, pp. 33-34) と呼ばれる，水面下に潜って不可視ではあるが，教室独自の集団生活を成り立たせている規範や価値，信念，ルーティンなどが子どもたちに習得され，その成否が彼らの学校生活への適応を根本的に左右しているからである。

　「隠れたカリキュラム」の概念を最初に提唱したといわれるフィリップ・ジャクソンの有名な1968年の著書『教室での生活 (*Life in Classrooms*)』の最初の章は，「単調な日課 (The Daily Grind)」というタイトルである。この学校生活の「単調な日課」に注目することによってジャクソンは，1960年代初頭に支配的だった，教室での子どもと教師の短期的な行動に焦点化する量的な研究——たとえば，1授業における教師の質問の数や子どものテストの得点などを集計して分析する研究——を批判し，学校と教師の仕事に関する質的研究への転換を図ろうとしたのである。つまり，彼は，「隠れたカリキュラム」の概念によって，学校教育をテクニックの面からのみ見て，それを教育工学的に改善しようとするような，量的研究の背景にある方法論的枠組みを打ち破ろうと

したのだった。彼が代替案とする質的研究は，学校における子どもと教師の相互作用の敏感で繊細なあり方をとらえ，意識的・無意識的の両面から実際に教えられ学ばれていることは何なのかを明らかにしようとするものである。

　活動理論にもとづく学校教育の研究は，まさにジャクソンが「単調な日課」と呼んだ教室での日常生活を生み出し成立させている複雑でダイナミックなシステムを問題にする。そのさい，活動システムのモデルは，「多元的媒介」の観点から子どもたちの学習の性質をとらえ，「公式のカリキュラム」に定められた習得されるべき知識・技能の内容を超えて重大な影響力を子どもたちの学習に与える「隠れたカリキュラム」を私たちが見出していくためのレンズになるのである。

　また，エンゲストローム（Engeström, 2008, p. 86）は，教室文化を規定する，このような制度的実践や慣習，ルーティンのレベルを，「学校制度のフォーマルな構造」と「授業の内容や方法」との間にある「中間の階層」ととらえ，「成績評価や試験の実施，時間割のパターン化，教科書の使用（内容だけではなく），運動場所の指定と使い方，生徒のグループ分け，規律や統制のパターン，学校外の世界との結びつき，教師間，または教師と親との相互作用等々」がその要素であることを指摘している。学校の変わりにくさは，この中間レベルが，まさに「学校生活の中で比較的目立たず，繰り返され，当たり前だと見なされていること」（p. 86）を含み込んで成り立っていることに起因する。したがって，華々しく喧伝される教育改革がスローガンで終わり失敗の歴史を重ねているのは，決して教師の個人的な資質・能力や心といった内面の要因がその理由なのではなく，そのように個人の要因に原因を帰する見解は誤りである。

　中内敏夫（2008, p. 160）は，教育の世界が「複数の層」をもっており，「そのなかで最も（といってもこれは相対的にいってということなのだが）みえやすいのは，その制度的次元であろう」と述べている。ここで中内のいう「制度的次元」とは，「制度を官僚層による管理や統治の体系つまり法体系」（p. 160）として見ていく次元のことであり，それはエンゲストロームが「学校制度のフォーマルな構造」と呼ぶマクロなレベルに当たるものである。中内は，この可視性の高いマクロな次元に対して，教育の日常世界というマイクロな次元を，

「社会学や文化人類学にいうソーシャル・インスティチューション」と見て，「その可視性はおちてくる」（p. 160）としている。その上で，次のように，この可視性の低いマイクロな次元に教育研究がアプローチすることの必要性に言及している。「しかし，これまでの日本の教育制度学者のように，これを慣習などを除く実定法の範囲でみてゆく限りではその可視性は高い。けれども，教育学は教育法や教育制度学につきることになってしまったのでは，教育の実際を担っている人びと，とりわけそのフォークな次元を担っている人びとにとっては，この学問は遠い存在になってくる」（p. 160）。

　活動理論は，中内がここでいうような可視性の高いマクロレベルと可視性の低いマイクロレベルとの間の矛盾を乗り越えることのできる教育研究を提起しうるものである。つまり，従来は分離されて別々に見られていた両者（教育制度と教育方法）をつなぎ架橋する中間レベルの教育現象を研究の対象となる単位として設定し，集団的活動システムのモデルを分析と発見の道具として用いることによって，この中間レベルにある教育の営みを可視化してとらえていくことが，活動理論を新たな枠組みとした教育研究には可能となる。

　さらにいえば，教室の文化を研究するとき，活動理論が焦点化する中間レベルの現象がきわめて重要なのは，それが学校における子どもと教師の意味生成やアイデンティティ形成の過程と結びついているからである。そのため，中間レベルの諸特徴は，子どもと教師の動機づけにとって，決定的に重要な役割を果たすものとなる。先に引用したジーのとらえ方にあったように，子どもと教師は，彼らの教育の世界を，学校の活動システムの中で創り出しているのではなく，活動システムによって（それとともに一緒になって）創り出していくのである。

　教育研究における活動理論の重要な意義について，もうひとつ付け加えるならば，活動理論の枠組みは，活動システムのモデルを通して，人間の活動システムが，具体的には，常に多数の観点や見方，伝統，関心や利害といったものを集積していること，すなわち「多声性（multi-voicedness）」と呼ぶことのできる性質をもつことに私たちの注意を向けさせるものになっている（Engeström, 2001, p. 136）。活動システムの基本的性格である分業や協業は，その中で

9

行為し相互作用し合う当事者たちの異なる諸立場を生む。当事者たちは決して「白紙」なのではなく，自らの多様な生活経験や生活史（ライフヒストリー）を活動システムの中にもち込んでいる。したがって，活動システム自体，多様な人工物，ルール，慣習，標準といったものを層として積み重ねてきた歴史をもつ多層体といえるのである。そして，このような「多声性」という性質は，相互作用する活動システム間のネットワークの場合，一段と強められることになるだろう。

（2）拡張的学習への協働的介入と学校教育の転換

　活動システムのモデルと概念的枠組みをもつ活動理論は，過去30年ほどの間，教育・学習・発達研究の領域で国際的に最もインパクトの大きい潮流となってきた新しいパラダイムのひとつである。エンゲストロームは，活動理論の概念的枠組みを構築しながら，それを基盤にした新しい学習理論として，「拡張的学習」の理論を提起している（Engeström, 1987/2015, 2016）。「拡張的学習」の理論は，人間の学習を，活動の集団的な創造と変革のプロセスとして見る学習理論である。それは，今日，学習理論の有力なニュー・パラダイムとして，世界的な広がりをもつとともに，日本においても，多様な領域において，大きな注目と関心を集めてきている。たとえば，クヌーズ・イレリス（Illeris, 2009）が編集した『現代の学習理論（*Contemporary Theories of Learning*）』には，現在，世界的に最も影響力のある著名な16の学習理論家の論文が収録されており，エンゲストロームの拡張的学習理論も，その中のひとつにあげられている。

　拡張的学習理論が新しいパラダイムとして大きなインパクトをもつのは，それが今日，学習に関して優位を競う二つの基本メタファーとされている，「獲得（acquisition）」メタファーと「参加（participation）」メタファー（Sfard, 1998）のいずれにも解消することのできない，学習の「拡張性」に光を当てるものだからである。通常の学習理論は，伝統的に，既成文化の獲得や制度的な制約への適応として学習をとらえている。「獲得」メタファーも「参加」メタファーも，「拡張（expansion）」とは違い，ともに学習における「文化の変革と創造についてはほとんど語らない」（Engeström, 2016, p. 36）。

　伝統的な学習理論におけるそのような狭い概念化を超えていくために，エンゲストロームは，「拡張」というメタファーに立脚して，「学び手が，自分たちの集団的活動の新しい対象と概念を構築し，その新しい対象と概念を実践の中で実行する」(Engeström, 2016, p. 37) ような学習，すなわち拡張的学習を理論化するのである。いいかえれば拡張的学習において学び手は，「自らの活動の対象と概念について，それを根本的に新しく，より広がりがあって複雑なものとして構築し，実行することに関わっている」(p. 36)。こうして拡張的学習の理論は，人びとが自らの生活や実践活動を自分たち自身でより幅広くコントロールし，転換・創造していく，文化創造の学習，つまり「いまだここにないものを学ぶ」(p. 9) ような学習を照らし出すのである。

　こうした拡張的学習は，もちろん，人間の学習に対するあらゆるニーズに応えることができるような万能の普遍的な学習のタイプではない。むしろそうした普遍的な学習といったものが存在しないところに，拡張的学習の根本的な意義と重要性がある。拡張的学習は，「いまだここにないもの」の学びとして，質的に広い範囲の対象に向かっていく学習ということができる。そして，拡張的学習は，その本質からして，誰ひとりとして最終的に何が学ばれねばならないのかをあらかじめ正確には知らない，といったタイプの学習なのである。

　拡張的学習は，「いまだここにないもの」の学びというその独自性ゆえに，伝統的・標準的な学習理論ではもはや対処できない現在の教育危機の中で真に必要とされる種類の学習であるといえる。ジグムント・バウマン (Bauman, 2001) は，彼が「ポストモダン」と呼ぶ歴史的に新たなリアリティを前にして，現在の教育の制度や哲学が，それ自体の失敗ではなく，私たちが生きる世界の新たなリスクや不安定性・不確実性，急激な変化に不適合であるために，根本的な危機に直面していることを指摘している。ポストモダンの人間が生きなければならない世界のリアリティとは，彼によれば，「アイデンティティの全般的な溶解，アイデンティティ形成過程の規制解除と私事化，諸権威の消散，メッセージの多元化，結果として起こる生活の断片化」(p. 127) によって特徴づけられる。こうした私たちにとって未経験の困難に対して，近代の秩序形成のために生み出され，その中で成熟し受け継がれてきた教育の制度や哲学が，

その概念的枠組みを抜本的に更新することなく応じたり，その急激な変化を調整したりコントロールしたりすることは，ほぼ不可能に近いといわざるをえない。だからこそバウマンは，次節で取り上げるような，グレゴリー・ベイトソン（Bateson, 1972）の「学習のレベルⅢ」こそが，私たちが生きる現在の世界のリアリティ，そして私たちが直面する未経験の困難に立ち向かうために何よりも必要とされ，重きを置かれるべき学習の種類であるとするのである。それは，要約すれば，「規則性をいかに打ち破るのか」，また「断片的な経験をこれまで馴染みのなかったパターンへといかに再編するか」（Bauman, 2001, p. 125）の学びだといえる。

　まさにこの「学習のレベルⅢ」が，エンゲストロームが拡張的学習に相当する学習と見なすものであり，彼が伝統的・標準的な教育理論と学習理論の中でこれまで扱われることなく，解明もされてこなかったような種類の学習と位置づけるものなのである。エンゲストローム（Engeström, 1987/2015）は，拡張的学習理論を教育理論と発達理論のニュー・パラダイムとして提唱した1987年の著書『拡張による学習（*Learning by Expanding*）』の中で，拡張的学習の理論がなぜ，何のために，何に向かって必要であり不可避であるのかの理由を，「学習の無益さ」と「拡張のとらえどころのなさ」という二つの問題をあげて説明している。つまり，拡張的学習を探究する動機となった問題は，第一に，「標準的な受動的形態での学習が無益であることがますます明らかになっていること」，第二に，「与えられた文脈（コンテクスト）を超えていく人間の拡張的なプロセスがもつ，とらえどころのない，コントロール不可能な性質」である（p. 23）。このように，拡張的学習の理論は，一方で，「文脈が事前に決められていることを前提として，個人に現在の学習課題が与えられる」（p. 2）という「受け身の学習形態」の「無益さ」が学習の歴史的な宿命であるのか，という問いに向けられている。他方で，そうした「受け身の学習形態」に代わる形態，すなわち「与えられた文脈を超えていく拡張」（p. 4）の「とらえどころのなさ」を乗り越え，拡張的なプロセスをいかに学習のプロセスに統合していけるのかが，ここでの問いになっている。拡張的学習理論は，このような二つの問題を出発点とし，まさに，「学習から，新しい文脈を見つけたり，創り出す可

能性」(p. 2) を現実化するために，学習と拡張を統合した「歴史的に新しいタ
イプの活動」(p. 23)，すなわち拡張的学習の理論を創り出そうとするものなの
である。

　活動理論は，こうして拡張的学習理論とともに，「人間の学習と発達とは，
与えられた諸条件に対する自分たち自身によるコントロールを拡張していくこ
と」(Roth, 2006, p. 17；傍点部は原文ではイタリック，以下同様) であると説明する。
人間の学習と発達に対するこのような認識にもとづき，活動理論は，活動の担
い手たち自身が，対話と相互交渉を通して協働し，自分たちの活動システムの
新しい集団的なデザインとそれへの介入を生み出し，そうした「いまだここに
ないもの」，すなわち新しい物理的・シンボル的ツール，ルールや分業のパ
ターンなどを学び創造することによって活動を新たに変革する営みに焦点を合
わせていく。このように活動の担い手たち自身が協働して自分たちの活動シス
テムに変化を起こしていく営みをエンゲストローム (Engeström, 2016, p. 220)
は，「自分たち自身の介入」と呼んでいる。そうした「自分たち自身の介入」，
いいかえれば活動の担い手たちが自分たちの活動システムの転換と創造に自分
たち自身で協働的に介入していくことに対する支援・促進こそが，活動理論が
とらえようとする，人間の学習と発達への介入としての教育の営みである（教
育の営みを協働の介入とその支援・促進としてとらえることについては，Ya-
mazumi, 2021 を参照）。

　このように活動理論は，観察と分析を主にして現状維持を続けさせるような
研究を脱却し，「研究は世界をよりよくしていく活動でなければならない」
(Engeström, 1987/2015, p. xiii) というミッションのもと，活動の担い手たち自身
の手によって現状の変革をめざす介入主義 (interventionism) にもとづく研究へ
の転換を迫っていくのである。この意味で活動理論は，現代の教育理論と学習
科学，そして教育学研究の最先端かつ有力な挑戦のひとつとなっている。また，
それは，以下の節で詳しく検討していくように，学校現場で子どもと教師の拡
張的学習への協働的介入を生み出すことによって，学校教育の実践的な転換を
めざしていく，教育学と教育研究の新たな枠組みになりうるものなのである。

2　拡張的学習のサイクルを通した集団生活の協働創造

（1）拡張的な学習行為のサイクル

　前節で触れたように，エンゲストローム（Engeström, 1987/2015）は，拡張的学習の理論構築において，ベイトソン（Bateson, 1972）の「学習の三つのレベル」（学習Ⅰ・Ⅱ・Ⅲ）という考えを援用している。学習のレベルⅠは，与えられた文脈において正しいと見なされる反応，すなわち条件反射を獲得することである。学習のレベルⅡで学習者は，当の文脈に特徴的な行動の奥に潜んでいるルールやパターンを獲得する。これは，当の問題解決が埋め込まれている文脈の獲得を意味する。したがって，学習のレベルはより高次のものである。しかし，そこで解決される問題はあくまでも所与のものであり，あらかじめ決まったものである。つまり，学習Ⅱは学習Ⅰよりも高次なのであるが，それは与えられた個別の問題を解くといったレベルの学習なのである。エンゲストロームが拡張的学習に対応させるのは，ベイトソンのいう学習のレベルⅢである。エンゲストロームはそれを次のように特徴づけている。

> 　学習Ⅱで主体は，出された問題を解こうとする。学習Ⅲでは，問題や課題それ自体を創り出さねばならない。
>
> 　　⋮
>
> 　問題が与えられても，主体は次のように問うのである。「そもそもこの問題の意義と意味は何か？　私がそれを解くべきなのはなぜか？　この問題はどのようにして生じたのか？　誰が，何の目的で，誰の利益のためにそれを作ったのか？」。　　　　　　　（Engeström, 1987/2015, pp. 119-120）

　マイケル・ヤングがいうように，「拡張的学習は，何よりも学び手が学びの必要（need）を生じさせる問題の根源（origins）を問うときに呼び起こされる学習」（Young, 1998, p. 154）である。こうした拡張的学習は，現実の活動対象に働きかける人びとが，「何を，何のために行うのか」というように学びの「必

要」から問題の「根源」を問い，学びの対象を徐々に広げていき，自らの生活世界や実践の新しいあり方，すなわち自らの未来を自らの手で創り出そうとする学びである。また，そのようにして，与えられた課題を超え，自ら問題を発見・創造していく学びが拡張的学習なのである。

　こうして拡張的学習は，短期的な「目標」，たとえば「どうやってAからBに到達するか」や「与えられた仕事をこなす」といった細かな「目標」をリニアに達成するための手段やテクニックや段階の学習とは根本的に違っている。そうではなく，細かな「目標」が織り成し複合する，より上位の「目的」，たとえば「なぜ，このようなやり方を続けているのか」「なぜ，私たちはこうしているのか」「何を，変えようとしているのか」といった，仕事や組織の対象に向けられた，"why"というシステム的な決定に関わる問いかけ，そして"where to"という歴史的なビジョンに関わる問いかけが，拡張的学習を生み出すといえるのである。つまり，「なぜ，私たちはBではなくAにいるのか」，あるいは「なぜ，AではなくBをめざすのか」といった問いかけのもと，活動システムの全体を変え，新たにデザインし直し，生み出していくレベルの学習が拡張的学習となる。

　前節で述べたように，活動理論は，活動の担い手たちが自分たちの集団的活動システムを自分たち自身で質的に転換し新たに生み出していくような「いまだここにないもの」の学び，すなわち拡張的学習のプロセスへの協働的介入を創り出そうとする研究の枠組みである。そうした拡張的学習のプロセスは，（1）既存の実践に疑問を投げかける「問いかけ」→（2）既存の実践の「分析」→（3）新しい解決策，すなわち活動の新しい形態や発達の「モデル化」→（4）新しいモデルの「検証」と「実行」，といったように進んでいく学習諸行為のサイクルとして，エンゲストロームによって次の図1-2のように描き出されている。

　こうした拡張的学習のサイクルの出発点にあるのは，仕事の現場や組織の中で，人びとが実際に直面する困難や葛藤，さらには活動システムが内に潜在させている矛盾である。エンゲストロームがいうように，「拡張的学習のプロセスは，つぎつぎと進化していく矛盾の明確化と解決として理解されなければな

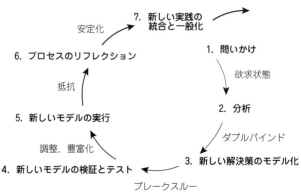

図 1 - 2　拡張的学習のサイクルにおける学習諸行為の継起

出典：Engeström（2016, p. 49）より。

らない」（Engeström, 2016, p. 48）。拡張的学習は，そうした矛盾に迫りながら，新しい対象，新しいコンセプト，持続性のある新しい実践形態を生み出すのである。したがって，仕事の現場や組織の中で矛盾を乗り越えようとする協働的介入では，バラバラの孤立した技術的ソリューションよりも，システムの転換によって矛盾のブレークスルーをもたらす実践者や専門家の学びを促すことが試みられる。

　また，図1-2のように描かれている拡張的学習のサイクルは，理念的で典型的なモデルといえるものであり，固定されたリニアな局面や段階を示す普遍的な図式ではない。つまり，拡張的学習の実際の具体的なプロセスは多様なものであって，さまざまに出現可能であり，決してこのモデルの通りに「きちんと整った集団的学習の具体的プロセスが見られることはないだろう」（Engeström, 2016, p. 48）。いいかえれば，このモデルは，拡張的学習として潜在的な可能性をもつようなプロセスについて検証したり，それを促進したりする介入のさいに，「発見のための概念装置」（p. 48）として役立つ有用な道具となるものなのである。

（2）指導者によるコントロールを超えて拡張的学習へ：
　　学習が学習を方向づける

　これまで述べてきたことに付け加え，エンゲストロームが活動理論の中心に置く拡張的学習理論と標準的な学習理論との根本的な違いは，拡張的学習理論が教育による学習の完全なコントロールといった誤った仮説を乗り越えようとしている点にある。それは，拡張，すなわち人びとによる新しい現実，新しい活動，新しい人間的な生活形態の創造と分かち難く結びついた学習を，独創的に概念化している。

　ふつう学習は，あらかじめすでに十分知られていることを対象に，それをうまく操ったり教えたりできる「指導者」から教わることと考えられている。しかし，エンゲストロームは，拡張的学習理論の提起において，拡張的学習の場には，「正しい答えをもっている物知りの教師はいない」（Engeström, 2001, p. 139）というのである。こうした象徴的ないい方は，拡張的学習理論が，教育による学習の完全なコントロールという誤った仮説をラディカルにとらえ直し，学習を「拡張性」という考え方と統合するものであることを意味している。エンゲストロームは次のように述べている。

　　もし学習の本質的な拡張性が正当に取り上げられるならば，学習をコントロールされたプロセスと見る考え方自体が，揺さぶられることになる。拡張性を認めることは，学習が指導者の手を離れて，学習それ自身によって方向づけられていく可能性を受け入れるということである。

　　　　　　　　　　　　　　　　　　　　　　　　　　　（Engeström, 2016, p. 9）

　拡張的学習では，こうして，学習が指導者の手を離れ，学習それ自身によって方向づけられるものとなる。この側面こそが，拡張的学習理論の最大の特質のひとつであり，それゆえにそれは，他の一般に流布した学習理論にはまったく見ることのできない，学習に対するラディカルなとらえ直しを迫りうるような，学習の「野心的なプロセス理論」（Engeström, 2016, p. 34）なのである。教育による学習の完全なコントロールという誤った仮説は，プロセス理論によっ

て提起される学習の継起が，「普遍的であり，唯一の可能な最適なものである」
として，「正統な方に向かう傾向」(p. 13) をもつようになる。そのため，「教
育による完全なコントロールの仮説は知らず知らずに，自己成就的予言
(self-fulfilling prophecy)⁽¹⁾ の形をとってしまう」(p. 14) のである。

> しかし教育による学習の完全なコントロールという仮説は，誤りである。
> 実践において，そのようなコントロールは実現可能ではない。学習者は常
> に，指導者や研究者，介入者が計画し，実行しよう，やらせようとすると
> ころから異なって進んでいく。指導者や研究者，介入者は，この理論〔学
> 習プロセスの普遍理論——引用者注〕への抵抗とそれからの逸脱を無視しな
> ければ，欲するものを手にすることはできない。
>
> (Engeström, 2016, p. 14)

　さらに，エンゲストロームが強調するように，拡張的学習の拡張性は，「与
えられた情報を超えていく学習者の潜在力」(Engeström, 2016, p. 9) といった主
に認知的な質の点から見られるものだけを問題にしているのではない。むしろ
エンゲストロームは，「より根源的な方法」で拡張性を理解するために，次の
ように「主として事物や文化の観点」(p. 9) から拡張性を見ていくのである。

> つまり拡張性を，新しい実質的な対象，実践，そして活動のパターンを生
> み出す学習の潜在力として見る。この第二の見方を，私は本書〔*Studies in
> Expansive Learning: Learning What Is Not Yet There*——引用者注〕で推進して
> いく。「いまだここにないものを学ぶ」という本書のサブタイトルは，集
> 団生活を成り立たせる新しい形の生成を意味し，学習者の心の中に新しい
> 考えを構築することだけを示しているのではない。
>
> (Engeström, 2016, p. 9)

　このように，拡張的学習の拡張性は，「学習者の心の中に新しい考えを構築
する」ことだけを示しているのではなく，「いまだここにないもの」の生成，

すなわち「集団生活を成り立たせる新しい形」の生成もまた根源的かつ本質的に意味しているのである。それだからこそ，「人間とその集団は年齢にかかわらず，新しい文化の創造者である」（Engeström, 2016, p. 25）という，人間の創造的な可能性こそが，拡張的学習理論のまさに中心理念となる。

　また，指導者の手を離れた学習である拡張的学習では，インストラクショナルデザイン（最適な学習効果のための合理的な授業設計）にもとづく指導者のガイダンスが，学習プロセスを前進させる基本的なメカニズムとはならない。その代わりに拡張的学習理論は，学習の移行メカニズムを，「学習の対象，すなわち転換される活動に固有の矛盾が段階を追って進行する中に見る」（Engeström, 2016, p. 27）。

　こうしてエンゲストロームは，拡張的学習の原動力を，指導者のコントロールやインストラクションではなく，次のように「学習それ自身」が連続的に直面していく「矛盾」に見いだしていくのである。

　　拡張的学習は，活動システムにおいて歴史的に進化する矛盾が，撹乱，葛藤，ダブルバインドをもたらし，それらが行為者たちの中で新しい種類の行為のきっかけになるから生み出されるのである。この意味で拡張的学習は，デザインされた政策というよりも，むしろ歴史的リアリティなのだといえる。
　　　　　　　　　　　　　　　　　　　　　　　　　（Engeström, 2016, p. 70）

3　学びの矛盾から使用価値の再発見と拡張へ

（1）学校での学習における使用価値と交換価値の二重性

　教師が学校で子どもの学びの活動システムをつくり出そうとするとき，教師と子どもの両者が必然的に直面せざるをえない根本的な矛盾がある。そうした矛盾は，エンゲストローム（Engeström, 1987/2015, pp. 66-69, pp. 81-83）が明確にしているように，社会経済構成体としての資本主義におけるあらゆる人間的活動と同様，学校での学習が，「使用価値（use value）」と「交換価値（exchange value）」という商品のもつ二重の性格に浸され規定されていることから生じて

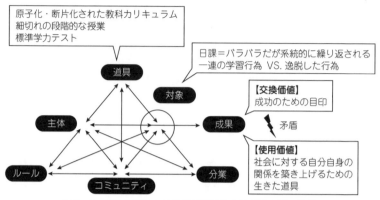

図1-3 学校学習における使用価値と交換価値の間の矛盾

くる。つまり，学校学習は，「使用価値」の側面と「交換価値」の側面との切り離すことのできない，相互に依存し合っている二重の性格に規定されており，それゆえそれら相異なる価値の間の対立と競合，排除が学校学習に鋭い矛盾をもたらすのである。

　図1-1に示した彼の「人間の集団的活動システムのモデル」を使って，学校での学習における「使用価値」と「交換価値」の間の基本的な矛盾について表すとすれば，上の図1-3のようになるだろう。

　ここで学習の「使用価値」とは，「学ぶこと」が学び手自身にとってどのような具体的で固有の意味をもつ行為であるのか，という学び手にとっての学習の有用性（usefulness）のことである。エンゲストロームは，学び手が「学校外の社会に対する自分自身の関係を築き上げるための生きた道具」（Engeström, 1987/2015, p. 81）を得ていくような側面を，学習の使用価値としている。

　しかし，人間の活動には，そうした使用価値の側面だけでなく，ひとりひとりの行為の具体的な意味や有用性を覆い尽くし，埋没させるような側面，すなわち社会の全体的な関係の中で活動を抽象的に価値づけていくという側面が不可分に結びついている。これが「交換価値」の側面であり，人間活動の根本的な矛盾は，こうした交換価値と使用価値の切り離すことのできない二重性から生じてくる。それは，活動が，私や私たちにとって固有で特殊なものでありながらも，社会全体から見れば，多くのものの総体の中のひとつであらなければ

ならない，ということを意味する。つまり，「どのような特殊な生産も，社会全体での生産の総体から独立したもの（independent）であり，そして同時に，それに従属したもの（subordinated）であらなければならない」（Engeström, 1987/2015, p. 66）という矛盾した二重性のもとに置かれている。

　学校学習の交換価値は，よい成績を得て，進級・進学をして，就職をしていくといった，児童・生徒の将来を決定する「成功の目印」（Engeström, 1987/2015, p. 81）となるようなものである。それは，学校での学習が私や私たちにとってもちうる具体的で固有の意味ではなく，社会全体から見たときに学校での学習が総体としてもちうる抽象的な価値であるといえるだろう。また，そうした交換価値に向かう学習では，原子化・断片化された教科カリキュラム，細切れの段階的な授業，標準学力テストなどが活動システムにおける一般的な「道具」として，児童・生徒の学習を媒介しているととらえることができるだろう。そこでは，あらゆる学校学習が，教師と子どもにとって，独立した具体的なものでありながら，同時に，社会全体での学校学習の総体の中の単なるひとつとされ，抽象的な価値づけに従属させられる。こうした交換価値と使用価値の間の鋭い矛盾は，教師にとっては，たとえば，一方で上から与えられている規格化され定型化された学校教育と，他方で子どもや同僚教師と協働し，学校外の世界と結びつきながら，自分たち自身で下から新しい学習活動のシステムを創造していくこととの間の矛盾として生じてくるのである。

（2）矛盾のブレークスルーによる学びの使用価値の拡張

　新型コロナウイルスのパンデミックによって，人びとはいまだ経験したことのないような自己隔離と社会的孤立を余儀なくされている。同時に，このパンデミックは，すでに進行していた社会のデジタル化をいっそう加速し，人間相互の身体や情動を介した社会的接触を，インターネット上のデジタルコミュニケーションを介した接続，機械によるデジタルなメッセージの交換に置き換えていくことに拍車をかけている。

　学校教育の分野においても，「学びを止めない」のスローガンのもと，オンライン教育やリモート授業の必要性が声高に唱えられ，それとともに公立学校

での導入の立ち遅れが批判され，文部科学省による現在の「GIGA スクール構想」へと至っている。しかし，こうした教育 ICT 環境の技術的な整備（1 人 1 台端末と高速大容量の通信ネットワーク）が，直接，「未来の教室」（経済産業省）として薔薇色に描き出される子どもたちの学習活動の充実と発展へと実質的に波及していくのだろうか。むしろ，ICT を活用した学習環境といった技術的な側面にのみ焦点化した表面的な解決策では，今日，学校をはじめ教育の場における実践活動の存立基盤を大きく突き崩しているような危機的な問題にアプローチすることはできないのではないだろうか。

　また，コロナ以後の「ニューノーマル」下の学校教育が，教育 ICT 環境の技術的な整備を通して「Society5.0 時代の個別最適な学び」(2)の実現に向かうものであるならば，まさにほかならないその「個別最適な学び」こそ，「主体的な学び」すなわち「主体的な関心・関与」や「個性的な取り組み」の名のもと，「修得」の個人間競争を加速させるものである。そのことは，学校教育の根源的な矛盾を激化させるとともに，学校における不平等な学習を繰り返し再生産し，さらに拡大させていくことにつながりうる。パンデミック時代の学校教育に必要なのは，そうではなく，身体的，社会的，情動的な学び，すなわち人間的な学びの活動を通して，平等な新しい教育システムを創り出すことだ，といえるだろう。

　この意味で，新型コロナウイルスのパンデミックは，まったく新しい問題を私たちに突きつけたというよりも，すでに深く進行していた私たちの社会を全体的に覆う問題状況を強力に顕在化させ，露呈させ，激化させるとともに，学校やさまざまな教育の場においても，私たちを矛盾し対立する異なる選択肢の前に立たせているのである。

　パンデミックによって加速的に促進されている教育のデジタル化とそれを基盤にした「個別最適な学び」「主体的な学び」が，商品としての知識やスキルの個人的な獲得という，数量化でき統計的に比較可能（競争可能）な達成，すなわち交換価値に学校教育の意味を一面的に還元しようとする傾向を強化・拡大するならば，それは決して子どもたちの新しい学習活動の形態を拡張的に創造するものとはならない。むしろ，その場合，子どもを人間としてではなく，

まるで知識で満たされるべき，単なる「容器」であるかのように見なしていくような，およそ「未来の教室」とはいい難い，旧態依然とした機械的で訓練主義的な反復学習が，「学びを止めない」のかけ声のもと，復古的に蔓延するだけであろう。

　他方で，終息を見通すことの難しい未知の感染症をはじめ，グローバルかつローカルに深刻化し拡大する人道上，そして地球環境上の危機を前にして，社会的実践のあらゆる分野において，抽象的な交換価値ではなく，私たちが生きることにとって有用なものを創り出し，私たちの具体的なニーズを満たしうる新たな使用価値を，手法ではなく活動のあり方の根源的なレベルに立ち返って創造することが真に求められている。

　エンゲストロームは，インタビュー（Yamazumi, 2020）の中で，現代の危機的状況において私たちが直面している使用価値と交換価値の間の矛盾の乗り越えを次のように特徴づけている。

　　第一の矛盾〔交換価値と使用価値の間の内的葛藤のこと。Engeström, 1987/2015,
　　p. 70 を参照——引用者注〕に関して，私たちが現在目を向けている問題は
　　貧困と気候変動です。そして，資本主義に対するオルタナティブについて
　　議論しています。したがって，第一の矛盾については，利潤動機（profit
　　motive）をどう扱うべきか，それをいかに克服するか，あるいは共通善
　　（common good）のために利潤を超えるものをいかに構築するかといったこ
　　とを，かつてないほど考えなければなりません。そのため，今日では，共
　　通善対私的利益（private profit）という観点から，この第一の矛盾につい
　　て議論することも可能でしょう。…第一の矛盾は，これまで以上に可視化
　　されていると思います。生と死の問題だからです。もちろん，真の矛盾で
　　もあります。つまり，消え去ることがない。根絶することが不可能なので
　　す。利潤動機は常に存在します。しかし問題は，いかにして継続的にそれ
　　を克服していくか，あるいは私たちがそれを克服できることを継続的に示
　　せるか，利潤動機を超えた活動の形態を構築できるかという点にあります。

（pp. 12-13）

　学校学習においても，エンゲストロームがここで「真の矛盾」とする「生と死の問題」の存在が，一方で根絶が不可能な「利潤動機」の壁に常に阻まれながらもそれを「継続的」に「克服」しようとし，「利潤動機を超えた活動の形態を構築」しようとする学びの使用価値に対するニーズを，かつてないほど高めてもきているのである。そこでの学びの使用価値は，「共通善」と呼ぶことのできる，私たちが共に協働して生きることにとって具体的で固有の意味をもち有用なものとなる学びの側面のことである。つまり，使用価値と交換価値の不可分で相即的な二重性に起因する学校学習の矛盾は，今日，人びとの生活や生存の危機的状況と相まって激化するとともに，教室に閉じ込められて決まった正解をバラバラに覚えていくような伝統的な学校教育の転換と拡張を求め，強力に促す原動力にもなっているのである。

　矛盾は，個人が直面するトラブルや葛藤とは違う。それは，実践の活動システムが歴史の中で生じさせる構造的な緊張関係であり，実践活動に対する多種多様な動機の間で起こる衝突やせめぎ合いである（Engeström, 2006, p. 27）。その意味で矛盾は，個人が感じるトラブルや葛藤を引き起こす，個人を超えた背景や文脈，すなわち活動システムの次元で生じている対立関係なのである。したがって，矛盾は，「活動におけるトラブルが何に由来するのかを理解するための鍵となるもの」であり，また同様に，「活動のイノベーションや発達の潜在力は何か，そして活動がいかにして組みかえられていくのかを理解するための鍵」（Engeström, 2008, p. 5）となるものなのである。

　そうした矛盾は，それ自体が何か悪いものであるとか，避けなければならないものとかいうものではない。なぜなら，矛盾は，既存の支配的な実践活動の中に，そのような古い活動には合致せず，対立するような新しい具体的なニーズを満たそうとする実践の担い手が現れるとき，生じてくるからである。だからこそ矛盾は，変化と発達の原動力となるのである。つまり，矛盾は，既存の支配的な実践活動の中にありながらも，同時にそれには合致しない新しい活動を生み出す潜在的な可能性を徐々に現実化していく方向に私たちを突き動かすような緊張関係なのである。古い活動とは矛盾する新しいニーズの発見は，物や道具を媒介物として使いながら他者と協働してそれを満たそうとする実践に

よって，新しい活動を創造する拡張へとつながっていく。私や私たちの具体的なニーズを満たしうるこうした新たな活動の創造こそ，交換価値と使用価値の矛盾をブレークスルーし，生きることにとって有用なもの，すなわち新しい使用価値を創り出すことにほかならない。こうして活動理論にもとづく人間の学習と発達への介入の使命は，「人間活動の対象において解放に役立つような使用価値を再発見して拡張することだ」(Engeström, 1987/2015, p. xvii) といえるのである。

注
(1) アメリカの社会学者ロバート・K・マートン (Robert K. Merton) によって提唱された「自己成就的予言」という考え方は，ある予言や思い込みが直接・間接にその通りのことを引き起こし，当初の予言や思い込みを現実化してしまうことを指している。
(2) 中央教育審議会「『令和の日本型学校教育』の構築を目指して～全ての子供たちの可能性を引き出す，個別最適な学びと，協働的な学びの実現～(答申)」2021年1月26日.

引用・参考文献
(※ 引用文献のうち日本語訳のあるものについてはそれを参照したが，本章の文脈や訳語の点から，引用箇所については原則として新たに訳出した。)

Bauman, Z. (2001). *The individualized society*. Cambridge: Polity Press. = (2008). 澤井敦・菅野博史・鈴木智之訳『個人化社会』青弓社.

Bateson, G. (1972). *Steps to an ecology of mind*. New York: Ballantine Books. = (2000). 佐藤良明訳『精神の生態学』改訂第2版，思索社.

Engeström, Y. (1987/2015). *Learning by expanding: An activity-theoretical approach to developmental research* (2nd ed). Cambridge: Cambridge University Press. = (2020). 山住勝広訳『拡張による学習――発達研究への活動理論からのアプローチ』完訳増補版，新曜社.

Engeström, Y. (2001). Expansive learning at work: Toward an activity-theoretical reconceptualization. *Journal of Education and Work, 14*(1), 133-156.

Engeström, Y. (2006). Development, movement and agency: Breaking away into my-corrhizae activities. In K. Yamazumi (Ed.), *Building activity theory in practice: Toward the next generation* (pp. 1-43). Suita, Osaka: Center for Human Activity Theory, Kansai University.

Engeström, Y. (2008). *From teams to knots: Activity-theoretical studies of collaboration and learning at work*. Cambridge: Cambridge University Press. = (2013).

山住勝広・山住勝利・蓮見二郎訳『ノットワークする活動理論――チームから結び目へ』新曜社.

Engeström, Y. (2016). *Studies in expansive learning: Learning what is not yet there.* New York: Cambridge University Press. = (2018). 山住勝広監訳『拡張的学習の研究――いまだここにないものを学ぶ』新曜社.

Engeström, Y. (2017). Expanding the scope of science education: An activity-theoretical perspective. In K. Hahl, K. Juuti, J. Lampiselkä, A. Uitto, & J. Lavonen (Eds.), *Cognitive and affective aspects in science education research: Selected papers from the ESERA 2015 conference* (pp. 357-370). Cham: Springer.

Gee, J. P. (2008). A sociocultural perspective on opportunity to learn. In P. A. Moss, D. C. Pullin, J. P. Gee, E. H. Haertel, & L. J. Young (Eds.), *Assessment, equity, and opportunity to learn* (pp. 76-108). New York: Cambridge University Press.

Greeno, J. G., & Engeström, Y. (2014). Learning in activity. In R. K. Sawyer (Ed.), *The Cambridge handbook of the learning sciences* (2nd ed) (pp. 128-147). New York: Cambridge University Press.

Illeris, K. (Ed.) (2009). *Contemporary theories of learning: Learning theorists—in their own words.* London: Routledge.

Jackson, P. W. (1968). *Life in classrooms.* New York: Holt, Rinehart and Winston.

中内敏夫 (2008).『生活訓練論第一歩〔付〕教育学概論草稿』日本標準.

Roth, W.-M. (2006). Activity theory. In N. J. Salkind (Ed.), *Encyclopedia of human development. Vol. 1* (pp. 16-23). Thousand Oaks: Sage.

Sfard, A. (1998). On two metaphors for learning and the dangers of choosing just one. *Educational researcher, 27*(2), 4-13.

山住勝広 (2017).『拡張する学校――協働学習の活動理論』東京大学出版会.

Yamazumi, K. (2020). An interview with Annalisa Sannino and Yrjö Engeström on fourth-generation activity theory. *Actio: An International Journal of Human Activity Theory, 4*, 1-16.

Yamazumi, K. (2021). *Activity theory and collaborative intervention in education: Expanding learning in Japanese schools and communities.* London: Routledge.

Young, M. F. D. (1998). *The curriculum of the future: From the 'new sociology of education' to a critical theory of learning.* London: RoutledgeFalmer. = (2002). 大田直子監訳『過去のカリキュラム・未来のカリキュラム――学習の批判理論に向けて』東京都立大学出版会.

第 2 章
教育イノベーションへの拡張的学習と
形成的介入のアプローチ
——協働的で変革的なエージェンシーの形成へ

山住 勝広

　ユーリア・エンゲストロームは，人間の活動の歴史的タイプを明らかにする中で，拡張的学習の活動が，「集団的で拡張的に統御された活動のタイプ」として，「手仕事的タイプ」「合理化されたタイプ」「人間化されたタイプ」という先行する三つのタイプと並び，今まさに出現しつつある第四の新しい歴史的タイプであることを提起している（Engeström, 1987/2015, p. 222）。つまり，拡張的学習は，そうした人間の活動の新しい歴史的タイプである「集団的で拡張的に統御された活動」の中で中核的な役割を果たすのである。それは，「個人が問題状況に取り組むために集団を形成し，集団だからこそもつことのできるより大きなコントロールの力を活用するために生まれてくる」（Roth et al., 2005, p. 19）ような学習活動である。

　こうして拡張的学習理論では，個人による能力の自己獲得と自己発達でも，制度としての教育に沿った個人による能力の獲得と発達でもなく，「新しい集団的なデザインと介入を生み出すための集団的主体による対話的な相互交渉を通して，媒介するもの（mediators）を変えることが強調される」（Spinuzzi, 2018, p. 149；傍点部は原文ではイタリック，以下同様）ことになる。つまり，拡張的学習では，活動の担い手である人びとが対話や相互交渉を通して協働し，自らの活動の新しい集団的なデザインと介入を生み出し，そのことによって活動を新たに変革（新しい物理的・シンボル的ツール，ルールや分業のパターンの創造）していくことが焦点化されるのである。このように拡張的学習理論では，人間の能力は個人の中にではなく活動の中にあるものととらえられる。そして，自己によるものであれ制度によって構築されるものであれ，個人の中で起こる発達よりもむしろ，諸個人が，いわば集団的主体として協働で活動を発達させ

ていくプロセスに，何よりも人間の学習が潜在的にもつ創造的な可能性を見い
だしていくのである。したがって，エンゲストロームの拡張的学習理論は，
「集団的で拡張的に統御された活動のタイプ」を研究する理論的枠組みである
と同時に，それを実践者たちが自分たちで協働的に生み出していくことを支援
する介入の方法論ともなっている。

　今日，エンゲストロームを中心に国際的に推進されている，人びとの社会的
実践，仕事や組織における拡張的学習への活動理論にもとづく介入研究は，
「形成的介入」と呼ばれる方法論的原理に立ってめざましく発展してきている。
この形成的介入の方法論の根本にあるのは，介入を実践者と研究者との「共同
の企て（joint venture）」（Engeström, 1987/2015, p. 22）ととらえる原理である。そ
うした共同の企てとしての形成的介入では，実践者たち自身が新しい活動シス
テムを創造する集団的主体となっていき，自分たちの活動システムを自分たち
で協働で分析し，デザインし，変革していくことが促進され，支援される。こ
のようないわば実践者自身の協働の介入，すなわち私たち自身による協働の介
入こそが，拡張的学習のプロセスにほかならない（Yamazumi, 2021）。

　本章では，第1章の議論をふまえ，活動の担い手たちの拡張的学習とエー
ジェンシーの生成への形成的介入を取り上げ，それを活動理論にもとづく教育
イノベーションの新たな方法論として位置づけていく。そして，学校の活動の
集団的なデザインと新たな転換への形成的介入の具体的な事例として小学校に
おける教師たちの校内研究（学校現場で教師たち自身によって行われる研究活
動）の取り組みに注目し，教師たちが拡張的学習の生成を通して自らのエー
ジェンシーを高めながら，自分たち自身で教育の営みを創造していく，いわば
自分たち自身による協働の介入と教育イノベーションの試みについて分析する。

1　形成的介入の方法論と私たち自身による協働の介入
──変革的エージェンシーの形成

　活動理論にもとづく形成的介入研究は，実践の担い手たちが，目の前の実践
の中にある矛盾に直面することから始まり，協働の問題分析を自分たち自身で

進めることによって，「いまだここにない」ような自分たち自身の未来をデザインし具現化していく，第1章の図1-2にあるような「拡張的学習のプロセス」（「問いかけ」→「分析」→「モデル化」→「検証」→「実行」→「リフレクション」→「一般化」）を促進・支援しようとするものである。そこでの形成的介入は，活動のエージェント（担い手）たちが，「変革的エージェンシー（transformative agency）」，すなわち「与えられた行為の枠から離脱し，それを変革していくイニシアティブを取る」（Engeström, 1987/2015, p. xxiii）ような能力と意志を彼らが獲得して拡張していき，介入プロセスの主導権を握っていくような，私たち自身による協働の介入を呼び起こすことを，方法論的原理としているのである（Yamazumi, 2021）。

　こうして活動理論は，人間の創造的なポテンシャルを解き放ち，人びとが世界を創造的に変えていく主体になっていくことをエートスとして，環境と自己との変革をひとつに結びつけた人間の実践の創造に積極的に関与していく新しい教育学の理論と研究方法論の構築に挑戦するものなのである。その中心に置かれた拡張的学習理論は，第1章の1-（2）で述べたように，通常の学習理論が，伝統的に学習を，既成文化の獲得や制度的な制約への適応としてとらえているのに対し，そうした狭い概念化を超えていこうとする新しい学習理論である。

　学校におけるカリキュラムや授業，教育実践の改革に関する教育学研究の分野では，中央からトップダウンで降ろされた教育政策を現場がただたんに実行する，といったリニアな見方について，それを批判的に乗り越えうるような新たな研究枠組みがますます求められるようになっている。そこでは，教師を，学校における学習指導に関する新しい政策，たとえば「学習指導要領」に適応すべき完全に受動的な担い手と見るようなこれまでの枠組みから脱却することが不可欠である。その上で，経験や信念や知識にもとづき，改革を現場で具現化していく教師たち自身の変革的エージェンシー——すなわち，行為の責任ある担い手となっていく自主的・連帯的な能力と意志——こそが，変化の鍵を握るものであることに注目していかなければならない。

　活動理論にもとづく形成的介入は，従来の標準的な教育学と教育研究に組み

込まれているリニアな介入観，すなわち直接的な「刺激→反応」といった因果
図式にもとづく上からの介入のデザインを方法論的に問い直し，教育実践の担
い手たちが自分たち自身で協働して変革を起こすことを促進・支援することへ
と，教育学と教育研究を方法論的に転回させるものである。教育学において依
然として支配的なトップダウンの介入では，研究者や政策決定者がグランドデ
ザインを作り，教師がそれを適用あるいは修正し，結果として学習者によりよ
い変化が生じる，といったリニアな因果関係に，介入の出発点，プロセス，成
果が還元されてしまっている。この場合，実践の担い手たちの抵抗やアイデン
ティティ，そしてエージェンシーは無視されるのである。

　こうしたリニアな介入観に取って代わりうる，教育学の新たな研究方法論と
しての形成的介入は，教育実践の担い手たち自身が変化の主導権を握り，学校
の未来をデザインし生成していく拡張的学習のプロセスを生み出そうとするも
のである。それを通して下からの自分たち自身による協働の介入を実践の担い
手たち自身の中に呼び起こし，彼ら自身による変革的エージェンシーの獲得を
促進・支援していくことが，形成的介入の方法論的原理である。形成的介入の
「形成」が意味するのは，活動の当事者たちが自分たち自身の活動システム
（環境）を「形成」すると同時に，自分たち自身のエージェンシーを「形成」
し，自分たち自身（自己）を「形成」する，という環境と主体の相互「形成」
である。

2　拡張的学習としての教育イノベーション
——上からの善意の改革を超えて

　活動理論にもとづく形成的介入における活動の当事者たち自身による協働の
分析と介入は，あらかじめ決められたコースをたどるものではなく，「いまだ
ここにないもの」への拡張的移行を果たそうとするものとなる。通常の標準的
な学校改革は，教師にすでに定められているプログラムを定められた通りに適
用することだけを求めるリニアな介入方法にもとづくものであり，教師の変革
的エージェンシーをおびやかすものである。対して実践者たちの拡張的学習の

サイクルを促進・支援する形成的介入では，エンゲストロームが次のように巧みに言い表しているように，第1章の2-(2)で見たような「物知りの教師」はおらず，その指導もない。

　　ここには利用可能なモデルがあらかじめ用意されていて，問題が定められ固定されているということはない。つまり，正しい答えをもっている物知りの教師はいないのである。　　　　　　　　　　（Engeström, 2001, p. 139）

　それゆえ，形成的介入は，研究者や政策決定者に独占され，トップダウンになされるような従来のリニアな介入とは根本にある方法論的原理からして異なっている。たとえば，エンゲストロームは，学校改革の文脈において，拡張的学習のアプローチが，次のように「上からの善意の改革」にもとづくものではないとしている。

　　拡張的学習のアプローチは，学校教育に参画し影響を被っている教師や親や生徒などの人びとの間で，現実に存在している葛藤や不満を活かす。それは彼らを，現在の実践を具体的に転換することへと誘っていく。いいかえれば，このアプローチは上からの善意の改革にもとづかない。それは，現在の矛盾への直面にもとづき，彼ら自身による共同の分析から力を引き出すのである。　　　　　　　　　　（Engeström, 1991, pp. 256-257）

　このようにエンゲストロームが拡張的学習のアプローチの方法論的原理とするのは，自分たちの活動の現在の矛盾に直面する実践者自身の「共同の分析」こそが，変化を創造する力になるという考え方である。いいかえれば，拡張的学習のアプローチをとる形成的介入では，「上からの善意の改革」にもとづくリニアな介入とはまったく逆に，活動システムの当事者たち自身が前述のような変革的エージェンシーを獲得し，介入プロセスの主導権を握るのである。こうして活動理論と拡張的学習理論にもとづく形成的介入研究は，伝統的なデザイナー主導という，教育学と教育研究において支配的な方法論を，ユーザー主

導の民主的な見方に転回させ，現場での実践者自身による協働と対話と相互交渉に委ねられた民主的な介入研究を具現化するのである。同時にこの形成的介入研究の方法論は，それが教育学の内部構造に有機的に組み込まれることによって，教育学のパラダイム転換を引き起こす潜在力をもっているだろう。

　かつて勝田守一（1968, pp. 170-171）は，実践者（教師）を「実証主義的研究の成果の所有者である研究者」に従属させ，「教師の実践と研究の自主性と自由を奪っている」教育学研究を痛烈に批判した。そのオルタナティブとして彼が提起するのが，研究者と専門的実践者との「共同研究」であり「研究集会」を通した教育学研究である。勝田は，そこでもち寄られる経験や実践に「理論の光」を当てながら，私たちに「教育学的法則」を「発見」させていく「典型的事例」の「創造」，すなわち形象化による真実の表現にこそ，「共同研究」の深い意義を見いだしたのである。

　形成的介入研究は，「『すぐれた』実践をそのあとから追いかけて『裏から舵をとっていく』という『研究者』の態度」（勝田，1966，p. 64）を乗り越え，研究者と実践者が協力し合って（side by side），活動システムを変革する作業に協働で介入していくような教育学研究の新たな方法論を切り開こうとするものである。そうした方法論的な問い直しにもとづく具体的な介入方法として，学校づくりの取り組みの中で，教師たちと研究者チームが，対話と協働を通して，子どもと教師の生活を見つめ直し，その意味を再発見しながら，教育実践がぶつかる問題や矛盾をブレークスルーしていく拡張的学習への介入の場を，校内や地域での共同研究のセッションとして設け，持続的に実施していくことが考えられよう。

　こうした形成的介入研究の実施は，学校改革研究を，単なる観察や分析を超えるようなダイナミックなものに変えることができる。つまり，そこでは，研究者チームと実践者チームによる協働の介入という共同研究を通して，学校改革に関する新たな概念や活動パターンが創造されるとともに，きわめてアクチュアルなデータが生み出され収集されるのである。そのようにして，研究者や政策決定者の観念の中でも，書物の中でも，実験室や講義室の中でもない，教育の現場において，実践者自らが研究者と協働して，これまでの教育学の内

部構造を転換しうる新しい概念装置を発明し，現代における学校改革の新たな展望と方策に根本的に示唆を与える典型的事例を創造する潜在的な可能性が大きく開かれるのである。

　また，実践者の拡張的学習を促進し，彼らの変革的エージェンシーを高めていく形成的介入の方法論を，教師教育研究と教師の専門性開発の分野に応用するならば，学校現場で教師たち自身が教育実践に関わる実践的な専門知識や力量を協働でどう学習し発展させ，それにもとづいて学校教育の漸進的な変化や改良，実験的試行やイノベーションを自分たち自身でいかに生み出していくのかという問題にアプローチする新たな研究領域を生み出していくことができるものと考えられる。

3　学校の活動システム形成への教師自身による協働的介入の事例分析

　ここでは，教師たちが自分たちの学校の活動システムを自分たち自身で集団的にデザインし直し，新たに転換していく拡張的学習への形成的介入研究の事例として，新潟県上越市立大町小学校の校内研究の取り組みを紹介し，そこにおける教師の拡張的学習のプロセスと協働的介入に関する若干の分析を，データを用いて行いたい。

　上越市立大町小学校の校内研究は，学級便りや活動レポートをもち寄ってなされる対話のセッションとして取り組まれている。対話セッションで教師たちは，「『子どもとの営み』における子どもの姿やエピソードを聴き合いながら，自分が教育において『大切にしていること』」を自覚していく」（髙橋，2020，p. 19）。大町小学校では，2020年度，全教師が参加する33回の校内研修会が開催された。毎回の校内研修会では，対話セッションの終了後に，参加教師ひとりひとりによる振り返りの文章が書かれ，それを全員が読むことになる。

　こうした対話セッションがめざす方向性は，介入者としての役割を担っていた大町小学校の2020年度の研究主任，髙橋栄介教諭によって次のように考えられている。

　　セッションの後には，個々の省察を振り返り記述に残し，全員で共有・蓄
　積していく。そうやって，自分にとっての当たり前や常識（前提となって
　いる解釈の枠組み，従来的・無意識的に行っているやり方やスタイル，経
　験則等）を個々に問い直しながら，対話と協働によって新たな学校像を構
　築し，現代に生きる子ども，教師，保護者，地域，社会にとっての学校の
　意味や価値，存在意義を考えていく。　　　　　　　　（髙橋，2020，p. 19）

　ここで打ち出されている「対話と協働によって新たな学校像を構築」という
校内研究の方向性は，日本の小学校において標準的な校内研修のやり方である
「授業研究」のねらいとは根本的に異なるものである。「授業研究」は，通常，
「研究授業」と呼ばれる特別に準備された公開授業を選出された教師が自ら担
任する学級で行い，それを学校の全教師が参観し，その後に「研究協議会」を
開催して参観した全教師がその「研究授業」の良し悪しや改善点について批評
し合う，という形で実施される。学校におけるオン・ザ・ジョブ・トレーニン
グとして行われるこうした「授業研究」は，日本における教師の専門性開発
（professional development）の有力な方法と見られ実践されてきた。しかし，そ
れは，伝統的に，固定化された授業目標を達成するための学習指導の技術的側
面の工夫や具体的な手立てだけを「研修」の対象にするという限界をもってい
る。ここで活動システム（第1章の図1-1）のモデルを用いて検討するならば，
下の図2-1に示したように，このように限界をもった「授業研究」は，活動
システムの上部にある「主体-道具-対象」の小三角形の「道具」のみを教師
の学習の対象にしている。そのとき，教師の専門性は，短期的な目標達成のた
めの個々バラバラな指導の行為を習得していく「個人的に思考し行為する教師
（teacher as an individual thinker and actor）」（Engeström, 1994, p. 44）というあり方
になっているだろう。

　このように教師の個体主義的で技術主義的な専門性のみを問題にするような
「授業研究」に対して，「対話と協働によって新たな学校像を構築」しようとす
る大町小学校の校内研究では，下の図2-1の下部にある，活動システムの見
えない社会的基盤である「ルール-コミュニティ-分業」を含む活動システム

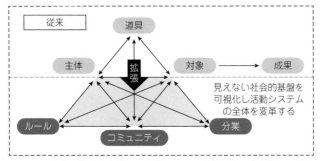

図2-1　行為の個人的主体から活動システム全体の集団的主体への拡張

の全体について，教師たちが自分たちで問い直し，集団的にデザインして変革していく拡張的学習のプロセスの促進がめざされることになる。そこでは，直接には見えない「ルール-コミュニティ-分業」を可視化してとらえていきながら，学校の活動システムを全体的に形作っていくことが試みられることになる。そのことは同時に，教師たちを協働の集団的主体へと拡張的に発達させていく。つまり，対話セッションを基軸にした校内研究によって，学校の活動システムに協働して変革を起こしていく，教師たちの変革的エージェンシーが形成され，高められていくと考えられるのである。そのとき，教師の専門性は，個体主義を打ち破り，自分たちが創り手となって長期的・持続的に学校の活動システムの全体を形作っていく，「協働的に思考し行為する教師たち（teachers as collaborative thinkers and actors）」（Engeström, 1994, p. 44）というあり方へと転換していくだろう。

　こうして，大町小学校の校内研究は，標準的な「授業研究」が「どのように（how）」という個別的な指導のテクニックを問うことに限定されているのに対して，「なぜ（why）」や「どこへ（where to）」といった学校の集団的活動システムの全体を問うレベルでの対話と協働を創り出そうするものだといえる。対話セッションにおける教師たちの対話と協働を，自分たちの学校の教育活動の新しい概念を構築しようとするものと見るならば，大町小学校の教師たちが協働して形成しようとする概念は，それが活動の道具として果たす認識論的なレベルとしては，複雑で高次なものである。このような概念形成のレベルを校内

研究のねらいにすることについては，次のように考えられていた。

> 　3学期の取組として考えられること（課題）〜新たな子ども像・学校像づ
> くりへ〜
> 子どもの学びや育ちを学校全体で「みんな」でとらえ，それを認め伸長さ
> せていくためには，子ども観・教育観に関する共通概念（言葉）が必要で
> ある。3学期は，1・2学期における個別具体の「営み」を帰納的に集積・
> 分析し，抽象度を上げながら，目指す子ども像・学校像を表し方向づける
> 共有概念（言葉）を探り，紡いでいきたいと考える。そこには，管理職の
> 学校経営方針，保護者や地域の願いなども入れていきたい。
> こうした3学期の研究活動は，新年度の学校グランドデザインの作成，教
> 育目標や重点目標の再設定，学校評価の在り方，教育課程の編成等と連動
> していくことと考える。
> 　　　（研究推進部「第29回全体研修会について（修正・追記版）」2021年1月7日）

　つまり，ここで協働で形成しようとする概念は，「いまだここにないもの」
である。そうした概念形成は，まさに教師たちの拡張的学習といえるものであ
る。その意味で，教師たちの対話セッションは，学校の未来づくりでもある。
いいかえれば，大町小学校の校内研究の活動は，学校の未来づくりに関する
「いまだここにない」新しい概念を協働で形成していく教師たちの拡張的学習
の活動ととらえることができる。大町小学校の対話セッションを通して教師た
ちが形成する「目指す子ども像・学校像を表し方向づける共有概念（言葉）」
は，「概念形成に関する標準的な認知理論」がただそれだけに注意を向けてき
たような「固定的でよく定義された中立的な概念」（Engeström et al., 2005, p.
48）ではない。むしろ，「不安定で矛盾した複雑な概念」（p. 48）こそが，「いま
だここにない」拡張的な概念として，教師たちが探り，紡ぎ出そうとするもの
である。このような「複雑な概念」は，獲得されるだけではなく，むしろ創造
されるものであり，文化的に新しい概念として外面化され生成されるものであ
る。

　大町小学校研究主任の髙橋教諭は，先の引用にみられるように，校内研究における教師たちの対話セッションを，一方で，学級便りや活動レポートをもち寄り，「『子どもとの営み』における子どもの姿やエピソード」（髙橋，2020，p. 19）を聴き合う機会ととらえている。つまり，対話セッションは，エンゲストローム（Engeström, 2004, pp. 98-99）のいう「経験にもとづく記述的な言語」，すなわち「事例，感覚，エスノグラフィー」にもとづく「下へのつなぎとめ（anchoring down）」を行っているのである。この「下へのつなぎとめ」において，教師たちは，「どのように？」を問うていく（Engeström, 2016, pp. 95-96 も参照）。また，教師たちが対話セッションで「だれ，なに，いつ？」を問うとき，彼らは「横へのつなぎとめ（anchoring sideways）」も行っているのである。しかし，大町小学校の対話セッションは，こうした「下へのつなぎとめ」や「横へのつなぎとめ」にとどまらず，上述の「目指す子ども像・学校像」という「複雑な概念」の協働形成へと向かっていくものでもあった。つまり，「上へのつなぎとめ（anchoring up）」に挑戦するものでもあった。それは，問題の根源，すなわち教育実践がぶつかっている矛盾に関する「なぜ？」という問いや，学校の活動システムの全体や活動システムのネットワークの未来に関する「どこへ？」という問いを，教師たち自身が問うていく対話セッションといえるものだったのである。エンゲストローム（Engeström, 2016, p. 95）は，このように実践者たちによって認識論的に多様なレベルで使われる活動の媒介道具（概念や問いや言葉）を次の図2-2のように表している。そして，仕事の現場で行われるミーティングにおいてこうした異なるタイプの媒介物が，活動をデザインし創造していくための人工物（道具）としての役割を果たすさい，次のことが重要であると述べている。「…鍵となるのは，そうした異なるタイプの問いの間の補い合いであり，相互作用であり，移行である」（Engeström, 2004, p. 101）。

　こうして，自分たちの活動システムを自分たち自身でデザインし転換していく拡張的学習は，「動的なマルチレベルの概念的道具体の構築と使用」（Engeström et al., 2005, p. 59）として特徴づけることができる。そこでは，「なに？」を問う状況的な概念化や「どのように？」を問う技術的な概念化と，「なぜ？」

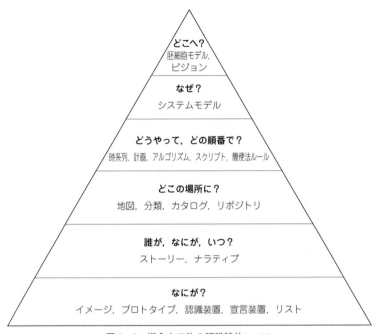

図2-2　媒介人工物の認識論的レベル

出典：Engeström（2016, p. 95）より。

を問う空間的・システム的概念化や「どこへ？」を問う歴史的・ビジョン的概念化との間のギャップを埋めるような，ボトムアップとトップダウンの二方向での思考の運動が進んでいく。そのさい，このようなマルチレベルの問いという人工物を実践の担い手たちが自ら発明・利用・媒介し，自ら行為を外部からコントロールして状況を再定義し，自ら状況に積極的に介入していくところに，意図をもった変革の行為を起こす変革的エージェンシーが立ち現れるのである（Engeström, 2016, pp. 224-225）。

　大町小学校で2020年度に行われた33回の校内研修会のうち，2021年2月25日に行われた第32回全体研修会では，「学校づくりセッション」と名づけられた対話セッションが学校の全教師の参加のもと行われた。これは，学校の未来づくり，歴史づくりということのできる，教師たち自身の拡張的なイマジネーションのためのセッションだった。そこでは，次年度の学校のグランドデザイ

令和3年度　大町小学校グランドデザイン

教育目標 思い合う子　工夫する子　やりぬく子

重点目標 共につくる

合言葉 本気 楽しさ 思いやり

学びづくり
・心を揺さぶる体験活動
・教師と子どもでつくる授業

わくわく学習

心づくり
・自分を見つめ直す
・自他のことを知る時間

くらしづくり
・一人一人の居場所づくり
・協働して生活をつくる

特別支援教育の充実
・一人一人の可能性を生かす
・通級指導教室との連携

学校支援組織　　関係機関
PTA　学校運営協議会　後援会・同窓会

地域と共に育つ

図2-3　2021年度大町小学校グランドデザイン

ン案をもとに，新たな学校像，子ども像，教育課程，具体的取り組み，研究の方向などについて，対話がなされていった。つまり，「学校づくりセッション」は，明確に，教師たちが自ら「どこへ？」を問い，そうした媒介人工物を自分たちで発明・利用することによって，「目指す子ども像・学校像を表し方向づける共有概念（言葉）を探り，紡ぐ」という認識作業を協働して集団的に達成

しようとするものだった。

　この「学校づくりセッション」において検討の対象となったのは，教務主任の教師が校長，教頭と相談の上，原案を作成した，前頁の図2-3のような2021年度大町小学校グランドデザインだった。いわばこのグランドデザインが「どこへ？」のモデルとして，教師たちが自分たちの学校の未来の活動システムを意味づけ，デザインし直すための媒介人工物として使われたのである。グランドデザインが重点目標とするのが，「共につくる」という「どこへ」の概念である。学校づくりの中心には，大町小学校で「わくわく学習」と呼ばれている生活科と総合的な学習の時間の実践が置かれている。この「わくわく学習」の周りに重なり合う三つの円，「学びづくり」「心づくり」「くらしづくり」が，教育活動の三本柱を表している。「わくわく学習」は，相対的に独立しながらも重なり合うこれら三本柱のそれぞれに染み込み，影響を与えていくものととらえられている。また，学校づくりを下から支え包み込んでいる手が，学校外の地域社会，さまざまな組織や団体，協力者である。そうした学校づくりのあり方を，グランドデザインは，「地域と共に育つ」という「どこへ？」の概念でとらえている。

　「学校づくりセッション」では，まず，グランドデザイン案の作成者である教務主任の教師から，作成の意図や検討の経緯が10分間，話された。それを受け，5名ずつ三つの小グループに分かれて30分の対話セッションが行われた。最後には，グループ間交流の時間が5分もたれた。ここでは，ひとつのグループのセッションの中で，グランドデザインにある「地域と共に育つ」という「どこへ？」の概念に対して行われた次のような対話の一部を取り上げ，教師たち自身による協働の概念形成プロセスを分析してみたい。

> 研究主任：通級指導教室と地域っていうの，先生，どういうふうに関連でとらえてけばいいかね。
> 通級指導教室担当教師A：ん？
> 研究主任：要は，大町[小学校]の校区っていうよりももっと広い概念ですかね。
> 通級指導教室担当教師A：うーん。地域って何って感じなんだけど。

研究主任：なのね。

通級指導教室担当教師Ａ：うん。大町小の学区の地域とかっていうんじゃなくて，もう子どもが育ってるその学校のその地域との。

研究主任：それぞれの校区とね。

通級指導教室担当教師Ａ：そう。校区とか保護者とか，そういう。おじいちゃんおばあちゃんとか。

研究主任：文化のね。

通級指導教室担当教師Ａ：うん。その子の背景が全部こう。

研究主任：いいね。

通級指導教室担当教師Ａ：つながってるというか。

研究主任：そうですね。

通級指導教室担当教師Ｂ：その子の生きてる場所ですよね。

研究主任：そうだね。切り取らないってこと。

通級指導教室担当教師Ａ：そういう関わりかな。

通級指導教室担当教師Ｂ：ね。

研究主任：そうだね。

通級指導教室担当教師Ｂ：でも，そのお子さんを通り越して通級指導教室の先生がその地域とか生きてる場所とやり取りするってことはないわけじゃないですか。その子が。

通級指導教室担当教師Ａ：そう。その子がいるから。

通級指導教室担当教師Ｂ：だから，その子を通してとかその子の家族とか，家族からおじいちゃんおばあちゃん，ちょっと違うおうちのおじいちゃんおばあちゃんがその地域にじわじわじゃないけど目に見えないけど，じわじわなアプローチっていうか，そういうことになっていくのかな。

通級指導教室担当教師Ａ：そういうことはあるかな。

通級指導教室担当教師Ｂ：て，気がしますよね。

研究主任：完全に生活教育なんだよね，本当に。その教育が何かを得るためとかじゃなくて，もう子どもと一緒にとか地域と一緒に生活，くらしを創っていくんだっていう，その中に学びがあるっていう。何かを得て生活が創られるんじゃなくて，とにかく生活を協力して創っていくところに何かうちらが見いだしていくのかなって思った。大正期の教育とか戦後の教育にかなり近いようなイメージがある，俺は。

通級指導教室担当教師Ａ：高校生とかが何のために勉強するんだろうとか，受験勉強って何なんだろうとか。そういう中高のあたりになってくるともう進路が関わってとか，いつもテストのためだけの勉強になったりとか。そこで得る喜びってちょっと違うっていうか。子どもが本気になるっていうのは，子どもにとって価値があったりとか学ぶべきものが。

研究主任：意味だよね。

通級指導教室担当教師Ａ：ある。そう。それを大事にしたいっていう気持ち。

研究主任：学ぶ意味なんだな。

通級指導教室担当教師Ａ：そう。そこを大切にしようっていうのは残ってるというか。

研究主任：そうだね。だから，本気になるときって学びに意味を見いだすわけだよね。自分にとっての大切な意味があるんだっていう。それは何かと交換するために，たとえば何々高校に入るとか何々会社に入るための交換するための学びじゃなくて，自分が使っていくっていうか。生きる上で使っていく意味があるんだと。そういう学びにたぶん向かっていると思う。つまり，生き方づくりとか自分づくりに向かう教育じゃないかなって。

通級指導教室担当教師Ａ：そうだね。どう生きるかってことになってくるね。

研究主任：そういうこと。

通級指導教室担当教師Ａ：それはいいと思う。

　ここで教師たちは，対話セッションを通して，固定した空間的な区画としての狭い「地域」概念を打ち破り，子どもたちの生活の場所として，「じわじわ」と人と人とがつながっているような関わり合いとして「地域」を拡張的にとらえ直している。こうした拡張的な「地域」概念の構築と利用は，媒介手段となって，教師たち自身による新たな教育観や学校像の生成への協働の介入を引き起こしている。それは，学びの発達を「生き方づくり」と「自分づくり」の発達につなぎ，二重のものとして重ね合わせるような教育に対する見方・考え方である。つまり，教師たちは，「学習者の生活活動の中へ入って彼らの後を追っていくような学習指導の実践」(Engeström, 1987/2015, p. 146) を通して，学習指導の課題を，学習活動そのものを発達させることと，新たな生活活動の形

態を発達させることが統合された二重のものと見ようとしているのである。「本気になるときって学びに意味を見いだすわけだよね」という発達的な理解は，アレクセイ・レオンチェフ（Леонтьев, 1975, p. 301）がいうような，「学習指導が生活の中に入り込み，学習者にとって生活的意味をもつ」（傍点部は原文ではイタリック）ことの学習指導における決定的な重要性をとらえた教育観や学校像にもとづいている。「…学習に向かう動機の育成という問題は，生活の発達との関連で，すなわち子どもの現実の生活的諸関係の内容の発達との関連で論じられねばならない」（p. 302）。

　以上のように，学校教育の与えられた文脈を超え，学びを日々の生活の中に位置づけ，生活活動へ統合し，学びを通して新たな生活活動を創造する，という学びの文脈の拡張が，「共につくる」という「どこへ？」の概念の協働形成を通して教師たち自身によってモデル化されている。大町小学校におけるこうした学校の未来づくりのモデル化が強力に示唆するのは，ポスト資本主義的な脱成長の社会の創造と結びつく学校教育のオルタナティブとして，相互扶助とケアをベースに，学校での学びの使用価値，すなわち私たちが共に生き，みんなの喜びや善や幸福を生み出していくために学びが具体的で固有の意味をもち有用なものとして共有されていくことの再発見と拡張に取り組む学校像である。

　　［謝辞］　2020年度に上越市立大町小学校の髙橋栄介先生と先生方には，科学研究費・基盤研究（B）「変化の担い手としての教師——拡張的学習への活動理論的介入研究」（研究代表者：山住勝広，課題番号：19H01636）の研究を進める中で，校内研究の新たな可能性を切り開く重要な取り組みから学ばせていただく貴重な機会をいただいた。心から深く感謝する次第である。

引用・参考文献

（※　引用文献のうち日本語訳のあるものについてはそれを参照したが，本章の文脈や訳語の点から，引用箇所については原則として新たに訳出した。）

Engeström, Y. (1987/2015). *Learning by expanding: An activity-theoretical approach to developmental research* (2nd ed). Cambridge: Cambridge University Press. =

(2020). 山住勝広訳『拡張による学習──発達研究への活動理論からのアプローチ』完訳増補版, 新曜社.

Engeström, Y. (1991). Non scolae sed vitae discimus: Toward overcoming the encapsulation of school learning. *Learning and Instruction: An International Journal, 1*, 243-259.

Engeström, Y. (1994). Teachers as collaborative thinkers: Activity-theoretical study of an innovative teacher team. In I. Carlgren, G. Handal, & S. Vaage (Eds.), *Teachers' minds and actions: Research on teachers' thinking and practice* (pp. 43-61). London: RoutledgeFalmer.

Engeström, Y. (2001). Expansive learning at work: Toward an activity-theoretical reconceptualization. *Journal of Education and Work, 14*(1), 133-156.

Engeström, Y. (2004). Managing as argumentative history-making. In R. J. Boland Jr. & F. Collopy (Eds.), *Managing as designing* (pp. 96-101). Stanford: Stanford Business Books.

Engeström, Y. (2016). *Studies in expansive learning: Learning what is not yet there.* New York: Cambridge University Press. = (2018). 山住勝広監訳『拡張的学習の研究──いまだここにないものを学ぶ』新曜社.

Engeström, Y., Pasanen, A., Toiviainen, H., & Haavisto, V. (2005). Expansive learning as collaborative concept formation at work. In K. Yamazumi, Y. Engeström, & H. Daniels (Eds.), *New learning challenges: Going beyond the industrial age system of school and work* (pp. 47-77). Suita, Osaka: Kansai University Press.

勝田守一 (1966). 『国民教育の課題』国土社.

勝田守一 (1968). 『教育と認識』国土社.

Леонтьев, А. Н. (1975). *Деятельность, сознание, личность.* Москва: Политиздат. = (1980). 西村学・黒田直実訳『活動と意識と人格』明治図書.

Roth, W.-M., Hwang, S., Lee, Y. J., & Goulart, M. I. M. (2005). *Participation, learning, and identity: Dialectical perspectives.* Berlin: Lehmanns Media.

Spinuzzi, C. (2018). From superhumans to supermediators: Locating the extraordinary in CHAT. In A. Yasnitsky (Ed.), *Questioning Vygotsky's legacy: Scientific psychology or heroic cult* (pp. 137-166). London: Routledge.

髙橋栄介 (2020). 「対話し, 協働する学校づくりへの挑戦──『拡張する学校』を目指して」上越教育大学附属小学校内高田教育研究会『教育創造』第193号, 18-21.

Yamazumi, K. (2021). *Activity theory and collaborative intervention in education: Expanding learning in Japanese schools and communities.* London: Routledge.

Part 2
拡張的学習の創造と新たな学校づくり

第 3 章

総合的な学習の時間の矛盾と拡張可能性
——教育目標達成のジレンマからの解放

冨澤 美千子

　野村芳兵衛（1896-1986）は，東京・池袋児童の村小学校（1924年4月-1936年7月）で訓導（教諭）・主事（教頭）を務めた教育実践家である。1926（大正15）年に著した『新教育に於ける学級経営』の中で，自らの教育思想を具現化する，「野天学校」「親交学校」「学習学校」の三位一体的な学校教育構想について述べている（詳しくは，冨澤，2021b を参照）。

　野村は故郷の岐阜県から，旧教育ではなく新教育の実践を切り開くという憧れを持って上京したが，子どもたちはまるで子猿のように飛び回り，いわゆる机上での勉強を少しもしない。児童の村小学校に着任するなり，新教育の実態を思い知らされるのである。野村は，そのような新教育の理想と実態に対し違和感を感じて，悩み苦しんでいく。しかし，野尻湖畔へ「夏の学校」に出かけることになり，そこでの子どもたちとの生活体験から「生活教育」を実感して救われる。そしてこの活動が野村独自の教育思想である「野天学校」の学級経営案に繋がっていくのである。

　野村は「夏の学校」から，子どもたちがあそびの中でからだを鍛え，やってみて発見し，なってみて発想することにより，子どもらしい作品を産む（野村のこの場合の「作品」とは，「生活」という意味である）ということがわかる。野村はそれを「児童文化」と呼んだ。野村は，子どもたちにその場を任せて解放することにより，子どもたちは「児童文化」を創造するということに気づいたのである。そしてそのような気づきにより，「野天学校」の意義を強く実感したのであった。

　また，「野天学校」の発想に対して，子どもたちが生きていく力の肥料を「大人文化」と呼び，大人からの伝承を子どもたちに提示していくことも必要

であると主張した。それが「学習学校」の発想であった。このように，「野天学校」で育んだ「児童文化」と，「学習学校」で育んだ「大人文化」を融合して，子どもたちがさらに新たな創造へと向かっていくための「仲間作り」を，「親交学校」と呼ぶのであった。

　さらに野村のカリキュラムの考え方は，この三位一体的教育構想から発展した「読書科」と「生活科」という，二つの大きな構成領域に分類するものだった。「読書科」は，「大人が今日までの文化を伝える」ものであり，現代の小学校のカリキュラムで考えると，国語や算数のような知識を教科書で学ぶ教科である。それは「教科書のある教育」，すなわち「本を読む教育」である。一方「生活科」は，自己の直接経験を中心として，生活を観察し判断する学習である。それは「子供達が，子供達自身で，自分達の生活を観て行くところの学科」であり「教科書のない教育」，すなわち「本を作る教育」である。そのような領域であるため，「生活科」において教師は，子どもたちの「生活認識に対しても，耳を傾けて行かねばならぬ」（野村，1930，p. 10）と野村は述べている[1]。

　野村の考えを援用すると，カリキュラムには「大人の文化を伝承するもの」と「子どもの文化を創造するもの」が必要であり，また「知識を教科書で学ぶ教科」と「子どもが自らの生活を観察し創造する教科」が必要である。つまり，教科書を使って学習する国語や算数といった教科だけでなく，教科書がない総合的な学習の時間が必要なのである。

　本章は，総合的な学習の時間の創設から20年の歩みを振り返り，その意義を再確認したい。さらに導入当初の目標が達成できないジレンマについて考察するにあたり，1950（昭和25）年に実施され，1951（昭和26）年の改訂で廃止された教科「自由研究」の経緯について取り上げたい。戦後，学校教育を通して子どもたちに自治活動をさせる場を作り，民主的な教育を行っていこうと考えたカリキュラムの領域が，教科「自由研究」であった。ところが教科「自由研究」は廃止され，その一部は1951（昭和26）年には「教科以外の活動」となり，1958（昭和33）年の改訂では「特別教育活動」と「学校行事等」へ発展し，1968（昭和43）年には「特別活動」へ発展したととらえられている（根津，2011a，p. 1 を参照）。つまり，教科「自由研究」は，1950年から1951年への改訂

の時に，① 教科として消滅したこと，②「自由研究」の３つの内容のうちの１つは消滅し，残りの２つの内容をまとめて「教科」から「教科以外の学習」にしたことが，改訂の内容である（後に「特別活動」になる）。これにより，教科「自由研究」の本来の趣旨は損なわれた。そして，損なわれた内容は「総合的な学習の時間」に通ずるものであった。すなわち，「個人の興味と能力に応じた教科の発展としての自由な学習」がその趣旨であったからである。

　自由研究の廃止（1951年）から総合的な学習の時間の新設（1998年）までの47年間，「子どもたちの興味・関心に基づく学習」の時間は設置されることはなかった。そして，総合的な学習の時間は，新設された1998（平成10）年告示から，2008（平成20）年告示，そして2017（平成29）年告示の学習指導要領まで，３回の改訂を経て，現在も継続している。本章では，この時間の意味を改めて見直し，教科学習とは違う学びの時間として，授業が実践されてきているのかどうかを再考したい。このように，教科とは全く違う性質の学びを要求する時間であるので，教科と同じような指導では，その意義を追究することはできないであろう。また，どのように指導すれば，子どもたちの主体的な学習の時間にできるのであろうか。教育目標を再考し，総合的な学習の時間を設置した本来の目的と実際の目標の間の矛盾点を考察し，より良い学びの時間にするための改善点を考えていきたい。

1　総合的な学習の時間の矛盾

（1）「総合的な学習の時間」の設置に向かう社会的背景

　総合的な学習の時間について検討するにあたり，まずその設置までの経緯を確認しておきたい（冨澤，2021a，pp. 11-14 を参照）。

　1957（昭和32）年，ソビエト連邦（現在のロシア連邦）は，人類初の人工衛星「スプートニク１号」の打ち上げに成功する。アメリカ政府はこれに衝撃を受けて，学校教育を充実し，科学技術を発展させようとした。いわゆる「教育内容の現代化運動」と呼ばれる運動である。1968（昭和43）年告示（1971年実施）の日本の小学校学習指導要領は，このアメリカ教育における「スプートニク・

ショック」の影響を受けた極めて内容が多い濃密なカリキュラムであり，「現代化カリキュラム」と呼ばれた。しかしそれにより，公立の学校では，教科書を消化できずに内容を一部省略したり，学習させることができない単元を残したまま進級・卒業をさせることも多発する。これにより公立校における，学ぶべき内容の物理的な削減を招き，私立と公立の学力差を広げる結果となる。そこで1976（昭和51）年には，学習内容を削減する提言が中央教育審議会で出されたのである。これ以降，1998（平成10）年告示（2002年実施）の学習指導要領まで，小学校の学習内容の削減は継続することとなる。

　1980年代に入ると，このような状況の影響もあり，学力の学校格差（特に私立と公立）と個人格差は，加速することとなる。さらに1990年代に入ると，そのような格差から，校内暴力やいじめ・登校拒否などの問題が多発するようになる。また学級崩壊など，新たな社会問題も出現する。これらの背景には，このような学習内容の過密や，そこから生じた学力格差の問題からだけでなく，人びとのライフスタイルの変化や，学校や教師の教育力の低下など，さまざまな原因が考えられる。いずれにせよ，1990年代に入ると，このような状況を脱するために，根本的な教育観としての大きな方向性の変化が求められるようになった。それは教育によって「豊かな人間性」や「生きる力」を重視する考え方への転換である。

　1900年代後半から教育界に影響を与えたのは，このような国内的問題だけではない。国際的に，1900年代後半から「生涯学習」の構想が広がり，「教育」を学校教育にだけ封じ込めず生涯学習の一部として考える，生涯学習社会への移行を促す教育観が求められるようになる。「生涯学習」とは，人びとが自己の充実・啓発や生活の向上のために，自発的意思に基づいて行うことを基本とし，必要に応じて自己に適した手段・方法を自ら選んで，生涯を通じて行う学習のことである。1965（昭和40）年にフランス（パリ）で開かれたユネスコの成人教育推進国際委員会において，フランスの教育思想家であるポール・ラングラン（Paul Lengrand, 1910-2003）が，「生涯教育（life-long integrated education)」を提唱する。日本においては，1979（昭和54）年に中央教育審議会において，技術革新に伴う急激な社会構造の変化に対応するためのキーワードとし

て「生涯教育」の構想が打ち出された。

　2000年代に入ると，世界全体の傾向として，さらに，学校教育における資質・能力の育成が求められる風潮が高まってくる。職業社会である経済界から，能力を得た結果がどれだけの成果や行動につながるのかを，客観的に測定できることが求められるようになったのである。すなわち，言葉や道具を行動や成果に活用できる力（コンピテンス）の複合体として人が生きる鍵となる力，「キー・コンピテンシー」が各国で重視されるようになったのである。それを受けて OECD（経済協力開発機構）では，2000年から多面的に世界的な学力を比較する PISA（生徒の学習到達度調査）が実施されるようになる。それとともに，1999年から2002年にかけて行った「能力の定義と選択（DeSeCo）」プロジェクトの成果としての3つの「キー・コンピテンシー」が，国際合意を得た新たな能力概念として提言された。

　そのような背景から，1998（平成10）年告示（2002年実施）の小学校学習指導要領では，「いかに社会が変化しようと，自分で課題を見つけ，自ら学び，自ら考え，主体的に判断し，行動し，よりよく問題を解決する資質や能力」としての「生きる力」の育成が宣言される。それは，このような1900年代後半に世界的に広がりをみせた生涯学習社会と資質・能力の育成へ，教育を移行する内容であった。それではそのような社会情勢の中で，総合的な学習の時間の教育目標は，どのように考えられたのであろうか。

（2）総合的な学習の時間の創設目的と意義

　1998（平成10）年7月の教育課程審議会答申によると，総合的な学習の時間の趣旨は，「各学校が創意工夫を生かした特色ある教育活動を展開できるような時間を確保」し，「社会の変化に主体的に対応できるような資質や能力を育成するために教科等を越えた横断的・総合的な学習をより円滑に実施するための時間を確保」することとされている。そして1998（平成10）年告示（2002年実施）の小学校学習指導要領において，総合的な学習の時間が創設されることとなった。その「取扱い」として，次のように示されている。

1　総合的な学習の時間においては，各学校は，地域や学校，児童の実態
　等に応じて，横断的・総合的な学習や児童の興味・関心等に基づく学習
　など創意工夫を生かした教育活動を行うものとする。
2　総合的な学習の時間においては，次のようなねらいをもって指導を行
　うものとする。
　（1）自ら課題を見付け，自ら学び，自ら考え，主体的に判断し，よ
　　り良く問題を解決する資質や能力を育てること。
　（2）学び方やものの考え方を身に付け，問題の解決や探究活動に，
　　主体的創造的に取り組む態度を育て，自己の生き方を考えることが
　　できるようにすること。
（『平成10年 3 月　小学校学習指導要領　総則』「第 3 総合的な学習の時間」）

　これによると，この学習を導入した理由として，2 つのことが挙げられてい
る。1 つ目は，子どもが主体的に興味・関心をもって取り組み，自ら課題を見
つけて，自ら学び，自ら解決する力（生きる力）を育む時間が必要であること
である。2 つ目に，学習方法として，各学校や実態に応じた内容を，教科横断
的で総合的に学習できる時間が必要であるということである。
　2000（平成12）年12月の教育課程審議会答申によると，総合的な学習の時間
の評価については「横断的・総合的な課題などについて，体験的な学習，問題
解決的な学習を取り入れ，各教科等で身に付けた知識や技能を相互に関連付け，
総合的に働かせることをねらいとしており，それを通じて，自ら学び，自ら考
える力や学び方，ものの考え方などの確かな育成に資するよう，評価に当たっ
ては，各教科の学習の評価と同様，観点別学習状況の評価を基本とする」[3]こと
としている。さらに教師は，学習活動において指導の内容や観点を定めるよう
に，次のように述べられている。

　各学校において，指導の目標や内容に基づいて定めることとなるが，例え
ば，学習指導要領に定められた「総合的な学習の時間」のねらいを踏まえ，
「課題設定の能力」「問題解決の能力」「学び方，ものの考え方」「学習への

　主体的，創造的な態度」「自己の生き方」というような観点を定めたり，教科との関連を明確にして，「学習活動への関心・意欲・態度」「総合的な思考・判断」「学習活動にかかわる技能・表現」「知識を応用し総合する能力」などの観点を定めたり，あるいは，各学校の定める目標，内容に基づき，例えば，「コミュニケーション能力」「情報活用能力」などの観点を定めたりする。　　　　　　　　　　　　　　　　　　　　　（同上，資料4）

　このような内容から，1970年代以降の学校教育内外の問題や，世界的に広がった社会的提言に対する対応を，総合的な学習の時間に求められたことが明らかである。つまり，総合的な学習の時間は，汎用的能力を育成する時間の要として考えられるようになったのである。

　総合的な学習の時間の実施に向けて著された，稲垣忠彦『総合学習を創る』（2000）によると，総合的な学習の時間の新設は「従来の知識伝達的な授業の変革」（稲垣，2000，p. vii）を求めるものであると述べられている。さらに稲垣は，1990年代に問題とされた「学級崩壊」への対応と，「総合学習」の必要性は類似しており，「『学級崩壊』と『総合的学習の時間』という二つの言葉は，授業の質をめぐって，相互に関連したものとしてとらえることが今日の教育の改革にとって必要であり，その核心は，明治以来現在にいたるまで学校教育において支配的である，定型的な一斉授業の質的改造である」（p. viii）とし，そのような理由で「総合的な学習の時間」は実施されることになったと分析している。ところが稲垣は，さらに総合的学習の出発点で，このようにも述べている。それは「『総合的学習の時間』については，従来の教育課程の改訂の例とは異なり，学校や教師の自発性，主体性を重視して，指示や伝達はさけると言われているが，書店の風景や，府県レベルでの研修の状況では，これまで10年おきに繰り返されてきた上からの伝達の風景が広く見られるのである。（中略）そのような受動性を変えることが，現在もとめられているという自覚から出発することが必要だろう」（p. 186）という懸念である。稲垣が当時見て描写したこうした風景と，2020年代の現代における風景は変わったのであろうか。

　昨今の総合的な学習の時間をめぐる風景も，「探究的な学習」や「SDGs（持

続可能な開発目標）を取り入れた学習」というキーワードを際立たせた「上から
らの伝達」に偏しているという点では，稲垣の指摘と変わるところはない。課
題こそ，教科外のものを学ばせるための時間になっているが，いずれにしても
教師が決めた課題を子どもたちが学習することにおいて，その学習方法は教科
学習と根本的に変わらない。それでは，総合的な学習の時間の出発点において
稲垣が懸念したことが，現在も解消されていないのはなぜだろうか。

（3）総合的な学習の時間におけるジレンマ

　ユーリア・エンゲストローム（Yrjö Engeström）『拡張的学習の挑戦と可能
性—いまだここにないものを学ぶ』（2018）によると，「基本的に継続するジレ
ンマに悩まされるとき，その活動システムの発達のサイクルは基本的矛盾の段
階」にあり，その矛盾の間で「逃げ場がなくのっぴきならない」状況になって
いることを「ダブルバインド」（エンゲストローム，2018, p. 5）と呼ぶ。稲垣の
言葉で表すと，総合的な学習の時間は「支配的である，定型的な一斉授業の質
的改造」や「受動性を変えること」で創設されたとあるが，教科外の課題で
あっても，教師が決めた課題を子どもたちが学習することにおいて，学習方法
は教科学習と根本的に変わらない状態である。このようなダブルバインドの状
態であるのはなぜだろうか。

　総合的な学習の時間は，1998（平成10）年告示の学習指導要領での設置から
20年が経ち，2008（平成20）年告示，そして2017（平成29）年告示と，学習指導
要領の改訂がなされてきた。その間，各学校では，総合的な学習の時間の単元
が定型化され，教材のパッケージ化が進み，その踏襲がなされるようになった。
教師たちにとって各教科に当てはめることができない教材を扱えて，それを
パッケージ化して行うことができることが，総合的な学習の時間の利点になっ
ているのではないだろうか。

　文部科学省は，創設直後の「何を行えばよいのかわからない」という問題点
に対し，実施されて間もない2003（平成15）年の学習指導要領一部改訂の時，
総合的な学習の時間については，学習目標・内容・全体計画を作成し，教師が
適切に指導を行うことを明記し強調した。その際，授業づくりの指針として，

より具体的なイメージを促進するために，その当時世界的に重視されていたテーマである国際理解，環境，情報，福祉・健康を提示する。現代ではこの他に，伝統と文化，キャリア，防災などが加えられ，この時からテーマ分類的に内容を考え，実施する傾向になった。さらに，そもそも教科書のない学習が教師の負担を増やすことになると考えられる傾向になり，テーマごとに授業をパッケージ化し，それを踏襲していくようになる。また，「どのような力がつくのかわからない」という問題点に対して，教科横断的学習であるということを明確に示そうとする。そのため，総合的な学習の時間と各教科の関連性を図式化し，「見える化」することを推進するようになる。その最たるものが「ESD（持続可能な開発のための教育）カレンダー」である。その特徴は，「各学校が定めた教育目標を達成するために，子どもと地域の実態に応じて**教科横断的**（太字原文ママ）な特色ある教育課程を編成し，個性的な授業を実践できるところにある」（小玉・金馬・岩本，2020，p. 59）とされている。そして，この総合的な学習の時間の単元計画・年間計画としての「ESDカレンダー」では，教科との関連図が作成されることになる（p. 62）。これにより，教師たちは総合的な学習の時間の授業を，その関連図で繋がっている教科との関連指導として行うことが推奨されている。これでは教師主導になっても致し方ないであろう。

　1998（平成10）年新設の直後に向けられた総合的な学習の時間に対する批判により，2017（平成29）年告示（2020年実施）の学習指導要領では，教科と同様，総合的な学習の時間に「カリキュラム・マネージメント」を求めるものになった。このように総合的な学習の時間は，新設の時から2つの方向性の教育目標を掲げている。その一つは，「探究的，総合的，自己の生き方，自ら課題を見付ける，より良く課題を見付ける，創造的，主体的」という言葉に見られる，子ども主体の方向性である。もう一方は「教科横断的」という言葉に見られる教師主体の方向性である。第1章で説明されているエンゲストロームの提唱する活動システムのモデルで示すと，総合的な学習の時間の教育目標における2つの方向性の矛盾は，次のようにとらえることができる。

　総合的な学習の時間は，「教科書のない学習」である。活動システムにおけ

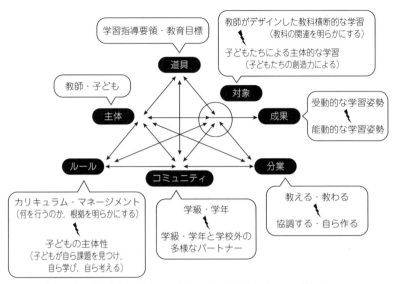

図 3-1　総合的な学習の時間の教育目標における 2 つの方向性の矛盾

る道具は，教科書ではなく学習指導要領やその教育目標になるであろう。そのように考えるとルールは，「カリキュラム・マネージメント（何を行うのか，根拠を明らかにする）」と「子どもの主体性（自ら課題を見つけ，自ら学び，自ら考える）」という相反するものになる。またコミュニティは「学級・学年」に閉ざされたものと，「学級・学年と学校外の多様なパートナー」となり，分業は「教える・教わる」と「協働する・自ら作る」となる。そして対象は，「教師がデザインした教科横断的な学習（教科の関連を明らかにする）」と「子どもたちによる主体的な学習（子どもの創造力による）」とになり，成果として「受動的な学習姿勢」と「能動的な学習姿勢」が考えられるのではないだろうか。つまり総合的な学習の時間は，設置当初から教師がデザインした教科横断的な学習を行うことにより，そもそもこのような，のっぴきならない矛盾（ダブルバインド）によって，子どもたちの主体性を育むことと相反する要素を含んでいることが確認できる。

　しかし，「教科横断的」という教育目標は，現状では総合的な学習を行う目的として重視されている。それは，「教科横断的に学ぶ場として必要である」

という大義名分が，教科「自由研究」の挫折を乗り越える手段とされてきたからである。そのためにダブルバインドに陥っていることも明らかであろう。この矛盾を解消するためにはどのようにしたらよいのであろうか。

　教科「自由研究」の歴史的経緯を手がかりに，総合的な学習の時間の意義を確認し，総合的な学習の時間に現在見られるジレンマを，どのように乗り越えて発展させたらよいのかを考察したい。

2　学習指導要領一般編（試案）における教科「自由研究」の廃止をめぐる問題

（1）教科「自由研究」創設の趣旨

　教科「自由研究」は，1947（昭和22）年 3 月に公表された「学習指導要領一般編（試案）」で，教育課程の一教科として設置された。「学習指導要領一般編（試案）」では自由研究について，以下のように記されている。

> （四）（前略）教科の学習は，いずれも児童の自発的な活動を誘って，これによって学習がすすめられるようにして行くことを求めている。そういう場合に，児童の個性によっては，その活動が次の活動を生んで，一定の学習時間では，その要求を満足させることができないようになる場合が出て来るだろう。（中略）時としては，活動の誘導，すなわち，指導が必要な場合もあろう。このような場合に，なにかの時間をおいて，児童の活動をのばし，学習を深く進めることが望ましいのである。ここに，自由研究の時間のおかれる理由がある。　　（『昭和22年 3 月　学習指導要領一般編（試案）』）

　このように，新設された自由研究について，当時これを設定した文部省事務次官，木宮乾峰（きみや けんぽう，1904-2000）は，『時事通信　内外教育版』（1947年 7 月，第39号）において，「今回の教科課程の改正の中，極めて重要な部分」（木宮，1947，p. 455）であり，「新教科課程が民主的社会実現の要求に基いて編成されたもの」（p. 455）であるので，「児童生徒の興味による自発的学習

が求められ」(p. 455)，このような教科を創設するとしている。そしてそのねらいとして，次の３点を挙げている。１つ目は，「児童生活の自主的，自発的学習の態度を養うこと」，２つ目は「個性を尊重し，その伸長を図ること」，３つ目は「社会性，共同性を一そう伸長すること」である (p. 455)。「児童生活の自主的，自発的学習の態度を養うこと」としては，「教科の時間内で伸ばし難い学習活動を，その教科の延長として，自由研究の時間を使ってさらに伸長させようとする」ことであると説明する (p. 455)。また，２つ目の「個性を尊重し，その伸長を図ること」としては，「個性の尊重が民主的社会の実現のために最も大切なこと」とし，「基本学習という意味において制約を受けること」であると，他の教科学習の限界を指摘したうえで，「自由研究の時間に，教科の学習の不十分なものに，それを補うために特別な指導をするというのは（中略）本来の趣旨ではない」とする (p. 456)。さらに３つ目の「社会性，共同性を一そう伸長すること」については，「同好の士が集まり，同一のことを共同的に研究していくような組織」としてのクラブ組織を創造することを促している (p. 456)。

　学習計画の指導としては，まず研究題目の選定と研究計画を，子どもが自らすることが「自主的学習を主眼とする自由研究においては最も大切なこと」(木宮，1948a，p. 13) であると述べられている。また研究題目は，児童が「解決の意欲をもつて選んだもの」であっても，「その目的を到達するための十分な計画をもつているとは限らない」(p. 12) として，「計画をできるだけ詳細に立てさせるように指導する」(p. 12) ことが必要であり，「教師から与えられたすぢ道をたどつて行くのではなく，自ら選んだ題目について，自ら研究の進め方について計画する」(p. 13) ことが自由研究の意義になるとしている。研究できる題目かどうか，子どもに判断できない場合や，研究を続行できないような研究題目になってしまっていることを指導する場合も，教師がそのようなことを指摘するのではなく，学級や研究グループで研究計画を発表し合い，仲間の批判や意見で改善することが望ましいともされている。それにより同一方向の研究を，子どもたちが相互に共同して研究していく方向性も作りやすいともされている。この段階は，現代における「探究のプロセス」の「課題設定」の段

階であるが，その段階を教師の手で作り上げるのではなく，あくまでも子ども
たちが作り上げられるよう，木宮は丁寧な指導を主張している。さらに木宮は，
子どもが自らの計画に基づいて研究し始めても，「中途で疑問を生じたり，停
滞したり，或いは自己の研究問題に興味を失つて他の問題に強く関心をもつた
りして，その題目についての研究意欲を失うようなことが見られる」(p. 14)
が，そのような事態においても，直ちに解決策を講じる手伝いをするのではな
く，教師は「自ら研究し工夫するような暗示」や「もう少し工夫し努力すれば
解決が得られそうだという希望」をもたせる指導，子どもたちが将来研究を続
ける人として成長できるような指導をするべきであるとしている (p. 14)。

　また木宮は，「教科学習においては，到達すべき学習の目標が一応の基準と
して与えられており，指導はそれを目ざして行われる」(p. 15) が，自由研究
はそうではない，とする。だからこそ徹底して「個性に即して，発展の限界が
考えられなければならない」とし，「素質才能に恵まれているならば，その活
動は無限に発展する」であろうし，「素質才能に恵まれていない児童にあつて
は，その学習活動は発展することが少く，従つてそれによつて学習が深まると
いうことに至らない」が，「児童が喜んで研究に従事する姿そのものに意義と
価値とを認めて」，一律に高度な学習を強いることのない学習であることの意
義を強く主張する (p. 15)。すなわち学習活動の高低は個性として尊重される
のである。教師のすべきことは，児童の現段階の研究成果に向けての教授や解
決の手助けではなく，児童の将来に向けて，研究していくことの姿勢作りに主
眼が置かれたものとされているのである。

（2）教科「自由研究」の廃止

　木宮は1949（昭和24）年に書かれた「学習活動の選択とその編成」の中で，
「教科中心の場合は，前もつて定められた領域があるから教師は最初から安全
感をもつことができるが教科と縁を切つて指導計画をたてようとする教師にと
つては，生活領域についての十分な研究なしでは，頼りにするものがなく安心
感が得られないであろう」(木宮, 1949a, p. 28) と，自由研究をどのように扱え
ばよいかわからない批判に対し，理解を示している。

すでに述べたように，実施の翌年1951（昭和26）年には「学習指導要領一般編（試案）」は改訂され，そのとき「自由研究」は，実施１年で，あっという間に廃止された。その理由として，1951（昭和26）年の「学習指導要領一般編（試案）改訂版」では，「１．小学校の教科と時間配当（２）自由研究の時間に代って，新たに教科以外の活動の時間を設けたことについて」において次のように説明されている。

> （前略）昭和22年度に発行された学習指導要領一般編には，自由研究の時間の用い方として，（１）個人の興味と能力に応じた教科の発展としての自由な学習，（２）クラブ組織による活動，（３）当番の仕事や，学級要因としての仕事をあげている。これらの活動は，すべて教育的に価値あるものであり，今後も続けられるべきであろうが，そのうち，自由研究として強調された個人の興味と能力に応じた自由な学習は，各教科の学習指導法の進歩とともにかなりにまで各教科の学習の時間内にその目的を果たすことができるようになったし，またそのようにすることが教育的に健全な考え方であるといえる。そうだとすれば，このために特別な時間を設ける必要はなくなる。　　　（『昭和26年３月　学習指導要領一般編（試案）改訂版』）

このように，自由研究が教科として教育課程において実施されたのは１年間であり，1951（昭和26）年には「（２）クラブ組織による活動」と「（３）当番の仕事や，学級要因としての仕事」を，「教科以外の活動」として整備していくのである。そしてそれは現代の「特別活動」に繋がる。ここでも明らかに書かれているように「（１）個人の興味と能力に応じた教科の発展としての自由な学習」が「各教科の学習指導法の進歩とともにかなりにまで各教科の学習の時間内にその目的を果たすことができるようになった」というのが，自由研究廃止の理由である。「学習指導要領一般編（試案）」が公表されたのは1947（昭和22）年であるので，自由研究は公表から４年間で廃止になってしまう。

その運用をめぐり，稲垣友美『新教育の手引き』（1950）によれば，「本腰を入れて実践にかかって，実に多くの問題につきあたった。また，反対に好きな

ことをやらせておけばよいといった，単に何でもいい時間にしか考えていない学校ではこれほど都合のいい時間はないのである」と述べられている。このように書かれていることから，自由研究の教科化は，現代の総合的な学習の時間がスタートした時の混乱に近い状況であったことがうかがえる。自由研究もまた，いったい何の時間であるのかわからない状況に，実施時点で陥っていたのである。この状況の是正のため，自由研究という教科はなくなり，それと同時に「（1）個人の興味と能力に応じた教科の発展としての自由な学習」という趣旨は，教育課程からすっかり消え去っていくのである。

（3）教科「自由研究」と「総合的な学習の時間」の比較

　このような経緯から，総合的な学習の時間は，自由研究の「（1）個人の興味と能力に応じた教科の発展としての自由な学習」の学習内容の復活ではないだろうかと筆者は考える。なぜならば自由研究の目的について，「個人差を無視した一律の指導の弊を改め他人の模倣にのみ満足しないで，自己の創意により独立して働き得る自主的な人間を作ることが肝要なのである。即ち各教科の基礎的な陶冶と平行して，個性を生かして行くところに自由研究の役割がある」（木宮，1947，p. 457）と，その当時文部省事務次官であった木宮が述べているからである。そして，教師が何をやるのかよくわからないことや，どのような力が育成されるかわからない（到達目標が決められない）こと，学校や教師によって差が出てしまうことなど，設置当初の総合的な学習の時間の問題点に通じるジレンマが，自由研究にはあったのである。つまり総合的な学習の時間は，自由研究と同じ問題を抱えていても，50年後には教育的に設置した方がよいと判断されてスタートし，継続されているのである。

　自由研究と総合的な学習の時間の違いを整理すると，次の2つの点が挙げられるであろう。1つ目は，自由研究は教科として設置されたが，総合的な学習の時間は教科外に設置されたことである。2つ目は，自由研究においては，他の教科の時間の中ではできない応用的・発展的学習を行うことは認めつつ，そのことを第一にしているわけではなかったことである。総合的な学習の時間は教育目標に「教科横断的」と謳っている。「教科横断的」という言葉は，現在

の学習指導要領においても，総合的な学習の時間を「わけがわからないもの」にしないために重要なキーワードである。そのように考えると，「子どもたちが主体的に学ぶ」ということと，「教師が教科横断的になるように学習をデザインする」ということの，全く逆のベクトルを，総合的な学習の時間では設置当初から組み込む必然性があった。この2つの違いによって，自由研究の挫折を乗り越えて，総合的な学習の時間は継続しているわけである。しかし，本章でここまで検討してきたように教科横断的に教師が単元を作り込む時点で，それは「教科」の学習法になっており，子どもたちが主体的に学ぶ学習ではなくなっているのではないかと考えている。このようなジレンマを乗り越えて，どのように総合的な学習の時間を実践すれば，「子どもたちが主体的に学ぶ学習」になるのであろうか。

3　教科書のない学習としての総合的な学習の時間の拡張可能性

（1）細分化することのない単元の設定について

　総合的な学習の時間の授業は，授業設置当初から教科の応用として，教科横断的であることを求められることにより，部分的に細分化されることが多い。しかしそれでは，教師主導で考えられた教科の寄せ集めになってしまい，子どもたちの主体的な学びとは矛盾する。そうならないためには，教師主導で考えられた教科の寄せ集めにしないことが重要である。それでは，どのように進めたらよいのであろうか。

　木宮が教科「自由研究」について，その意義を主張していた1949（昭和24）年，教育実践家である野村芳兵衛は，岐阜市立長良小学校校長を務めていた。野村の考え方を現代においても継承している長良小学校では，小冊子『長良の教育』を毎年度作成しているが，その冊子によると，「こどう」と学校独自に名づけられた総合的な学習の時間には，「育てたい4つの心（心身の健康）」があり，それは「かかわろうとする心」「夢中になる心」「やりぬこうとする心」「求め続けようとする心」（岐阜市立長良小学校, 2018, p. 17）である。さらに次のような説明がある。

　『こどう』は,【自主】【連帯】【創造】の基盤にあたる【健康】を具現する
一つの手立てである。長良という空間にどっぷりとつかり, 土と光にまみ
れた子どもたちは, 心身ともに健やかに育ち, 長良という郷土を自己の中
にどっしりと揺るぎないものとする。つまり, それが郷土への愛である。
子どもたちは, 将来, 遠きにつけ, 近きにつけ, 郷土の長良の心音「こど
う」が自己の中に確かに存在することを自覚する。

（岐阜市立長良小学校, 2018, p. 17）

　「こどう」という言葉は「心の音」という意味である。心の音を聞き, 長良
の自然の中で心身ともに委ねる活動が, 総合的な学習の時間であると言うので
ある。すなわち, 長良小学校の総合的な学習の時間は「心身ともに健康」とい
うことが目標になっているのである。それでは, そのような目標の下, どのよ
うな活動を行っているのかを, 具体例を挙げて検討してみたい。
　長良小学校3年生は「金華山はかせになろう」という単元を, 1年間行う。
「金華山はかせになろう」は, 金華山の登山を通して, 四季の変化を追い, 登
山道のおすすめスポットを見つける実践である。この活動は, 4月に, 金華山
について自分がこれまでに知っていることを, 皆に話して共有するところから
始まる。そして, 登山コース「瞑想の小径」「七曲り」「百曲がり」「馬の背」
を, 易しいコースから順に登山する。子どもたちは, 金華山の登山をしながら,
自然を目で見たり手で触れたり五感で確認する。そこでは, 自然の中から子ど
もたち自身の力でさまざまなことを発見し, 調べたり考えたりして, じっくり
と活動に没入することが重視されている。この活動では, コースを変えながら
登山を繰り返し, その感想を話し合うことが連続的に続けられていく。
　筆者は, 2018年の2学期に, 1学期の登山を2回終えた後の, 3回目と4回
目の登山に同行し, 登山前と登山後の授業にも参加して, 子どもたちの様子の
発言や変化を観察した（冨澤, 2019を参照）。登山を始めたばかりの1学期は,
登山することの繰り返しのみの活動であったのに, 2学期になると, 子どもた
ちは自らさまざまなことを発見するようになる。たとえば, 話し合いでは, 以
下のような展開があった。

　子どもたちからコースを比較しながら気づいたことを発表しようという課題が出されたのである。その中で特に盛り上がった議論が二つあった。一つ目は「他のコースに比べて，馬の背コースは木が多いか，少ないか」という議論である。馬の背コースでは，大木の根が張り巡らされているところを苦労して登った記憶から，木が多いと感じる子どもたちがいたのに対し，瞑想の小径や百曲がり・七曲りでは，落ち葉で足が滑りそうになった記憶から木が多いと感じる子どもたちがいた。篠田耕佑先生が皆の発見を板書しながら，「馬の背は木が多い」「馬の背以外のコースは木が多い」という2つの意見を示し，「この2つは全く反対のことを言っているね」と，「先生の違和感」を話したところから矛盾が明らかになった。子どもたちは，同じ体験をして同じ風景を見たはずなのに，全く違う感じ方で受け止められることがあるということを認識することができた。(中略)二つ目に，「今までのコースとは反対側にも登山コースがあるのではないか」という発言である。今までのコースがすべて学校に近く，あるいは途中まで一緒の4コースであるという子どもの指摘は，とても興味深かった。

(冨澤, 2019, p. 45)

　こうした授業での議論に見られるように，子どもたちが自分たちで問題を発見する姿を認めることができた実践であったことが明らかであろう。長良小学校の総合的な学習の時間における子どもたちの姿を，エンゲストロームの提唱する活動システムのモデルで示すと，図3-2のようになる。

　この図を先に挙げた図3-1「総合的な学習の時間の教育目標における2つの方向性の矛盾」と比較すれば明らかなように，長良小学校の総合的な学習の時間は，ルールに「子どもの主体性」のみを置くことによって，子どもたちは「自ら自分たちで根拠を明らかにする」「自ら課題を見つける」ことをするようになる。すなわち子どもたち自身が，自らのカリキュラム・マネージメントを行っているのである。さらに，システムの底辺に当たる部分の，「ルール」「コミュニティ」「分業」に，教師からの教授が入り込まないことにより，子どもたちは能動的な姿勢で学ぶことが可能になる。対象が「教師がデザインした教

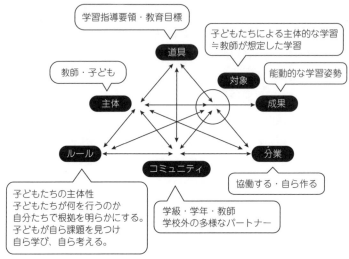

図3-2　岐阜市立長良小学校の総合的な学習の時間

科横断的な学習」ではなく「子どもたちによる主体的な学習（≒教師が想定した学習）」になりうるし，「想定」とは，すなわちこの場合で言うと「金華山はかせになろう」である。対象は，金華山について自分たちなりに詳しくなるということのみなのである。教師が決めた教科内容的な目的が想定されているわけではなく，目的が子どもたち一人一人に任されているのである。

　野村芳兵衛は，『あすの子供』（1950）において，「遊ぶことを上手にやること，働くことを上手にやることが学習であるとも考えられる」（野村，1950，p. 196）と述べている。そして，学習の展開について，「一度遊べば，それだけ遊び方が上手になり，一度働けばそれだけ働き方が上手になる」（p. 199）と述べ，「そうした遊びや仕事の生長を吾々は，学習と言う」（p. 199）とし，その学習について「構案法（Project method）を要求するのは，そのために他ならない」（p. 199）として，そのプロジェクト・メソッドを次のように学習の方法として規定している。

　　プロジェクト法と言うのは，学習の正しい流れとして，「やること」「わかること」「作ること」の三つの流れを充分に経験させる学習法であって，

　何よりも作業を中心にするのは，そのためである。それから，プロジェクト法は，単なる個人の学習法ではなく，それは友達と一しょにやる社会的学習法なのである。従つて，話合つたり助合つたり，批判しあつたりして学習して行くのは，そのためである。　　　　　　　（野村，1950，p. 199）

　このように野村は，「遊びや仕事の生長」である学習法である「プロジェクト法」について，「やること」「わかること」「作ること」の「三つの流れを充分に経験させる」ことが必要であると述べている。
　「やること」とは，「吾々が環境に働きかけること」であり，その方法として「見る働き」と「愛する働き」があり，「相手に自分がなるためには見なくてはならず，相手を自分に繋ぐためには愛さなくてはならない」と，野村（1950，p. 196）は言う。総合的な学習の時間は，子どもたちが「自ら課題を見付け，自ら学び，自ら考え」なければ，学習は始まらない。「やること」ということは，「やらせること」とは違い，子ども一人一人が自分で対象を「見る」ことと，「愛す」ことである。見るように促したり，愛すように促してもうまくいかないことが多い。つまり教師が子どもに「やらせる」というのは，このような学習のスタートにはならないのである。それでは，「やること」という状況が始まるのはいつなのか。また，どのような状況であろうか。それは教師にはコントロールできるものではない。その状況になることを待つのみである。つまりそのように考えると，学習の「課題設定」は，子どもたちが自ら「やること」を自覚して行うものであり，それがいつなのかを教師が決めることはできないのではないだろうか。しかし現実には，教師は，授業時数の関係や授業のタイミングの関係で「課題設定」をしなければ困ると考える。しかしそうして「課題設定」を教師がすることで，「やること」のスタートラインを，子どもたちは失うのである。そのため学習は，させられるものとしてスタートするので，総合的な学習の時間は「やらされる学習」になる。
　長良小学校の「金華山はかせになろう」は，「やること」のスタートラインが設定されていない。また，どこから「わかること」へ移行するかも，教師は求めていない。子どもたちは「登山する」「記録する」「下山する」「話し合う」

「記録をまとめる」といった作業を繰り返す。また,「作ること」については,学年の最後に自分たちの学習をまとめるようにしている。なによりも,長良小学校においては,このように学年の単元が一本化されており,細分化して次々に課題を変えることはないのである。

（2）教科横断的な学習のジレンマからの解放

　子どもたちの自発的学習をどのように創るかということのみで,教科「自由研究」を新設した木宮乾峰の方策は,あっという間に方向転換を余儀なくされたのであるが,木宮が何よりも重んじたことは「自主的な学習」であり,そのためには,研究題目を子どもたちが自分たちで立てなければならないことを強く主張したのである。

　子どもたちに自ら教科横断的な学習になるように進めさせることは難しい。そのため教師が教科横断的にするように促すほかない。そうすると子どもたちの自由な研究というよりは,教科のパズルの当てはめをしなければならないことになるであろう。しかし,総合的な学習の時間は,教科横断的に総合的な学習を創るということが,存在意義になっている。授業者である教師は,そのジレンマに追い込まれてしまうであろう。

　ロシアの心理学者であるアレクセイ・ニコラエヴィチ・レオンチェフ（Алексей Николаевич Леонтьев, 1903-1979）は,活動と意識の問題について述べる中で,主体によって意識される問題は「注意が向けられているかという問題としてあらわされる」（レオンチェフ,1980, p. 196）とし,その「注意」について,以下のように述べている。

　　注意が逸れた場合,生起している内的活動（一般的には,なんらかの材料の知覚活動）はたちまち消滅し,別の活動によりとってかわられる。（中略）子どもは,教師あるいは黒板に視線をむけ,じっとすわりつづけている。だがかれは既に授業を受けてはいない。かれは授業から「抜けおちている」のであり,別のことを考えているのである。注意とは,客体を「凝視すること」ではなくて,所与の客体にたいして活動的になることだ（中

略）生徒を注意散漫でないようにすること，かれの注意を育てること，これはなによりもまず，求められている活動をかれに組織することであり，一定の種類，一定の形態の活動をかれのうちに育てることである。

（レオンチェフ，1980，pp. 197-198）

　レオンチェフ（1980，p. 197）はこのような「抜けおち」た状態にしないためには，学習活動を知覚行為として実現することの不安定性について指摘する。「意味は，意義によってではなく，生活によって生み出される」（p. 217）ものであり，活動に子どもたちが入っていくためには，意義をもたせることよりも，「興味を産み出す」（p. 231）ことが重要であるとする。子どもたちが「やること」のスタートラインに立つためには，教師がその活動の意義について探究することよりも，子どもたち自身が活動に対して自分の中で主観的に意味づけられるように注意を払っていくことが重要であり，そのためにはまず「興味を産み出す」（p. 231）ことが不可欠である。そう考えると，教科横断的であるような活動を創るという意義に，教師や子どもたちを縛ってしまうことは，意味のない活動，すなわち「抜けおち」（p. 197）た状態の活動を創ることになってしまうであろう。意味ある活動は，子どもたちが興味をもって「やること」，たとえば「登山する」ことである。そうすれば，そこから「記録する」「下山する」「話し合う」「記録をまとめる」という活動は繰り返され，子どもたち自身によって，「わかること」「作ること」ことへ，生活としての学習が移行していくのである。

　総合的な学習の時間が，「自ら課題を見付け，自ら学び，自ら考え，主体的に判断し，より良く問題を解決する資質や能力を育てること」や「学び方やものの考え方を身に付け，問題の解決や探究活動に，主体的創造的に取り組む態度を育て，自己の生き方を考えることができるようにすること」を教育目標にしている限り，それは特定の教科を応用することを子どもたちに求めることや，一定の知識や成果を子どもたちに求める学習ではないことを，教師は自覚する必要がある。活動は一人一人の子どもによる，カリキュラム・マネージメントによってなされるものである。教師によって方向づけられた活動をするのであ

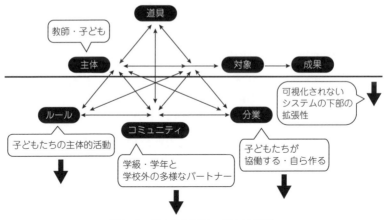

図3-3　総合的な学習の時間の拡張性

るなら，教科となんら変わらない時間になってしまうであろう。

　このように考えると，総合的な学習の時間の実践では，エンゲストロームが提唱する活動システムのモデルに描かれている，見えないシステムの下部の拡張性が重要になる。

　すなわち，図3-3で明らかなように，下部にあたる「ルール」「コミュニティ」「分業」が拡張することにより，上部の活動を含む活動システム全体が拡張するのである。

　エンゲストロームは，『拡張的学習の挑戦と可能性──いまだここにないものを学ぶ』(2018) の中で，拡張の次元が三つあることについて説明している。それは「(1) 社会的-空間的次元，(2) 時間的次元，(3) 政治的-倫理的次元」(エンゲストローム，2018, p. 8) である。そして，それぞれについて次のように説明している。まず「社会的-空間的次元」は，活動に加わる人びとや状況の範囲を超えていくことである。次に「時間的次元」は，活動の時間的展望を未来と過去へと拡張することである。そして「政治的-倫理的次元」は，活動が人間や社会にもたらす当たり前のこととされてきた影響をあらためて可視化して問い直し，そのような影響に対して，行為者としての責任を引き受けていくことである。下部の部分は特に，行為者としての責任を引き受けていくこと，すなわち単なる習得者や参加者ではなく，自ら変化を起こす能動的な担

い手・創り手としてエージェンシーを発揮していくことに非常にかかわりがある。子どもたちが、「政治的－倫理的次元」を拡張させるためには、システムの下部の拡張が必要なのである。行為者としての責任を引き受けることは、子どもたち一人一人が自分事として考えることから始まる。そのようにするためには、子どもたち一人一人に任せることが大事であり、そのことをできる時間として、総合的な学習の時間を教師が認識することが最も重要であろう。子どもたちが「行為者としての責任を引き受けていくこと」をどの段階で始めるのかは、子ども一人一人の成長や状況によって異なる。私たちはそのことを待たなければ、子どもたちを「やること」のスタートラインに立たせることはできないであろう。そのため教師は、単元を細分化せず、子どもたちが「ひたる活動」を行えるように、手助けしなければならないのではないだろうか。

注
(1)　野村の「野天学校」「親交学校」「学習学校」の三位一体的な教育構想については、野村の著書『文化中心新教授法』(1925)、『新教育に於ける学級経営』(1926) と、晩年の著書『私の歩んだ教育の道』(1973) を参照した。また、「読書科」「生活科」については、『綴方生活』に掲載された野村の論文「生活科としての綴方（一）――カリキュラムへの一考察」(1930) を参照した。
(2)(3)　中央教育審議会初等中等教育分科会教育課程部会総則等作業部会「総合的な学習の時間についての関係審議会答申」資料4
　　　https://www.mext.go.jp/b_menu/shingi/chukyo/chukyo3/005/gijiroku/03070201/004.htm（2021.10.10取得）

引用・参考文献
エンゲストローム, Y.（2018）. 山住勝広監訳『拡張的学習の挑戦と可能性――いまだここにないものを学ぶ』新曜社.
岐阜市立長良小学校（2018）.『長良の教育』.
稲垣忠彦（2000）.『総合学習を創る』岩波書店.
稲垣友美（1950）.『新教育の手引き』明治図書.
河原尚武（1991）.「戦後教科外教育領域の成立と展開（Ⅰ）――教科外活動の教育課程化をめぐって」『鹿児島大学教育学部研究紀要　教育科学編』第43号, pp. 169-184.
木宮乾峰（1947）.「自由研究について」『時事通信　内外教育版』, pp. 455-457.
木宮乾峰（1948a）.「自由研究の誘導」『教材研究』3巻1月号, pp. 12-17.
木宮乾峰（1948b）.「教科と教科外活動」『教材研究』3巻9月号, pp. 2-7, 14-15.

木宮乾峰（1948c）.「カリキュラム編成の問題」初等教育研究会『教育研究』28巻10月号，pp. 4-9.

木宮乾峰（1948d）「自由研究の指導」『学校で何を学ぶか──新教科の研究』新経営社.

木宮乾峰（1949a）.「学習活動の選択とその編成」『教材研究』4巻2月号，pp. 23-32.

木宮乾峰（1949b）.『カリキュラムの編成』有朋堂.

木宮乾峰（1951a）.「教育目標の明確化と教育課程の改正について」『文部時報』文部省，pp. 2-6.

木宮乾峰（1951b）.「学習指導要領改訂の経過」『初等教育資料』文部省初等教育課，pp. 5-7.

木宮乾峰（1951c）.「学習指導要領一般編の改訂」『初等教育資料』文部省初等教育課，pp. 6-9.

小玉敏也・金馬国晴・岩本泰（2020）.『総合的な学習／探究の時間──持続可能な未来の創造と探究』学文社.

レオンチェフ，A. N.（1980）.　西村学・黒田直実訳『活動と意識と人格』明治図書.

野村芳兵衛（1925）.『文化中心修身新教授法』教育研究会.

野村芳兵衛（1926）.『新教育に於ける学級経営』聚芳閣.

野村芳兵衛（1930）.「生活科としての綴方（一）──カリキュラムへの一考察」『綴方生活』10月号，pp. 6-11.

野村芳兵衛（1950）.『あすの子供』岐阜県教育図書.

野村芳兵衛（1973）.『私の歩んだ教育の道』野村芳兵衛著作集第8巻，黎明書房.

根津朋実（2011a）.「1951（昭和26）年学習指導要領一般編（試案）における教科外活動の課程化──木宮乾峰の所論を手がかりに」筑波大学『学校教育学研究紀要』第4号，pp. 1-22.

根津朋実（2011b）.「木宮乾峰のカリキュラム論──1951（昭和26）年版学習指導要領一般編（試案）の改訂担当者として」日本カリキュラム学会『カリキュラム研究』第20号，pp. 15-28.

白尾裕志（2016）.「『自由研究』の廃止過程の検証と木宮乾峰の『教育課程』概念──木宮乾峰における『教科課程』から『教育課程』への変化」『琉球大学教育部紀要』，pp. 205-216.

冨澤美千子（2019）.「総合的な学習の時間における学習の拡張性──活動の三つの次元に着目して」活動理論学会『活動理論研究』第4号，pp. 39-50.

冨澤美千子（2021a）.『子どもたちの創造力を育む総合的な学習の時間』大学教育出版.

冨澤美千子（2021b）.『野村芳兵衛の教育思想──往相・還相としての「生命信順」と「仲間作り」』春風社.

山住勝広（2017）.『拡張する学校──協働学習の活動理論』東京大学出版会.

第4章

ノットワーキングで実現する社会に開かれた 学校づくり──総合的な学習の時間の活用

白數 哲久

　教育の大半を学校が担うようになったのは人類史上ごく最近のことである。それまでは家庭や村のコミュニティが教育の場の中心であり，職業人になってからは見て習う徒弟制による教育が一般的だった。産業革命によって物が効率的かつ多量に生産されるのに呼応するように，学校も学年や教科という枠を設けて制度化されるようになった。すべての人に質の高い教育を保障する学校の役割は重要である。しかし，学校という場では効率化の追求によってさまざまなひずみが生じていることは否めない。今日学校で模索されている異年齢教育，教科横断型学習は，このひずみを解消するパースペクティブとしてとらえることができる。

　高度情報化社会を迎えた私たちのつながり方と社会の構造的な変化の様相を分析しているエンゲストロームは，「文化‐歴史的活動理論」（以下：活動理論）の視座から「ノットワーキング（knotworking）」によって文化・歴史的に社会が動いていることを提起した。ノットワーキングとは，緩やかなつながりの場において人びとが活動の対象を部分的に共有しながら，活動に協調の必要性が生じた場合に仕事を組織化する方法のことである。たとえばバードウオッチングでは，集団が結び目（ノット）を形成したり解体したりすることを繰り返しながら構成員は変化するが，活動（ワーキング）自体は文化・歴史的に脈々と続いていく。ノットワーキングでは，学習者の強いモチベーション，実物主義，即時評価，学習者のエージェンシーなどが自明の事実として存在するが，学校教育と対比することによって，その違いと学校教育が抱えている課題が浮き彫りとなる。ノットワーキングの視座から学校教育の在り方を俯瞰的に検討することは，学校をカプセル化させることなく社会と連関させるために極

めて重要であると言える。

　子どものモチベーションを重視し，実物や実社会に根差した教科横断型学習として登場したのが「総合的な学習の時間」である。しかし，この学習の場において学習者のエージェンシーは期待通りには保障されていない。学習者がエージェンシーを発揮しにくいのはなぜだろうか。この解明には学校の状況を分析する必要があるが，学校内部のシステムを検討する分析においては学校の様態を外部から客観的に見ることのできる理論が必要である。その有力な理論が社会と学校の構造を一体としてとらえている活動理論である。この理論を「総合的な学習の時間」に援用することによって，学校と社会を切り離すことなく，人が本来持っているモチベーションとエージェンシーを生かした学習の実像の解明が図られると考える。すなわち，この視点を得ることによって，私たちは「総合的な学習の時間」を「拡張的学習（expansive learning）」として価値づけ，そこに命を吹き込むことができるようになるのである。

　本章では，総合的な学習の時間に焦点化し教師と子どものエージェンシーを復権させるために必要な理論と要件について検討する。まず，1において，総合的な学習の時間が拡張的学習へと昇華し得る可能性について論じ，何がその障壁となっているか，障壁を取り払うにはどうすればよいか検討する。次に2では，ある小学校が14年間かけて学外とつながっていった総合的な学習の時間の事例をとらえ，第三世代活動理論の視座から学校におけるルールや分業と教師間の交流が果たしてきた役割の重要性を論究する。3では，1と2の総括として，総合的な学習の時間の改革は学校変革と一体とならなくてはならないことを提起する。人やルールの更新によってそれまで培われてきた教育は簡単に失われてしまう。改革を継続するためにはノットワーキングとチェンジラボラトリーの視点は欠かせない。両方の視点から，学習及び学校の改革の継続に必要な要件を整理し章のまとめとしたい。

1　教育における動機の重要性

（1）わが国の教育における子どもの主体性

　GIGA スクール構想により子どもたち一人一台の端末が配布された2020年以降，新型コロナウィルス感染防止対策による休校に対応するため学校のネットワーク環境の整備が急務となった。しかし，当初は端末を子どもたちに持ち帰らせない学校があるなど，その運用には地域差があり，今日でも ICT 機器の教育的利用の頻度は先進国の中では低い。わが国で教育の ICT 化が進みにくい要因の一つに，従来型の教育であっても国際的な学力調査において高い水準を維持してきたという背景があげられる。わが国では，授業研究会等において従来型の教育を基盤として，教師がどの教材をどのように提示し子どもの意見を引き出すか検討することに力点が置かれる傾向があり，通常の教科学習の場面で子どもが出した疑問をプロジェクト型学習で解決していくような革新的な教育の提案や検討は十分に行われてこなかった。一方，早くから教育の ICT 化が進む諸外国で議論されている考えの一つに SAMR モデル（Puentedura, Ruben R., 2010）がある。それぞれ，Substitution（代替），Augmentation（増強），Modification（変容），Redefinition（再定義）の頭文字だが，Redefinition（再定義）においては，教師が子どもに一方的に情報を与えるのではなく子どもの側から，自分は社会に影響も与えられるし変えることもできるという意識をもって情報を発信するツールとして ICT を活用していくことが意図されている。わが国でこのように一人一台の端末が活用されている例は稀である。ポストコロナ時代の教育について佐藤（2021, pp. 60-65）は，第四次産業革命によって創出される労働のほとんどが高度な頭脳労働となるため「学びのイノベーション」が必要で，そのキーワードは「創造性」「探究」「協同」であると述べている。基礎学力の習得においては AI のサポートを受けた個別最適化学習が急速に広がっていくと考えられるが，AI ではサポートできない，創造的，探究的，協同的学習に未来の教育の価値が移行することから，教師には，主体的，自律的に学べる環境を作るという役割の転換が求められる。

　わが国の教育には昔から「学び合い」の文化があり協同的に学ばせる場面は多い。しかし，その話し合い活動には，一斉授業に組み込まれた教師の指示による話し合い活動である事例が散見されることから「学び合い」においても子どもの主体性には依然として課題があると言える。石井（2020，p. 56）は，わが国の子どもは諸外国と比べて授業に対して受け身であり指示待ちの傾向が強いことを指摘している。子どもが主体的になれない授業とはどのような授業だろうか。デューイ（Dewy, John, 1902）は次のように述べている。

　　　教授することが機械的になり，闊達ではなく死んだようになっていることは，何を意味するのであろうか。それは動機が欠如していることの結果にほかならない。　　　　　　　　　　　　　　　（Dewey, 1902＝1998，p. 294）

　動機が欠如しているという指摘にあるように子どもの内なる疑問の解決や好奇心の充足に向かう教授 - 学習を，公的なカリキュラムの枠の中でいかに機能させるかについては悠久の課題となっている。子どもの動機と活動構造との関係を洞察したヴィゴツキー（Vygotsky, L. S., 1934）は，次のように指摘している。

　　　思想そのものは，他の思想からではなく，われわれの意欲や欲求，興味や衝動，情動や感情を含む動機に関係した意識領域から生まれる。思想の背後には情動的・意志的傾向がある。　　　　　（Vygotsky, 1934＝2001，p. 427）

　このことに関わって山住（2017）は，ヴィゴツキーに続くレオンチェフの理論を踏まえ，思考を情動から切り離すことはできないと述べるとともに情動を活動の動機と位置づけ，次のように述べている。

　　　最初，行為の目標であったものが，次第に活動の動機に代わることによって，行為は新たな活動へと発展することになる。ここにおいて最も重要であるのは，ある行為が新たな活動になっていくとき，そこでは必ず新しい動機が生み出されており，それに応じて，現実に対する主体の新しい関係

が生じてくる，とういう点である。　　　　　　　　　　（山住，2017，p. 14）

　活動は刻々とフェーズを変えていくわけだが，ここでは新たな活動には「新しい動機」の創出が欠かせず，動機に応じた新しい現実に対峙することになっていくことが示されている。これらのことを教育に援用すると，子どもの主体的な学びにおいては，子どもが新しい事象と出会い認知的葛藤あるいは，新しい自分になることへの期待感の湧昇などの過程を経て，新たな学びへの内発的動機を生じさせることが不可欠であると言える。では，何が子どもたちを学びへと向かわせる「新しい動機」になり得るのだろうか。開発途上国の子どもたちにおいては，工学やコンピューター，語学を習得し「海外で働きたい」という夢や「豊かになりたい」という夢が容易に「新しい動機」になり得るのに対して，わが国では学習動機が「進学するため」に留まり，その先の「新しい動機」を見いだしにくい状況にある。

　先進国における「新しい動機」とは何かを考えるうえで，ピンク（Pink, Daniel H., 2009）が提起したモチベーション2.0からモチベーション3.0への歴史的な移行に対する見解は，我々に重要な手掛かりを提供している。ピンク（Pink, 2009＝2015）は，産業界におけるモチベーション2.0では，「業績の改善を図り，生産性を上げ，優れた点を伸ばすためには，優秀な者に見返りを与え，成績のかんばしくない者には罰を与えればよいとされてきた。」（p. 53）と述べる一方，モチベーション3.0における人の行動は，「活動によって得られる外的な報酬よりも，むしろ活動そのものから生じる満足感と結びついている。」（p. 140）と述べている。そして，モチベーション3.0の要素として，自律性，熟達，目的の3つを挙げている。すなわち，個人の意思決定が尊重され，自分の成長が実感でき，自分の行動に重要な目的があることを自覚したときに，人は活動に没頭するのである。このことを教育に援用すると，子どもが自ら学びたいと思うことを自ら好む方法で学び，学ぶ目的が明確で自分の成長を実感できる時に，子どもは学習に没頭するのだと言える。したがって，既存のカリキュラムと教育方法で成績を上げることを主な目的とした学習には子どもは没頭しにくいことから，モチベーション3.0を迎えつつある先進国においては，従来の教育方

法では子どもの学習に対する意欲を持続させるのは極めて困難になってきている。しかし，子どもに学びたいように学ばせたならばすべての子どもの学力を保障することは困難となる。このように学校教育は，子どもの論理に基づいた使用価値の高いカリキュラムと，良い成績を取るために必要な効率的に広範囲の学習を網羅した交換価値の高いカリキュラムという二重性のあるカリキュラムの狭間で試されていると言える。子どもから優れた疑問が出されて探究的に学習をさせたいと思っても，教科書には無い内容であったり時間的な制約があったりして実施できないことは多い。したがって，子どもの心に寄り添った新たな授業を展開しようとする教師はしばしば壁にぶつかる。一方，過去に上手くいった授業の記憶があり自信をもって授業に臨むことができる教師は先の見えない授業に足を踏み入れにくくなる。ここでは，どちらが優れているか論じようというのではない。このようなカリキュラムの二重性と教師による特性の違いを受け入れ，ダブルバインドの状態から抜け出そうとするエネルギーを原動力とすることで教育に新たな可能性が見えてくることを提起したい。

（2）学外とつながる学習の必要性：第三世代活動理論の視点から

　柴田（1999，p. 14）は，知識の詰め込み教育を否定し，主体的・創造的な学習活動を求める教育論は，大正時代から昭和の初めにかけて興った第一次教育運動の頃から存在していたと述べている。この児童中心主義の学習形態は，度重なる批判を受けながらも昭和22年学習指導要領（試案）に引き継がれ，「総合的な社会科」や児童の自発的活動を促す「自由研究」を生み出した（稲垣，2000，p. 68）。『学習指導要領一般編（試案）』（文部省，1947）には次のような記述がある。

　　ほんとうの学習は，すらすら学ぶことのできるように，こしらえあげた事を記憶するようなことからは生まれて来ない。児童や青年は，まず，自分でみずからの目的をもって，そのやり口を計画し，それによって学習をみずからの力で進め，更に，その努力の結果を自分で反省してみるような，実際の経験を持たなくてはならない。だから，ほんとうの知識，ほんとう

の技能は，児童や青年が自分でたてた目的から出た要求を満足させようと
する活動からでなければ，できて来ないということを知って，そこから指
導法を工夫しなくてはならないのである。　　　　　　　　（文部省，1947）

　この記述は，先に述べたモチベーション3.0の3つの要素である自律性，熟
達，目的と呼応している。この，子どもが自ら目的意識をもって自律的に自分
の熟達のために学ぶ場面を作るべきだという考え方は，今日の「総合的な学習
の時間」にも生かされなくてはならない。

　チクセントミハイ（Csikszentmihalyi, 1990 = 1996, p. 69-84）は，明確な目標と
適度な困難さと直接的なフィードバックがあったときに人は作業に没頭すると
述べ，これをフローと呼んだ。フロー継続中は意識は滑らかに働き一つの行為
は次の行為へと滞りなく続く。また，生活の中での不快なことを一時忘れるこ
とができ，時間が普通とは異なる速さで進むとされている。ピンク（2015, p.
206）は，フロー活動では仕事は遊びになり，能力と業務がぴったりと一致し
た場合には，素晴らしい成果が生まれると述べている。このことを学校教育に
援用すると，内発的な動機に支えられ適度な困難さのある学習場面では，子ども
は時間を忘れてその解決に没頭するフロー状態に入り，直接的なフィードバッ
クによって興味が持続し認知的なレベルが向上すると考えられる。このような
学びは，子どもにとっては遊びと同じように楽しいものであるだろう。その証
拠に「総合的な学習の時間」は子どもに好まれているという調査結果がある[1]。
「総合的な学習の時間」が子どもに好まれる理由について園田（2004, pp.
16-27）は，小学5年生を対象とした調査結果に基づき主な理由の上位2点を
次のように紹介している。

・教科書中心の座学ではなく，なすことによって学ぶアクティブな総合学
　習が，子どもにとって変化のあるエキサイティングな学びとなっている。
・子どもたち自身の興味・関心や疑問・好奇心に基づいて設定した学びの
　テーマを，仲間と議論しながら徹底的に掘り下げたり，自由に発展させ
　たりできる。

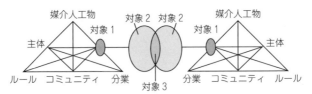

図4-1 第三世代活動理論のための最小限二つの相互作用する活動システムのモデル

出典：Engeström（2001, p. 136）。

　これらをフローの視点でとらえると，学習に変化があることや仲間と学ぶこと，自由度が高いことによって，自ら乗り越えなくてはならない課題が生み出され，次々に学びが連鎖していくことで，子どもにとって使用価値の高い学びを得る時間が続いていくのだと考えられる。このような学びの連鎖は，子どもたちを教室にとどめたままでは起きにくい，学校図書館を活用するなど，さらに多くの情報を学校内外から得る必要がある。

　2017年改訂小学校学習指導要領では，社会に開かれた教育課程を目指すことが示されている。その重要性を検討するうえで有用な理論が活動理論である。活動理論は，ヴィゴツキー（Vigotsky, 1930-1931 = 1970, p. 161）による媒介の三角形モデルに端を発している。このモデルでは，主体と対象をつなぐ媒介に焦点を当て，媒介の代表として言葉の役割を重視している。ヴィゴツキーは「媒介としての言葉」を研究し，個人の知識は言葉を媒介として他者と関わることによって社会的に構成されるという，社会的構成主義の理論を提起した。やがて，この理論の舞台は個人を取り巻く社会から人類の文化歴史的なスケールへと拡張し，エンゲストローム（Engeström, 2001）によって活動理論として定式化された。この理論の一部は，第三世代活動理論の活動システムのモデルとして図4-1のように示される。

　このモデルにおいて「主体」「対象」「媒介人工物」で構成される三角形が，先に述べたヴィゴツキーの媒介の三角形モデルである。エンゲストロームの研究の功績は，この三角形に「ルール」「コミュニティ」「分業」を加えて文化一歴史的なスケールへと拡張し，互いの相互作用を視覚化した点にある。図3-1のモデルの意味を山住（2006）は次のように説明している。

二つの活動システムが対象1から「対話」によって対象2へと拡張する。拡張を通して，双方の対象は近づき部分的に重なり合うことになる。この境界を越えた対象の「交換」において，新しい対象3が立ち現われてくる。そして，このような「第三の対象」は，新たな「変革の種子」（seed of transformation）を生み出していく。　　　　　　　　　　　（山住，2006，p. 94）

　このモデルを「総合的な学習の時間」に援用すると，学習共同体である教師と子どもたちが別のコミュニティの人びとと出会い対話することによって情報が交換され，そこで新たな知見が立ち現れることによって，次の学びへの萌芽が生まれるのだととらえることができる。

　活動理論の教育的活動への援用は，これまで教師‐子どもという二元論でとらえられがちだった教授‐学習構造に新たな視点をもたらした。すなわち，教室という物理的かつ心理的に閉じられた空間から子どもを開放し，学習全体の構造を見直し，子どもの側からより広い自然や社会をとらえる構造へと変革する視点を得たのである。このことに関わって山住（2006，序文）は，所与の制度的な境界の中にとどまっている「カプセル化した学習」を学校から拡張させ，ネットワークを徐々に広げていく必要があることを指摘している。この指摘は，既存の教えるべき内容を効率的に教えるように固定化した教材や指導計画を，十分な吟味のないまま使用する学習に対する警鐘ととらえることができる。これからの学習は，閉ざされた教室内だけで行うのではなく，より広い視野を得て生活や社会との関連性を意識しながら流動性をもたせた設計をする必要がある。

（3）小学校の総合的な学習の時間における教師をとりまく状況的課題

　総合的な学習の時間における小学校教師側の主な課題は，この指導を苦手と感じる学級担任の割合が他の教科に比べて高いこと[2]と，指導の難しさである。これらの課題克服を目指し，近年多くの学校において，学年ごとのテーマや，体験活動，招くゲストティーチャーを固定化して指導計画を立てることが一般的になってきている。この方法の利点としては，前年度の実践を参考にするこ

とで，教師による準備の時間を軽減できる点が挙げられる。しかし，学習前から課題が固定化されてしまっては子どもにとって受け身の学習になりがちな傾向は高まる。すなわち，子どもが能動的・探究的に学ぶのではなく，各学校で伝統的に引き継がれてきた体験活動を先輩たちと同じように学ぶ授業の実施である。小林（2004）は，「『国際理解，情報，環境，福祉・健康など』はあくまで例示されたものである。それにもかかわらず，これらの横断的・総合的な課題を教師の側から一方的にあれもこれも設定してしまえば，子どもはただ『させられる』活動を受け身にこなすだけで，主体性など発揮しようがない」と述べ，形式的な課題重視が子どもを受け身の姿勢に陥らせる可能性を指摘している。

　より詳しく状況を把握するために，筆者が公立小学校の教師たちにインタビューを行った結果を下記に示す。

　まず，東京都公立小学校に29年間勤務した教諭（退職時主幹教諭）へのインタビューの結果は次の通りである。

- 総合的な学習の時間の最大の問題はパターン化してしまうこと。若手教員が増えて0から子どもと作れる人が少なくなって，何時間目に何をするか決まっていてこなしていくだけになっていった。
- 文部科学省が，学習課題の例として，国際理解，情報，環境，福祉・健康を示したことで，教育委員会や学校は，この学習課題に沿って実施するように教員に求め，パターン化につながっている。
- 学級担任に任せっぱなしになっている学校では，いまだに運動会や学芸会の練習に時間を使っている担任も見られる。

　次に，名古屋市公立小学校に30年間勤務している教頭の談話は次の通りである。

- 学年で取り扱うテーマは学校の教務が決め毎年ほとんど変わることはない。担任が変えようとすればそれに大変な労力がいるので，変えるエネ

ルギーを出せないというのが実情。

- 4年では二分の一成人式，5年では移動教室，6年では修学旅行の準備に当てられる時間を含む。例えば，6年生では情報活用能力向上を教育目標に掲げ，修学旅行に関わる情報をWEBで調べて資料をまとめる。どこまでが学校行事の時間でどこからが総合的な学習の時間であるか明確に分けられない。
- 新しく入ったプログラミングの学習などが総合的な学習の時間に入るなど，いろいろな教育を行う受け皿として便利に使われ，結果的に系統性が欠如している。
- 「健康」をテーマにしている研究推進校では，「食育」「虫歯をなくす」などが総合的な学習の時間のテーマになっていて，伝統に縛られて変更することができない。

　両者に共通するのは，総合的な学習の時間において教師と子どものエージェンシーは保障されておらず，学習内容の多くは前年度の踏襲でありパターン化されている点と，学校行事の準備などに充てられる場合もあるという点である。
　以上のことから，総合的な学習の時間における課題は次の2点に集約できる。
　第一に，学習課題を子どもから発掘していない点である。先に『学習指導要領一般編（試案）』（文部省，1947）を引用したように，子どもが自分で立てた目的から出た要求を満足させようとする活動でなくては，子どものモチベーションを維持し主体的な学びを実現させることは難しい。
　第二に，総合的な学習の時間を各教科と同じようにとらえ，獲得させる知識・技能を固定化している点である。ここでの学びの目的は知識・技能に留まらず，創造力，コミュニケーション力，反省的思考力の醸成であるべきである。そして，子どもと同様に，教師自身にも一緒に学んでいきたいというモチベーションがあることが重要なのである。
　総合的な学習の時間が学校改革の基点となり得るにもかかわらず，多くの学校ではそのように活用されていない実情がある。ここから学校変革はなぜ起こりにくいか考えると，多くの場合，教師にはあらかじめ教えなくてはならない

ことが定められていて，自主的にカリキュラムを編成する風土の醸成が見られないという課題が浮き彫りとなる。公的なカリキュラムから教師自身が解き放たれ，子どもと一緒にワクワクしながら「子どもが学びたいこと」と「子どもに学ばせたいこと」の折り合いをつけるようになるにはどうしたらいいのだろうか。

（4）子どもから出た疑問を生かした事例

　子どもの内発的動機に基づいた学習になり得る素材は日常的に無数に立ち上がるが，その多くは時間の経過とともに鮮度が落ちていく。したがって，旬を逃さず取り上げることが有効である。ここで，社会に開かれた学びの例として，東京都内にある私立昭和女子大学附属昭和小学校（以下：昭和小）において筆者が行った事例を紹介する（白數，2016，2018）。第3学年1組35名を対象に2015年4月〜2016年3月の間「わたしたちのまち−昔のくらしと今のくらし」というテーマを設定し，教科横断的に年間約100時間の授業実践を行った。その中で，「なぜ年々銭湯が減っているか」「続いている銭湯はどのような工夫をしているか」という子どもから出た疑問に担任である筆者が答えられなかったことから，必要に駆られ子どもたちと共に横浜市にある銭湯に取材をしに行った。見学で分かったことについて子どもたちがまとめた文は次の通りである。

- 銭湯でもっともお金がかかるのはねん料代だ。昔の銭湯では，家をこわしたときに出る，いらなくなった木材などを燃やすことが多かったそうだ。しかし，今の家の木には，接着ざいや配線がついていて，もやすとよくないガスが出るので，もやせなくなったそうだ。そこで，今の銭湯の多くは，ガスを利用しているので，昔よりねん料代がかかるようになってしまった。しかし，見学した銭湯は港に近いところにあるので，港から木をもらってきてそれをねん料にしている。その木は，荷物が入っていた箱や，箱を作った時に余った木などだ。その木をおので割ってちょうどいい大きさにするところを見せてもらった。
- 排水の熱を再利用するところでは，きたないお湯がパイプを通って，きれいな水を温めてから捨てられるようになっている仕組を見せても

らった。この工夫によって，水は少し温められてから火で温められるので，最初から冷たい水を火で温めるより少ないねん料でお湯を作ることが出来る。

　また，見学の後，子どもが書いたお礼状の文を抜粋したものは次の通りである。

・昔の銭湯の様子や，今も地いきの方々やかんきょうに気を配りながら気持ちの良い銭湯づくりのためにご活躍されていることがよく分かりました[a]。今はガスだけでなく，まきも使っていることにおどろきました。私は銭湯が初めてでしたが，お湯はとても気持ちよく，そうじも，き重な体験でした。

図4-2　浴室内の鏡の清掃の様子

図4-3　斧で木を割る様子

図4-4　燃料の木の置き場の見学

図4-5　木を燃やしている様子

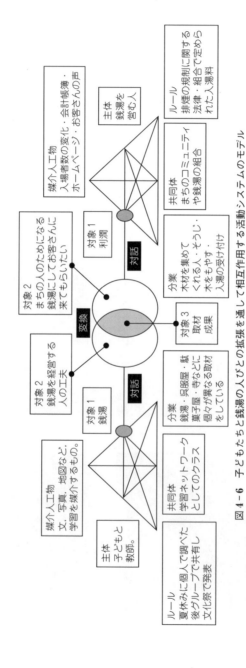

図4-6　子どもたちと銭湯の人びとの拡張を通して相互作用する活動システムのモデル

出典：白數（2018, p. 63）。

- 昔の人は銭湯をたよりにしていることが一番すごいなあと思いました[b]。寒い季節には銭湯がぴったりなので，とても気持ちがよかったです。私は，今は，銭湯がなくなっていて悲しいなあと思いました[c]。
- 昔からせんとうはあいされているということがよくわかりました[d]。わたしのおじいちゃんもせんとうをやっていたけれど，私が生まれる前にやめてしまいました。今でもやっていたらうれしかったです。

　この事例を図4-1に当てはめたのが図4-6である。左側の三角形は学習ネットワークとして機能するクラスにおける活動システムを表す。主体は子どもと教師であり，学習の対象1は銭湯である。ルールと分業には文化祭で成果を発表するまでのルールと分業の概要を示した。また，道具には学習で用いる媒介としての教材を示した。右側の三角形は，まちの銭湯を中心としたコミュニティにおける活動システムを表す。主体は銭湯を営む人であり，経営の対象は利潤である。ルールと分業には銭湯を営む上で守るべきルールと，昔から続いてきた分業の概要を示した。また，道具には経営の実態を客観的に判断し共有するための資料として入場者数を記録したノートなどが挙げられる。

　この二つの三角形は対話によって対象2という成果を形成するが，子ども側からとらえると，それは「銭湯を経営する人の工夫」の理解であり，銭湯を営む人側から見ると，それは「まちの人のためになる銭湯にしてお客さんに来てもらいたい」となる。両者が合わさり交換されることによって生まれる対象3は，子どもだけでなく銭湯を大切に守りながら経営する人にとっても同義で重なり合っている。そして，子どもの中に生まれた下線a，b，c，dの言葉に見られるように，新しいものだけでなく，古くからあるものにも光を当てて価値を再認識し継承・発展させるべきであるという文化の創造を興す土台となりうることから「変革の種子」に値する発見だと言える。

（5）学校変革はなぜ起こりにくいのか

　昭和小学校のような事例は多くない。多くの学校の改革に携わってきた佐藤（2012a，2012b）は，学校改革を成功に導くために必要なことをいくつか述べて

いるが，その主なものを整理すると概ね次の3点に集約できる。

- 教室や教科の壁を開き，子供の学びの実現を中心に同僚性を築くこと。
- 改革に熱心な教師が出現し，もう一方で改革に疑念を抱き抵抗する教師が出現しても，内部に対立や分裂を引き起こしてはならない。
- 学校改革を「方式」あるいは「処方箋」として導入しないこと。

　佐藤（2012a, p. 132）は，「短期間の急激な改革や部分的局所的な改革は，その副作用や反作用によって否定的効果をもたらす危険の方が大きい。」と指摘している。つまり，効果的であったり即効性があったりする学校改革の「方式」はないことから，時間をかけて合意形成を図っていくことに重要な意味があると言える。教師ひとり一人ひとりが学校改革の意味を考え，たとえ意見は違っても共通する願いを見出し，子どもの学びを支えるために組織として取り組んでいかなければ，学校改革は簡単に逆戻りしてしまうだろう。学校変革は永続的な影響を生み出しにくいと指摘しているエンゲストロームは，学校制度のフォーマルな構造と授業の内容や方法との間に存在する中間の階層の存在を指摘している（Engestrom, 2008＝2013, p. 139）。中間の階層には，成績評価や試験の実施，時間割のパターン化，教科書の使用，運動場所の指定と使い方，生徒のグループ分け，規律や統制のパターン，学校外の世界との結びつきなどが挙げられる。そして，これらが生徒や教師の動機を形成するうえで決定的な重要性をもつことを踏まえ，エンゲストローム（2013）は，次のように述べている。

　　学校変革の試みでは，中間レベルの現象，つまり動機づけの領域は，ほぼ無視されてきた。言い換えれば，動機は，生徒や教師の行為を後押しする最重要の原動力であるにもかかわらず，無視されてきたのである。

　　　　　　　　　　　　　　　　　　　　　　（エンゲストローム，2013, p. 140）

　エンゲストロームの指摘は，成績評価や試験などのさまざまな中間の階層が

子どもの動機に多大な影響を与えていることから，授業実践以外にも目を向けなければ根本的な解決は望めないことを示唆している。本章で総合的な学習の時間に焦点化したのは，この学習では教科書がなく学校外との世界との結びつきを比較的自由に構築することが可能であり，教師と子どものモチベーションを高いまま維持することが可能だと考えたからである。

　先に紹介した昭和小のような学習の拡張性を意識した授業実践は，地域に開かれたカリキュラム作り推進の観点から今後増えていくことが期待できる。例えば，富澤（2019）は，担任教師以外に農園経営者，パン工房店主，市役所農業担当者，製粉社員，保護者，そして大学教員が学習に関わる，吹田市立Y小学校の総合的な学習の時間「吹田くわい」における拡張的学習について報告している。また，大田区立清水窪小学校では，2013年から文部科学省教育課程特例校として東京工業大学などの学校外施設・人材を活用するサイエンスコミュニケーション科（岡野，2020）が始まり，児童数は倍増した。しかし，このような取り組みを行っている学校においては「実践の継続」が課題となっている。

　清水窪小学校では新しい学科を立ち上げる際に東京工業大学などと連携し，研究者及び大学院生が加わり，夏に集中的に研究会を行うなどして新しい授業を練り上げていった。これは画期的なことであり，「いまだここにないものを学ぶ」多声的な授業づくりの機会を通して学校を変革が起きたといえる。この新学科立ち上げ当時東京工業大学特任助教であった川本（2013）は，教師から教員同士の研修では出てこない思い切ったコンテンツ案だからこそ意味があるという評価を得たことから，必要な時に補完しあえる多様な仕組みが重要性であると結論づけている。ところが川本をはじめとして，清水窪小学校の教師が異動し，新学科創設から7年で東京工業大学と協働的にカリキュラムを開発したことを知る教師は不在となった。他校から赴任した教師は，まずサイエンスコミュニケーションとは何かを学び，同質の授業を子どもたちに提供するために残された記録を頼りに授業を行う。このようにして授業を準備することは多忙を極める教師にとっては大変な負担となる。そこで，専用の教科書を作ったほうが良いのではないかという意見が出ても不思議ではない。現に多くの学校で総合的な学習の時間に行われていることは前年度の学習の踏襲である。ゲス

トティーチャーを招聘したとしても同じ人が同じ講義・ワークショップを行っていることが多い。また，学校外施設に見学に行ったとしても毎年同じところに行くことが多い。多くの学校では，学校変革が起こったとしても上記のような状況が生まれ，教師のモチベーションの維持が課題となっていく。自由に授業を作ることが許される総合的な学習の時間で，なぜ教師は中間の階層であるパターン化への依存を強めていってしまうのだろうか。その手がかりとして昭和小学校で起きた変革をノットワーキングの視点から分析する。

2　昭和小学校における学校変革の分析

　昭和小では，管理職の働きかけや専門家の介入がなかったにもかかわらず，ゲストティーチャーを招いたり学校外施設を活用したりする活動（以下：学外とつながる活動）が増えた。その内実を分析し学校変革の手掛かりを得ることを試みる。

（1）背　景
　昭和小では第1学年から総合的な学習の時間を通り入れている。一般の小学校が70時間を充てているのに対して昭和小では各教科の時間を組み込むことによって約100時間を総合的な学習の時間に充てている。各クラスの研究記録は学級担任が文章化し毎年書籍として発刊している。本章では昭和小の第1学年から第5学年を対象に，2004年から2017年までの14年間に限って分析を行う。なお，2003年以前の総合的な学習の時間は12月から2月までの3か月間で短期的に実施されていたことから，学外とつながる活動はほとんど見られていない。また，2020年度と2021年度は感染防止対策の観点から人と人の交流が制限されたことによって，外とつながる教育活動は十分に実施できていない。

（2）ノットワーキングの視点から見た教育環境
　ノットワーキング（結び目を作ること）とは，人びとがある行動目的に対して部分的に活動を共有し仕事を組織化するやり方のことである。エンゲスト

ローム（2013, p. 34）は，ノットワーキングでは，あらかじめ決定済みの固定
したルールがなく，また権威の中心が決まっていないにもかかわらず，パート
ナー間の協議が形成される点を重視している。また，ばらばらに見える活動の
糸を結び，ほどき，結びなおす動きを特徴とするが，中心はとどまらず，主導
権の位置は刻々と変わると述べている。本章では，学級を小さな糸の束に見立
て，学校全体の14年間の取り組みをノットワークの場ととらえた。学級におい
ては担任教師という中心的存在があるが，担任教師は子どものモチベーション
を維持することに努め，子どもの興味に即した研究テーマを題材とし，子ども
に研究をゆだねる部分は多分にあった。なお，毎年のクラス替えによって構成
メンバーと主導権は交代した。また，管理職が学級の活動を制限することはほ
とんどなく，教師同士も互いの取り組みを尊重する風土があった。

（3）昭和小の総合的な学習の時間はどのようにして外に開かれていったのか
① 学校外見学と外部人材活用の出現数からわかること

　本章では，学習の拡張性を論じる手がかりとして，1年間の学校外見学の出
現数（以下：見学数）とゲストティーチャーによる講義やワークショップの出
現数（以下：ゲスト数）を数えた。学校外見学では，学園内をめぐる見学は見
学数に加えなかったが，学園内の特殊な地下設備などを専門家とともに見学し
た場合は見学数に加えた。また，ゲストティーチャーが昭和小の教師だった場
合はゲスト数に加えなかった。これらの年度ごとの累計を整理したのが図4–
7である。棒グラフの薄いものが見学数，濃いものがゲスト数である。またそ
れらを合計したもの（以下：合計出現数）の経年変化を折れ線で示した。なお
用いた資料は，昭和小発行の書籍『昭和っ子の研究　総合学習』Vol. 42
（2004）から Vol. 55（2017）までの14冊である。

　図4–7から，見学数もゲスト数も増加傾向にあることがわかる。両者を合
計した合計出現数（折れ線）に着目すると，2010年を境にグラフの傾きが変
わっていることを読み取ることができる。このことから，2011年頃に増加率を
高める何かしらの力が働き，それが継続したと考えられる。筆者は2004年以前
から2016年の間，昭和小で担任として勤務したが，この間管理職からゲスト

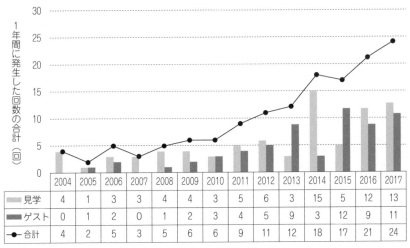

図4-7　クラスの独自企画としてゲストティーチャーを招いたり
見学に行ったりした回数の経年変化

ティーチャーを招いたり見学に行ったりすることを奨励するような働きかけは
なかった。また，2016年に総合的な学習の時間の教授 – 学習論を専門とする早
稲田大学教授小林宏己氏を助言者として招いた以外に専門家の介入はなかった。

② 14年間の総合学習のテーマ一覧から分かること

　14年間の各クラスの研究テーマは，以下の通りである。テーマの後に数が書
いてあるものは，14年間に同じ研究テーマが出現した回数を表している。各学
年3クラスあるので，重なりが全くなかった場合は，3×14＝42で合計42種類
となる。

　第1学年：統一テーマ「どうぶつ」

　ダンゴムシ（2），アリ（2），ウシ（2），ウマ，ゾウ，ニホンザル，ニ
ワトリ，タヌキ，ヒツジ，イヌ，クジラ，ブタ，ネコ，ネズミ，カラス，
カメ，ヤモリ，サケ，カエル，イワシ，コイ，キンギョ，タコ，カマキリ，
ザリガニ，バッタ，カタツムリ，カブトムシ，ヤドカリ，蝶，鳥，海の生
き物，鳴く虫，たまご，動物の巣，動物の群れ，姿を変える動物，動物の
体，動物のえさ。（合計39種類）

第2学年：統一テーマ「しよくぶつとくらし」

落花生（2），シソ（2），コケ，キノコ，カボチャ，サツマイモ，ハーブ，トマト，ダイコン，サクラ，キャベツ，ピーマン，トウモロコシ，ニンジン，ヒマワリ，ミカン，ソバ，ブドウ，イネ，コメ，パンジー，ゴマ，大豆，小豆，綿，梅，竹，小麦，ドングリ，豆，野菜，薬草，薬味，イモ，葉，食虫植物，木，根，つる植物，たね，植物の色。(合計40種類)

第3学年：「わたしたちのまち」

商店街（3），今と昔（3），町の安全（3），防災（2），町と緑（2），道（2），公園（2），寺と神社と教会（2），寺と神社，町，町のルール，警察，電車，世田谷線，駅，バス，地域，図書館，働く人，町づくり，昔のくらし，町の未来，橋，地下利用，スーパーマーケット，コンビニ，お店，ユニバーサルデザイン，エコ，新東京タワー，大蔵大根と川場村。(合計31種類)

第4学年：「水」（2004〜2009年）「自然」（2010〜2017年）

水（2），海（2），温泉（2），気象（2），土（2），水の歴史，治水，水と神様，水の循環，湧き水，水の利用，飲み水，水の施設と仕事，水をためる，川と命，水と命，湿気，水の問題，水と自然，地下水，多摩川，自然と人間，天体，宇宙，エネルギー，石，木，四季，山のめぐみ，色，音，空気，風，地震，高尾山，奥多摩。(合計36種類)

第5学年：「日本」

日本の技術（2），言葉（2），文字，時代，郷土，日本らしさ，日本の色，美しい日本，伝える日本の心，おもてなし，礼儀作法，伝統，祭り，日本の唄と楽器，伝承，伝統工芸，和服，友禅，絹糸，和菓子，伝統芸能，茶道，お茶，和食，日本の食，食と農，食糧問題，保存食，魚と日本人，民話，日本家屋，日本の職人，手仕事，日本の道具，玩具，漫画，日本の旅，観光，森林と動物，富士山。(合計40種類)

　上記から，過去に実施されたものと同じ研究テーマを選択したクラスの割合は約11％であり，約9割のクラスが今までにない研究テーマに挑戦したことが

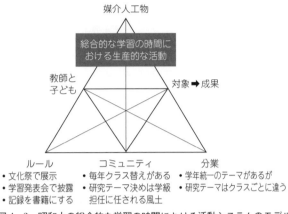

図 4 - 8 　昭和小の総合的な学習の時間における活動システムのモデル

　明らかとなった。このように研究テーマの重なりが少ない理由として考えられることは，次の 3 点である。

- 研究テーマをクラスで決める際に管理職の許可は不要で，決定は担任に任されている。
- 学年統一テーマが広い。たとえば，第 5 学年の学年テーマは「日本」である。「日本」に関係する研究テーマを行えばいいので，自由度が大きく過去の研究と重ならないように配慮することが容易である。
- 文化祭や学習発表会で保護者を含めた一般の方々に成果を報告するルールがある。過去 6 年以内に行われた研究と同じテーマであった場合，保護者の中には過去の研究を覚えていて，それと比較する可能性がある。したがって，学級担任は過去 6 年間と同じ研究テーマを選びたくないと思っている。

　以上のことを，活動システムのモデルに当てはめたのが図 4 - 8 である。主体，対象，媒介人工物は，各クラスにおける総合的な学習の時間における生産的活動を表しているとすると，それらを推し進める環境や条件として，三角形の土台を支えるコミュニティ，ルール，分業があると考えられる。これらを詳しく見ていく。

　まずコミュニティとして，毎年クラス替えがあること，研究テーマ決めは学級担任に任される風土があることが挙げられる。先にノットワーキングについて述べた通り，新しい出会いから始まった暫定的な期限付きのプロジェクトの主導権は学級担任にあり，管理職はほとんど関与しない。このことから，新しい学習形態を興す可能性が高められていると考えられる。次に，昭和小の総合的な学習の時間におけるルールには，研究の成果を文化祭と学習発表会で発表することと，記録を書籍にすることを挙げた。さまざまな発表の機会があることで，学級担任同士は部分的に活動を共有する。さらに分業には，学年統一テーマがあるが，研究テーマはクラスごとに違うことを挙げた。このことによって，他のクラス，学級担任は，ライバル的な存在となり，競い合う中で学校全体が質的に向上すると考えられる。

③　学外とつながる活動の増加の要因の検討

　学外とつながる活動が増加した要因を調べるために，2020年 2 月に質問紙調査を行った。対象は，当時昭和小に勤務していた担任経験のある教師で，質問紙調査の項目は以下の通りである。

> 「学外とつながる活動を行うようになったきっかけは何ですか」
> 「学外とつながる活動を行う上で，刺激を受けた，または参考にした先生の実践はありますか」
> 「学外とつながる活動が増えてきた理由として思い当たることはありますか」

　また，2010〜2013年に学外とつながる活動を多く行った教師にメールまたは対面によるインタビューを行い，資料を得た。

　昭和小で2004年から2017年の14年間に 1 〜 5 年生の担任をした教師は43名だった。その中で，学校変革に強い関与があったと考えられる基準として，8回以上の 1 〜 5 年生の担任経験を有する教師，または，この14年間における合計出現数の累計が 3 回を超える教師を抽出したところ25名になった。この25名を，合計出現数に 1 以上の数が入るのが早かった教師の順に並べ，それぞれ A 〜 Y の略称を付与したのが表 4 - 1 である。表中の破線枠 ┆┆┆┆ は 3 回以上 0 が

表 4-1　学校外とつながる活動の教師別出現数と教師間の影響の流れ

	2004	2005	2006	2007	2008	2009	2010	2011	2012	2013	2014	2015	2016	2017
A先生	1	0	1	1										
B先生		2	1	2	1	1	2	1						
C先生	0	0	2		0	2	0		1	0	2			
G先生			0	1		0	2		0	0	0	1		2
K先生				0	1	0		1		0	0	3		
D先生	0				2		1	0	2					
E先生					1	1	0		1		0			
F先生					0	1	0*	2		1		2	0	0
I先生	0		0	0	0	0	0					0	1	2
J先生	0	0	0	0	0		0	1			0	0	0	1
L先生						0	0	2	1					
M先生								1	1	1	0	0	2	2
O先生									0	2	0	2	0	3
P先生									2	2	2			
H先生	0	0		0	0		0	0		2	2	4	2	
N先生								0	0	1	4	1	1	1
Q先生	0									1	3	1		
R先生										1	1	0	0	1
S先生								0		2			6	
T先生		0				0			0	0	4		7	4
U先生	0			0	0	0	0					0	1	
V先生	0	0		0							0		0	3
W先生														4
X先生	0			0				0	0					0
Y先生	0		0	0	0	0		0						

＊F先生（2010）は本章 3 （3）で述べる手紙を通じた交流が起きたクラスを表す。

続いた後に数字が入った場合を表し，網掛け▨は，赴任した年に 1 以上の
数が入った場合を表している。また，表中の矢印は質問紙調査またはインタ
ビューの結果に基づき，影響を与えた教師の研究年から影響を受けた教師の研
究年への伝播の流れを示している。
　表 4-1 で特筆すべき点は，次の 2 点である。

- 矢印に目立った起点はないが2011年から2013年に影響を受けた教師（矢印の先）が集中していることから，学外とつながる活動が増えた理由は，この時期に教師同士が多声的に交流したことにあると推察される。
- 昭和小学校における在職年の長かった，H，J，I，Q，T，U，Vは，2011年まで，学外とつながる活動を行っていなかった。2011年までに学外とつながる活動を積極的に始め長く続いたのはB，E，F，G，Mなど，昭和小に赴任したばかりの教師が多かった。この後，2013年までに学外とつながる活動を行うようになったのは，中堅のC，D，Hなどである。一度合計出現数が上がると，それを継続する教師が多く，結果的に学校全体の合計出現数が年ごとに増えていったといえる。このことから，学外とつながる活動は経験の浅い教師から中堅の教師へと広がり，やがて在籍年数の長い教師の意識を変えたといえる。

　A〜Yの25名の教師のうち質問紙調査の回答を得たのは14名だった。その先生方へ「学外とつながる活動を行うようになったきっかけは何ですか。特に当てはまると思うものに◎，まあまあ当てはまると思うものに○をつけてください。」と質問し，得られた回答のうち◎を2点，○を1点として合計したところ下記の結果を得た。

- 子どもへの教育効果に期待して　17点
- 文化祭または学習発表会に生かすため　13点
- 自分自身の興味・好奇心による　11点
- 子どもの疑問に答えるため　9点
- 子どもが見学してきたところや話を聞いた人に興味を持った　9点
- 他の教師が行っていることに影響を受けて　7点
- 保護者からの情報に基づいて　3点

また，自由記述欄には下記の記述があった。
- 研究の満足感とやった感を出すため。
- 児童・保護者に与える達成感が増す。

- 教師よりも専門家の話を直接聞くことが何より学びになると感じている
から（教師も子どもも）。
- 学級経営・保護者とのよりよい関係づくりのため。

　さらに，質問紙調査で「学外とつながる活動が増えてきた理由として思い当
たることはありますか。」という設問に，以下の回答を得た。

- 学び方を学ぶ学習の重要性が言われるようになってきたから。体験学習
の重要性が言われるようになってきたから。
- 担任が計画した活動についての許可を得やすくなった。
- あのクラスばっかりというような視線を感じなくなり呼びやすくなった
- 講師料を学校が負担するので担任は予算の心配をほとんどしなくてよい
から。
- 無償でやってくださる方，団体が多い。

　これらのことから，学外とつながる活動を行うようになった主な理由は，教
育効果への期待であると考えられるが，それと同様に文化祭展示や学習発表会
に生かしたいという意図があることが分かった。また，学習の成果を発表する
ことで保護者からの信頼を得て，保護者との関係を良好に保とうとする心理が
働いていることもうかがえた。さらに，学外とつながる活動がスタンダードに
なっていくことで周りの目を気にすることなく取り組めるようになってきたと
いう理由があることも分かった。

④ 必然性があって学外とつながる活動を行うようになった教師へのインタ
　ビューの記録
　必然性があった学外とつながる活動を行うようになった教師から得られたイ
ンタビューの回答を抜粋して示す。なお，「学外とつながる活動」を行う強い
動機が表れている部分に下線＿＿を引いた。また，括弧（　）内は，筆者によ
る補足の加筆を表す。

【B先生のメールによる回答から抜粋】

私の中では，総合学習は子どもたちと一緒に作り上げていく，気付いて学んでいく学習で，毎年興味深く取り組んでおりました。自分たちなりに研究したうえで，それを専門に研究している方，職業としている方などに直接お会いしてお話を伺い，また自分たちの学習の中での疑問点などを伺うことでさらに理解が深まり，次の疑問や探求意欲が生まれ，学習も深まっていくと考え実施しました。子どもたちの感想やお礼の手紙の文からも，予想していたものと違って驚いたことや感動したこと，初めて知ったこと，新たに発見したことなどが生き生きと書かれているので，学習に効果的だと考えられます。<u>私自身が分からない，知りたいという気持ちで下調べをすることはよくありました。</u>また，子どもたちが見学に行くのがどうしても難しい場合は，私が代表で行ってきて話を聞いたり，動画や写真を撮ってきたりしました。

【D先生の対面によるインタビューの回答から抜粋】

<u>自分は無知であまりわからないので知りたいと思っていた。</u>2008年までの間に度々自分だけで見学に行き，やはり本物を見ないと分からないことがあると思った。本当は子どもと行けたらと思った。子どもと見学に行く一番の理由は，自分が行きたかったから。選んだ見学先は自分の自宅から近いところ。クラスの研究に行き詰ってみんなが納得する落としどころが必要になり，子どもが調べたところに見学に行くことになった時もあった。2008年と2010年はQ先生が一緒に行ってくれた。見学の様子をビデオで撮ってくれた。その様子は昭和祭（文化祭）と報告会（学習発表会）で流し，発表に説得力を持たせることができた。

【E先生の対面によるインタビューの回答から抜粋】

<u>就職1年目は周りの人がどう進めているかよくわからなかった。</u>夏休みにスーパーに見学に行った子どもの保護者から，「クラスでスーパーを見学するなら紹介しますよ」と言ってもらえた。副担任のX先生に相談したら，一緒について来てくれることになった。2年目は，保護者が築地から魚介類を仕入れてくれ，さばいてくれて体のつくりを教えてくれた。本だけでは分からない，全員で共有できる体験をさせたいと思っていた。報告会（学習発表会）に向けて，昭和祭（文化祭）までとは違う体験をさせたいと考えた。

【M先生の対面によるインタビューの回答から抜粋】

地下の研究をすることになったけど，<u>自分の知らないことだったので，他の専</u>

　門の人に頼る必要があった。難しくて切羽詰まっていたというのが正直なところ。学校の工事をしている人とX先生に見学に行くといいという場所を教えてもらった。

　活動理論は，活動システムの発達のサイクルの原動力は危機的な葛藤やダブルバインドであることを提起している。4名の教師が学外とつながる活動へと向かったのは，回答の下線部に共通するように，自分にない専門的な知識が必要になったからだと考えられる。そこに見られる対立する矛盾とは，通常の学習であれば明確な学習対象には明確なゴールが用意されているのに対してそうなっていない点にある。すなわち「クラスで期限までにゴールにたどり着かなくてはならない」vs「子どもの疑問を尊重し教師にも分からないテーマに挑みたい」という，教師がこれまで経験したことのない危機的な状況に直面しているのである。たとえば，「日本人の技術力の高さ」をテーマにしていたD先生のクラスでは，日本では他国の技術をまねしたものが多く日本発祥の優れた技術といえるものが見つからないという解決の見えない状況に陥ったことが分かった。やがて子どもからロケットの先端を手仕事で製造する町工場があるという情報がもたらされ，町工場を見学するに至ったという。このようなジレンマに陥る教師の特徴としては，教師としての経験が浅く他の学習と関連づけてゴールを見通すことが苦手であること，あるいは，教師自身の好奇心が旺盛で，自分の知らないことを追究したいという強いモチベーションがあることなどが考えられる。学級担任は解決の糸口を探そうと学外とつながっていくが，インタビューなどの回答から「発表の場の存在」「学級担任に任される風土」「違う立場の先生のサポート」がそのような行動を引き起こす原動力になっていることも明らかとなった。以上のことを活動システムのモデルに当てはめたのが図4-9である。図4-9から，目に見えやすい生産的な活動の水面化で，目に見えにくい諸条件が作用し，教師と子どもの活動が引き起こされていることがわかる。

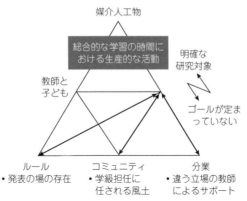

図4-9　経験の浅い教師の活動システムモデルの例

⑤ 他の教師の影響で学外とつながる活動を行うようになった教師へのインタ
　ビューの記録

　他の教師の影響で学外とつながる活動を行うようになった教師から得られた
インタビューの回答を抜粋して示す。なお，「学外とつながる活動」を行う強
い動機が表れている部分に下線を引いた。

　【C先生（筆者）の場合】

　2006年にB先生が子どもたちと学外の公園に出かけているのを知ってそんな
方法もあるのかと思った。2008年にD先生が子どもを見学に連れていった様子
を文化祭で上映していた。子どもたちの生き生きとした様子を見て，そのよう
な体験を子どもにさせたいと思って次の年に見学に行った。

　【D先生の対面によるインタビューの回答から抜粋】

　2012年，若いM先生やP先生にいろいろと相談を受けた。二人とも子どもと
見学に行ったり，ゲストティーチャーを呼んだりしていた。二人に触発されて，
自分も行きたいと思った。この頃は休日に行って何かする先生が増えて，やり
やすくなっていた。

　【G先生の対面によるインタビューの回答から抜粋】

　2007年ニンジンを育てているところを見にいきたかったけれど，町中だった
ので大勢で行くと迷惑がかかりそうだった。生産者の苦労話を聞いたらニンジ
ンを好きになるかと思った。C先生がゲストティーチャーを呼んでいたので，
それを参考にしてきてもらった。B先生の実践も参考にした。体験重視で自分

の目とか足とかを使って身体で覚えるのは大切だと思った。

【H先生のメールによる回答から抜粋】

　わたしが道の研究でゲストティーチャーをお呼びしたのは，3年生の研究で近くの公園などへ子どもたちを連れて出かけていたG先生やD先生の積極的な行動が理由だった気がします。こういう方たちの活動が刺激になったのかもしれません。そして，直接専門家に来てもらえれば，机上の学習だけに終わらず，子どもたちの頭に入り，質問もできるしわかりやすいと思ったからです。

【I先生の対面によるインタビューの回答から抜粋】

　古くから文献研究が中心だったので，そういうものだと思って続けてきた。B先生が子どもと保護者で学外に出て体験させたりゲストティーチャーを呼んだりするのを知って，こういうこともありなんだなと思った。2011年は他の先生が子どもにいろいろ体験させていた。そんな中，子どもが見学に行きたいと言った。そこで急遽クラス全員で見学できる広いところを探して12月に見学に行った。

【J先生の対面によるインタビューの回答から抜粋】

　2011年より前から毎年，自分で見学に行っていた。自分が興味を持てるものをやりたい。L先生がゲストティーチャーを呼ぶのを知って，ゲストティーチャーを呼ぶよりも実際に見学に行った方が良いと思った。リアリティーが第一。人がやっていないことをやりたいと思った。

【L先生のメールによる回答から抜粋】

　自分自身が興味があって知りたかったので有名な先生をおよびしました。F先生が地域とつながりを持つ活動をしていて，人と人のつながり系はしたことがなかったので興味がありました。

【N先生のメールによる回答から抜粋】

　C先生が専門家（鳥の巣研究家）を呼び，子どもたちに直接話を聞かせたことなど，様々な実践をして見せてくれた先生方の影響で，子どもたちの学びのためには，直接話を聞いたり実際に体験したりする経験が大切だという気づきを得た。また，同じ学年を組んでいた担任3人で早稲田大学教授の小林宏己先生のお話をうかがい，子どもたち主体で活動することのおもしろさを再確認した。そして，やってみたいと思ったときに，相談にのり手伝ってくださった先生方がいて，教師自身・子どもにとっての成功体験が得られた。たくさんの先生方に引率を手伝ってもらった。教師自身も様々な発見などがあり，わくわくする。学外とつながる活動が増えたのは，学外とつながる活動へのハードル

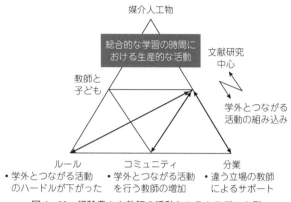

図4-10　経験豊かな教師の活動システムモデルの例

が下がったことと，年を追うごとに子どもたちも様々な経験を積んで，子ども自身からも提案をすることが増えたからではないか。

　8名の教師が学外とつながる活動へと向かったのは回答の下線部に共通するように，他の教師の取り組みに触発されたからだといえる。そこに見られる対立する矛盾は，これまでは文献研究だけで十分と思っていたものの，周りが学外とつながる活動を行い成果を上げているという外的な要因によって変化を迫られていることで発生している。すなわち「これまで通り文献研究を中心として手堅く成果を上げたい」vs「研究の手法を変えるリスクを冒してもこれまで以上の成果を上げたい」という葛藤である。このようなジレンマに陥る教師の特徴としては，教師としての経験が豊富で他の学習と関連づけてゴールを見通すことが得意であり，これまでの教授‐学習方法で十分な成果を上げてきていることなどが考えられる。

　また学外とつながる活動を始める背景として，年を追うごとに学外とつながる活動が増えていったことで，許可を取りやすくなるなど教師にとって実践しやすい環境が整っていったことや，他の教師に引率を手伝ってもらったり記録写真を撮ってもらったりするなどの後押しがあることなど，ノットワーキングの結び目にあたる部分的な活動の共有の存在が明らかとなった。以上のことを活動システムのモデルに当てはめたのが図4‐10である。図4‐9と同様に図

4-10においても目に見えやすい生産的な活動の水面化で，目に見えにくい諸条件が作用し，教師と子どもの活動が引き起こされていることが分かる。なお，学外とつながる活動を始めた教師がその活動を続ける背景としては，インタビューなどの回答から，子どもに直接体験をさせることで机上では得られないさまざまな生きた学びが得られ，それが次の学びへとつながっていることを確信したからだと考えられる。

（4）活動システムを援用した新たなモデルの提案

　学校には伝統がある。伝統として受け継がれた教育を継承することは，優れた教育実践を次々に生み出す土台として重要な意味をもつと考えられる。しかし，昭和小の事例分析から，必ずしもそう言い切れないという結論が導かれた。すなわち，継承すべきことと，継承しなくてもよいことの存在である。

　昭和小で継承されたことは，主に図4-8のルール，コミュニティ，分業である。特筆すべき点は，研究テーマ決めは担任に任される風土と，各クラスの研究過程を知ることのできる文化祭や学習発表会の存在である。それぞれが独立して研究を進めているように見えるが，文化祭や学習発表会を通じてお互いに接点を持ち続けているのである。質問紙，メール，インタビューによる調査を踏まえ，ノットワーキングの視点に立ち新たな価値を付加したのが図4-11である。これまで述べてきたように，そこには，ルール，コミュニティ，分業の存在がある。活動システムのモデルは，「生産」「消費」「交換」「分配」の4つの領域に着目して分析できる。わかりやすいのは「生産」であり，その一部は，文化祭で展示した作品，学習発表会の劇，書籍という成果として現れる。「消費」は，生産のために費やした材料や時間などを含む。「交換」は，他の教師などから専門家を呼ぶ場合の情報や，材料の購入方法，劇の作り方などさまざまな情報の交換を含む。「分配」では，教師の技能が生かされる。木工作，絵画，文章校正，ICT，音楽，ダンスなどの高度なスキルをもった教師が，それぞれの教室や機器を活用して子どもの指導や学校行事の遂行にあたる。このように，教師に十分な裁量権がある状態において互いに協働するコミュニティが維持されていくことは，学校変革において極めて重要だと考えられる。

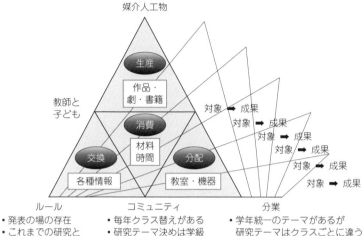

媒介人工物

生産

作品・
劇・書籍

教師と
子ども

消費

材料
時間

交換

分配

各種情報

教室・機器

対象 ➡ 成果

対象 ➡ 成果

対象 ➡ 成果

対象 ➡ 成果

対象 ➡ 成果

対象 ➡ 成果

ルール
・発表の場の存在
・これまでの研究と
　重ならないように配慮

コミュニティ
・毎年クラス替えがある
・研究テーマ決めは学級
　担任に任される風土

分業
・学年統一のテーマがあるが
　研究テーマはクラスごとに違う
・違う立場の教師によるサポート

図 4-11　ノットワーキングの視点から見た教師と子どもの
エージェンシーによる学校変革モデル

　一方，昭和小で継承されていないのは対象である。見学先もゲストティー
チャーも全くと言っていいほど継承されていない。このことは何を意味するの
だろうか。

　本章では冒頭にモチベーションの重要性について論じた。対象を継承しない
ことが，モチベーションの維持に大きく貢献したというのが，本章が提起する
テーゼである。すなわち，過去に優れた実践がなされたプロジェクトでは，自
分たちの英知によって乗り越える課題を発見することが困難となる。そうなら
ないためには，そこに今まで自分たちが見聞きしたことのない新しいプロジェ
クトを発足させ自分たちが課題を設定すればいいのだということを，この事例
は示唆している。対象が変わると，活動システムのモデルの三角形がずれてい
くことからわかるように，プロジェクトから新たな生産，消費，交換，分配が
生じ，コミュニティのモチベーションを高い状態で維持する効果に期待がもて
るようになる。しかし，ルールは不変ではない。実際に2020年度は感染症対策
のため授業時間が大幅に削減となり，発表会や学外とつながる活動はほとんど
行われなかった。そこで，年度ごとのルールの更新を視野に入れ，図 4-11 で

は，クラスを一つの単位とした三角形が互いに独立性を保ちながらスライドするように表した。このモデルは昭和小の総合的な学習の時間の状況を表したものであるが，学校変革を起こす場面ではさまざまな要素のつながりと年次変化を総合的に見る必要があることを示している。

3 教師と子どもによるエージェンシーの獲得

(1) ノットワーキングの視点を手がかりとして

　ノットワーキングは緩やかなつながりの場において仕事を組織化する方法のことであるが，次の三つの視点から学校教育になじみにくいという特性がある。

- 固定したルールがない
- プロジェクトの期間が定まっていない
- 権威の中心が変わる

　学校にはさまざまなルールがあり，1年間という期限の中で定められたスケジュールに従って活動がコントロールされる。また校長をリーダーとして役割が定められ，学級においては学級担任を権威の中心として通常1年間変わることはない。しかし，昭和小で学校を変革が起きたことから，その内実をあえてノットワーキングの視点から分析することを試みたい。

　第一に，「固定したルール」についてである。昭和小の総合的な学習の時間では，各教科と異なり明確なゴールが定まっていなかった。また子どもを引率して休日に出かけたり，ゲストティーチャーを招いたりすることに対して強い制約がなかった。

　第二に，「プロジェクトの期間」についてである。昭和小では1年間でまとめるという制約はあるものの，学級担任は1年間の中で研究の手順やペースを自由に決めることができた。また，子どもも夏休み期間などを使って時間的なゆとりをもって研究を深めた。

　第三に，「権威の中心」についてである。昭和小では学校長をはじめとする

管理職が学級の研究を制限することは基本的になかった。学級においては概ね子どもの意見を尊重しながら子どもと教師が共に研究を進める風土が育っていた。また，学級内でのグループは固定的ではなく，文化祭や学習発表会といった発表のための準備ごとに組み替えられることが多かった。

　以上のことから昭和小の総合的な学習の時間においては，ノットワーキングの視点から見る限り，子どもと教師はエージェンシーを獲得しやすい環境下にあったということができる。これらの特有な環境の存在は学校変革の鍵として特筆すべきことだといえる。

（2）チェンジラボラトリーの視点を手掛かりとして

　チェンジラボラトリーとは1990年代の中頃，ヘルシンキ・センターの研究者たちが開発した新しい介入のツールキットのことであり，その特徴は次の3点である（Engestorm, 2016－2018, p. 65, p. 223）。

- 重要な変革を迫られている活動システムの中で実施される。
- 介入者が概念的ツール（三角形モデルのような）を第二の刺激として導入し，参加者においては，モデルは道具として利用され，より豊かで明確化した概念をもたらす。
- 会合が記録され，参加者は過去と現在と未来の間を移動するように求められる。

　昭和小はチェンジラボラトリーの形式をとらずに学外とつながる活動の増加という学校変革を成し遂げた。しかし，チェンジラボラトリーの視点から見ると，学校変革を確固たるものとして維持・発展させるために次の3点に留意すべきである。

　第一に，昭和小学校では「重要な変革を迫られて」総合的な学習の時間が続いてきたわけではないことが挙げられる。したがって，教師間で学校変革の動機を意識化し共有できていない。人と人との接触機会を制限しようとするウィズコロナ時代における新たなルールの付加によって，エンゲストロームが指摘

する「中間の階層」が意識されないまま子どもの動機に多大な影響を与える可能性があり，社会に開かれた教育の窓が閉ざされてしまう可能性が懸念される。

　第二に，介入者を迎え概念的ツールを構築することが望ましい。

　第三に，お互いの研究に対してさまざまな立場から意見を出して議論する機会を多くし，教師がその記録を用いて過去と現在と未来の間を移動するように活用することが望ましい。

　これらのことから，昭和小においては，重要な変革を迫られている対立する矛盾の意識化を図る必要があるといえる。また，概念的ツールを媒介とした検討会を実施することが望まれる。これらの施策によって教師はより良い未来を目指すエージェントとして思考するようになることが期待される。

（3）教師と子どものエージェンシーの相互作用が拓く地平

　N先生の回答に「早稲田大学教授の小林宏己先生のお話をうかがい，子どもたち主体で活動することのおもしろさを再確認した」とあることから教師が訪問した先やゲストティーチャーからもたらされた知見が多声的に作用したことが推察できる。わずかな例ではあるが，保護者からもたらされた情報をもとに学習が展開する例もある。例えば，E先生は「保護者が築地から魚介類を仕入れてくれ，さばいてくれて体のつくりを教えてくれた。」と述べている。これらの多くは，経験の浅い教師のところで起きていることから，熟達していない教師の柔軟性や指導に対する不安感が，学校外の知見を取り入れる原動力になりえたと考えられる。このことから，新しく赴任してきた教師も介入者に位置付けることができる。すなわち，昭和小ではB先生，E先生，M先生らが，伝統に縛られない考え方で，独自の取り組みを行い，外とつながる活動を行ってこなかった教師に影響を与えた。また，子どもたちも介入者になりつつある兆候をとらえることができた。I先生は，「子どもが見学に行きたいと言った」と語った。N先生は，「年を追うごとに子どもたちも様々な経験を積んで，子ども自身からも提案をすることが増えた」と述べている。ノットワーキングではエージェンシーが一つのテーマになるが，山住（2017, p. 202）は，「分散された行為の主体性（distributed agency）」といったあり方が活動の担い手間に生

じてくるのである。」と述べ，小学生もエージェンシーを発揮できることを提
起している。そして，そのためには「責任（responsibility）」と「権限（authori-
ty）」を子どもたちに譲り渡し，学習を展開させていく舞台が必要になると述
べている（山住，2019，p. 24）。では，子どもがエージェンシーを発揮できる舞
台とはどのようなものだろうか。昭和小の実践を詳細に調べると，見学に行く
ことと，ゲストティーチャーを招くことの他に，学外とつながる活動が起きて
いることがわかった。それらは次の通りである。

　　2009年に1クラス　→毎日小学生新聞コンクール佳作
　　2010年に1クラス　→手紙を通じた他県公立小学校と都立高校との交流
　　2011年に1クラス　→手紙を通じた農家との交流
　　2012年に1クラス　→みんてつ新聞コンクール
　　2013年に1クラス　→富士山検定
　　2014年に2クラス　→椋鳩十記念作文コンクール入選，多摩川いかだ下り
　　　　　　　　　　　　大会完走
　　2015年に2クラス　→太子堂八幡神社例大祭でみこしを担ぐ，ボロ市出店
　　　　　　　　　　　　販売
　　2016年に1クラス　→一日商店街に出店と募金
　　2017年に2クラス　→土木の日一般公開イベント橋の模型展示，企業主催
　　　　　　　　　　　　俳句大賞への応募

　昭和小において，自然発生的に社会への参画が起きつつあることは興味深い
ことである。学外とつながる活動の見学先に重なりがなかった例と同じで，そ
れぞれの活動は独立していて重なりがなく継承されていない。また，子どもに
背伸びをさせることなく，子どもという立場のまま社会に参画できている点は
注目に値する。さらにコンテストだけでなく，集客や売り上げといった実質的
な成果をあげることで学校外からの評価を受ける機会を得ていることも興味深
い点である。2004年から実に10年が経過した2014年に，このような取り組みが
15クラス中2クラスで起こるようになった。専門家による介入が十分にない状
況下，ノットワーキングによってこのような成果を上げている事例は稀有であ

り，貴重な実践であるといえるだろう。今後これらの教育実践が子どものエージェンシー獲得へと発展を遂げるか注目していきたい。

注

(1)　子どもの「総合的な学習の時間」に対する印象に関わって，小学校第5学年対象の平成28年度全国学力・学習状況調査によれば，「総合的な学習の時間」の勉強が好きという回答は37.5%，どちらかと言えば好きという回答は39.8%で，合計すると77.3%になる。同じ調査の国語では，両者合計が58.5%，算数では66.1%であることから相対的に「総合的な学習の時間」に対する子どもの印象はきわめて好意的であることが分かる。

(2)　Benesse 教育研究開発センター「第5回学習指導基本調査」(2010，全国の学級担任，n＝2,688，調査時期，調査方法：郵送法による自記式質問紙調査）の調査によれば，「総合的な学習の時間」の指導を苦手と感じる学級担任は8.8%，どちらかというと苦手が48.2%，両者合計が57.0%であった。同様の調査で外国語活動の両者合計は59.4%であった。「総合的な学習の時間」は，全教科の中で，学級担任の苦手意識が2番目に高いという結果になっている。

引用・参考文献

Csikszentmihalyi, M. (1990). *Flow: The Psychology of Optimal Experience*. New York: Harper and Row.＝(1996)．今村浩明訳『フロー体験 喜びの現象学』世界思想社.

Dewey, John (1902). *The Child and The Curriculum*. The University of Chicago.＝(1998)．市村尚久訳『学校と社会・子どもとカリキュラム』講談社学術文庫.

Engeström, Y. (2001). *Expansive learning at work: Toward an activity theoretical reconceptualization. Journal of education and Work,* 14(1), pp. 133-156.

Engeström, Y. (2008). *From teams to knots : activity-theoretical studies of collaboration and learning at work.* ＝(2013)．山住勝弘・山住勝利・蓮見二郎訳『ノットワークする活動理論――チームから結び目へ』新曜社.

Engeström, Y. (2016). *Studies in expansive learning: learning what is not yet there.* ＝(2018)．山住勝弘訳『拡張的学習の挑戦と可能性――いまだここにないものを学ぶ』新曜社.

稲垣忠彦 (2000)『総合学習を創る』岩波書店.

石井英真 (2020)『ポストコロナの公教育のリデザイン』日本標準.

川本思心 (2013)「教員の科学技術リテラシーを高める研究――理工系大学院生と小中学校教員の協働研修による "科学技術リテラシー" 向上の取り組み」『SYNAPSE』（4），pp. 26-30.

小林宏己 (2004)「指導計画の立案は「0次案」から，子どもの願いを入れつつ「n次案」へと修正を重ねる」『総合教育技術』（5），pp. 32-34.

文部省（1947）『学習指導要領一般編（試案）』第四章　学習指導法の一般
　　https://erid.nier.go.jp/guideline.html（2021.10.15アクセス）

岡野理恵子（2020）「科学大好きな子どもを育てる「サイエンスコミュニケーション
　　科」——自然と科学で子どもを育てる「チーム清水窪」」『理科の教育』Vol. 814
　　(5), pp. 27-29.

Pink, Daniel H. (2009). *The Surprising Truth about What Motivates Us.* = (2015). 大
　　前研一訳『モチベーション3.0——持続する「やる気！」をいかに引き出すか』
　　講談社.

Puentedura, Ruben R. (2010). 'A Brief Introduction to TPCK and SAMR'
　　www.hippasus.com/rrpweblog/archives/2011/12/08/BriefIntroTPCKSAMR.pdf
　　(2021年10月15日アクセス)

佐藤学（2012a）『学校改革の哲学』東京大学出版会.

佐藤学（2012b）『学校を改革する——学びの共同体の構想と実践』岩波書店.

佐藤学（2021）『第四次産業革命と教育の未来——ポストコロナ時代のICT教育』岩
　　波書店.

柴田義松（1999）「序章　総合学習とは何か　二わが国における総合学習論の系譜」
　　柴田義松（編著）『総合学習の開拓②海外の「総合学習」の実践に学ぶ』明治図
　　書, pp. 14-16.

白數哲久（2016）「昔のくらしと今のくらし」昭和女子大学附属昭和小学校（編）『昭
　　和っ子の研究　総合学習』Vol. 52, pp. 104-119.

白數哲久（2018）「文化‐歴史的活動理論を援用した「総合的な学習の時間」の指導
　　に関する研究」『学苑』Vol. 928, pp. 51-66, 昭和女子大学近代文化研究所.

園田雅春（2004）「第1部子どもが楽しむ総合的な学習の創造と充実〈子どもと総合
　　的な学習〉第1章子ども本位の総合学習を共に創る」長尾彰夫（編著）『特色あ
　　る学校づくりのための新しいカリキュラム開発　第3巻総合的な学習を充実させ
　　る』pp. 16-27, ぎょうせい.

冨澤道子（2019）「総合的な学習の時間における学習の拡張性——拡張の三つの次元
　　に着目して」『活動理論研究』第4号, pp. 39-50.

Vygotsky, L. S. (1930-31) История развития высших психических функций. = (1970).
　　柴田義松訳『ヴィゴツキー　精神発達の理論』明治図書.

Vygotsky, L. S. (1934) Мышление и речь. = (2001). 柴田義松訳『思考と言語』新読
　　書社.

山住勝広（2006）『活動理論と教育実践の創造——拡張的学習へ（第3刷）』関西大学
　　出版部.

山住勝広（2017）『拡張する学校　協働学習の活動理論』東京大学出版会.

山住勝広（2019）「学校における子どもたちの拡張的学習の生成——学習活動を創り
　　出すエージェンシーの発達に向けて」『活動理論研究』第4号, pp. 17-27.

第5章

工業教育における「探究」の可能性
——拡張的学習への扉を開く

伊藤 大輔

　工業高等学校[(1)]（以下，工業高校）は，現在，多くの課題に直面している。ここでは，在籍生徒数の減少に焦点化し，その実態に注目したい。まず，工業科在籍生徒数の推移である（表5-1）。工業科在籍の生徒数は1965年，工業科在籍生徒数の割合は1970年にそれぞれピークを迎え，以降は減少傾向が現在まで継続している。在籍生徒数が最大（62万4105名）であった1965年と比較すると2020年では，その約37％（23万934名）にまで大きく減少していることがわかる。また，在籍生徒数の割合も1970年でピークを迎えた後，1990年で1952年の8.9％を割り込むものの，2008年までは8％台を維持していたが，2010年で7.9％，2020年では7.5％まで低下している。

　高等学校の在籍生徒数は1989年に最大となり，以降減少しているものの，工業科在籍生徒数の割合（表5-1のB/A）は2002年まで8.7％前後を維持していることから，生徒数の減少に合わせて削減されていることがわかる。しかしながら，1960年の在籍生徒数は322万5945名，第二次ベビーブーム世代が高校生を迎えた1990年では561万6844名と約1.7倍に増加していたことを考慮すると，特に1970年代以降については，少子化以外の要因が影響を及ぼしていたと考えられる。そこで，大学進学率に注目してみよう。1960年は10.3％であったが，1970年には23.6％と2倍以上に増加している。80年から90年にかけては，34.7％から37.4％の範囲内と3割台を維持している。ところが，1994年には43.3％と4割を超えると，増加傾向は顕著となり，2006年には52.3％と5割を超えた。以降もこの増加傾向は維持され，2020年には58.5％と6割に迫る値となっている。

表5-1　高等学校工業科・普通科在籍生徒数とそれぞれの割合，大学進学率の推移

年度	A：高等学校在籍生徒数（人）	工業科		普通科		大学進学率（％）
		B：生徒数（人）	割合B／A（％）	C：生徒数（人）	割合C／A（％）	
1952	2,317,929	205,026	8.9	1,455,370	62.8	…
1954	2,525,808	230,292	9.1	1,521,107	60.2	10.1
1956	2,684,767	247,136	9.2	1,594,793	59.4	9.8
1958	3,042,677	281,737	9.3	1,786,032	58.7	10.7
1960	3,225,945	323,520	10.0	1,880,826	58.3	10.3
1962	3,270,384	381,693	11.7	1,910,642	58.4	12.8
1964	4,625,174	565,270	12.2	2,733,801	59.1	19.9
1965	5,065,657	624,105	12.3	3,013,235	59.5	17.0
1966	4,987,337	617,771	12.4	2,967,700	59.5	16.1
1968	4,511,669	575,637	12.8	2,657,553	58.9	19.2
1970	4,222,840	565,508	13.4	2,468,302	58.5	23.6
1972	4,147,222	541,412	13.1	2,470,750	59.6	29.8
1974	4,263,805	521,331	12.2	2,629,907	61.7	35.2
1976	4,380,301	494,682	11.3	2,814,274	64.2	38.6
1978	4,409,277	473,650	10.7	2,925,667	66.4	38.4
1980	4,616,339	474,515	10.3	3,149,624	68.2	37.4
1982	4,594,812	460,165	10.0	3,202,898	69.7	36.3
1984	4,885,913	465,979	9.5	3,487,047	71.4	35.6
1986	5,253,230	478,854	9.1	3,818,164	72.7	34.7
1988	5,526,845	485,371	8.8	4,069,164	73.6	36.7
1989	5,637,947	489,316	8.7	4,169,435	74.0	36.3
1990	5,616,844	486,132	8.7	4,159,512	74.1	36.3
1992	5,211,627	454,358	8.7	3,859,817	74.1	38.9
1994	4,855,202	425,680	8.8	3,603,312	74.2	43.3
1996	4,539,694	402,620	8.9	3,356,845	73.9	46.2
1998	4,250,518	375,326	8.8	3,127,365	73.6	48.2
2000	4,157,269	364,000	8.8	3,045,570	73.3	49.1
2002	3,921,141	343,883	8.8	2,857,962	72.9	48.6
2004	3,711,062	317,492	8.6	2,700,225	72.8	49.9
2006	3,485,676	289,958	8.3	2,521,775	72.3	52.3
2008	3,358,711	271,968	8.1	2,427,838	72.3	55.3
2010	3,360,101	266,667	7.9	2,430,528	72.3	56.8
2012	3,347,127	263,557	7.9	2,423,902	72.4	56.2
2014	3,324,615	258,001	7.8	2,415,330	72.6	56.7
2016	3,299,599	252,744	7.7	2,406,674	72.9	56.8
2018	3,226,017	245,978	7.6	2,357,379	73.1	57.9
2020	3,082,862	230,934	7.5	2,254,161	73.1	58.5

注：網掛は最大値を示す。
出典：文部科学省による学校基本調査（https://www.e-stat.go.jp/）をもとに作成。

表5-2　全日制公立高等学校の学科別入学志願者と構成比（東京都）

	2016（平成28）年		2017（平成29）年		2018（平成30）年		2019（令和元）年		2020（令和2）年	
合　計	76,947	（%）	76,776	（%）	71,698	（%）	68,974	（%）	67,396	（%）
普　通	60,586	78.7	60,269	78.5	57,669	80.4	55,320	80.2	54,635	81.1
農　業	1,087	1.4	1,040	1.4	1,046	1.5	1,035	1.5	782	1.2
工　業	4,759	6.2	4,885	6.4	4,215	5.9	4,015	5.8	3,927	5.8
商　業	3,565	4.6	3,565	4.6	2,626	3.7	2,701	3.9	2,325	3.5
水　産	―	―	―	―	―	―	―	―	―	―
家　庭	394	0.5	435	0.6	365	0.5	386	0.6	297	0.4
看　護	―	―	―	―	―	―	―	―	―	―
情　報	―	―	―	―	―	―	―	―	―	―
福　祉	43	0.1	59	0.1	51	0.1	24	0.0	22	0.0
その他	2,304	3.0	2,338	3.1	2,124	3.0	2,106	3.1	1,973	2.9
総　合	4,209	5.5	4,185	5.5	3,602	5.0	3,387	4.9	3,435	5.1

出典：平成28～令和2年度学校基本調査報告書（東京都）
　　　URL：https://www.toukei.metro.tokyo.lg.jp/gakkou/gk-index.htm より作成。

　こうした状況を踏まえると，大学進学に有利な普通科志向が強まっていることが，工業科在籍生徒数減少の一因となっていることが予想される。実際，普通科在籍生徒数の割合（表5-1のC/A）に目を向けると，1970年までは6割前後を維持していたが，1974年で61.7%となり6割台に突入すると，上昇を続け1984年には7割を超える。以降も微増傾向が続き，1994年に74.2%でピークを迎えている。その後も7割強の水準を維持しており，高等教育進学希望者の受け皿となっていることがわかる。

　それでは，中学生は高等学校進学にあたり，どの学科を志望しているのだろうか。ここでは，東京都と秋田県について，最近5年間の学科別入学志願者数の状況に注目しよう。まず，東京都（表5-2）をみると，多少の増減はあるものの，普通科の志望者が約8割を占めていることがわかる。職業学科（その他を除く専門学科の合計）は，合計でも10.9～13.0%，総合学科も4.9～5.5%であり，「普通科志向」の傾向が強いことがわかる。工業科は，2015～2017年は6%台（4759～4885名）を維持しているが，2018年には5.9%（4215名），2019年度は5.8%（4015名），2020年度も5.8%（3927名）と減少傾向にある。

　一方，秋田県（表5-3）をみると，普通科の割合が高いが6割強（61.7～

表5-3 全日制公立高等学校の学科別入学志願者と構成比（秋田県）

	2016（平成28）年		2017（平成29）年		2018（平成30）年		2019（令和元）年		2020（令和2）年	
合　計	8,122	（%）	8,001	（%）	7,450	（%）	7,092	（%）	7,141	（%）
普　通	5,077	62.5	4,947	61.8	4,593	61.7	4,416	62.3	4,383	61.4
農　業	537	6.6	517	6.5	524	7.0	535	7.5	550	7.7
工　業	1,109	13.7	1,167	14.6	1,047	14.1	1,078	15.2	949	13.3
商　業	584	7.2	604	7.6	571	7.7	549	7.7	531	7.4
水　産	47	0.6	63	0.8	48	0.6	35	0.5	37	0.5
家　庭	45	0.6	46	0.6	40	0.5	40	0.6	40	0.6
看　護	—	—	—	—	—	—	—	—	—	—
情　報	23	0.3	16	0.2	13	0.2	11	0.2	11	0.2
福　祉	27	0.3	35	0.4	34	0.5	23	0.3	19	0.3
その他	361	4.4	307	3.8	284	3.8	211	3.0	420	5.9
総　合	312	3.8	299	3.7	296	4.0	194	2.7	201	2.8

出典：平成28～令和2年度学校基本調査報告書（秋田県）
　　　URL：https://www.pref.akita.lg.jp/pages/archive/528 より作成。

62.5%）であり，東京より約2割少ない。逆に職業学科の割合が29.2～32.0%と，2.3～2.7倍になっている。総合学科は，2.7～4.0%であり，近年減少傾向にある。工業科については，16年では13.7%（1109名），17年には14.6%（1167名），一旦18年に減少するが，19年には15.2%（1078名），20年は13.3%（949名）と，東京都の2.2～2.6倍の割合となっている。

　整理すると，1970年を転換点として工業高校の在籍生徒数は減少傾向にあるが，その主たる要因と考えられるのは，高等教育機関への進学希望者の増加である。その受け皿になっている普通科在籍の生徒割合は，1950～60年台，6割前後の水準にあったが，70～90年台にかけ増加傾向が続き，1994年に74.2%で最大となるが，以降は7割強を維持している。さらに，中学生の普通科志向も特に都市部において，顕著である。このように，上級学校進学が一般化・常態化している現状にあっては，中学生やその保護者からみると，工業高校は「いわば傍系の存在」になってしまうのだ。

　工業高校が抱える困難の背景には，中等教育の矛盾がある。学校教育法第50条は，「高等学校は，中学校における教育の基礎の上に，心身の発達及び進路に応じて，高度な普通教育及び専門教育を施すことを目的とする」と，上構型

の中等教育を掲げている。注目すべきは、「普通教育及び専門教育を施す」の「及び」という規定である。学校教育法の制定（1947年）以前は、中等学校令（1943年1月公布）では以下のように規定されていた。

第一條　中等学校ハ皇国ノ道ニ則リテ高等普通教育又ハ実業教育ヲ施シ国民ノ
　　　　錬成ヲ為スヲ以テ目的トス
第二條　中等学校ヲ分チテ中学校、高等女学校及実業学校トス

「高等普通教育又ハ実業教育」と「又ハ」とされ、中学校では男子向け、高等女学校は女子向けに高等普通教育を施し、実業学校では実業教育を施すとされていた。学校教育法は、「2つの教育を『又ハ』ではなく『及び』で結びつけ、すべての新制高校で高等普通教育と専門教育を併せ施すべきことを規定することによって、かつての中等段階の諸学校間にあった差別的な種別化を廃棄することを企図」するものであった（佐々木、1976、p. 36）。農業高校や工業高校等の専門高校は、第50条が規定する目的に完全に合致する。これに対し、普通科高校（特に進学校）は、普通教育[3]のみしか施していないことになる。この背景には、入試制度の問題があると考えられる。1999年の中央教育審議会答申「初等中等教育と高等教育との接続の改善について」を受け、専門高校から高等教育機関への接続は、「多様な入試」の導入により、表面的には解決されたことになる。しかし、上構型の学校系統を目指しつつも、下構（降）型の学校系統が実質的に存在したままになっているのである。

　では、この矛盾の背景にあるのは何だろうか。また、矛盾を克服する手立てはあるのだろうか。本章では、これらの問題について、バーンスティン（Basil Bernstein）の言語コード理論を援用しながら検討することを課題としたい。

1　バーンスティンの言語コード理論

（1）分類と枠づけ

　バーンスティンは、カリキュラム、教育方法、評価のメッセージ体系の基本的構造を分析するために、分類（classification）と枠づけ（frame）の概念[4]を提示

している。まず，分類に注目しよう。

　　分類は，分類される内容を指すのではなく，内容間の関係を指している。
　　分類は，内容分化に関する概念である。分類が強い所では，内容は強い境
　　界によって互いに分離される。分類が弱い所では，内容間の境界が弱いか，
　　あいまいなため，内容間の分離が弱くなる。このように分類は内容間の境
　　界維持の程度をさしている。　　　　　　　　（Bernstein, 1978=1985, p. 94）

　分類は，その対象（＝分類される内容）ではなく，教科や科目間の関係を意
味しており，強弱がある。強い分類は，教科間や科目間に境界線が引かれてお
り，各教科・科目に関連がなく，隔絶された状態を示す。弱い分類は，逆に教
科間や科目間の境界があいまいであり，各教科・科目間で相互に何らかの関連
性をもつ。
　次に，枠づけに注目したい。バーンスティンは，「メッセージ体系としての
教授方法の構造」を定める場合に枠づけが用いられることに触れながら，以下
のような概念を提示している。

　　枠づけは，知識が伝達され受容される文脈の形式を指している。枠づけは，
　　教師・生徒間の特定の教授学習関係を表わしている。分類が内容を指示し
　　ないのと同じく，枠づけも教授方法の内容を指示しない。枠づけは，教授
　　学習関係の中で伝達される内容とされない内容との間の境界の強さを指し
　　ている。枠づけが強い所では，伝達される内容とされない内容との間に鋭
　　い境界があり，枠づけが弱い所ではそれはあいまいになる。
　　　　　　　　　　　　　　　　　　　　　　　（Bernstein, 1978=1985, p. 94）

　つまり，教授学習関係において，「伝達される内容とされない内容との間の
境界の強さ」であり，換言すれば「伝達し受容される知識の選択，編成，進度，
時機に関し，教師と生徒が手にし得る自由裁量の度合い」（Bernstein, 1978=1985,
pp. 94-95）を意味している。よって，枠づけが強い所では，「伝達者が選択，

順序，ペース配分，基準，社会的基盤わたって統制する」。逆に枠づけが弱い所では，「獲得者がコミュニケーションとその社会的基盤に対して一見（一見を強調したい）より大きな統制を有する」（Bernstein, 1996=2000, pp. 52-53）ことになる。

　また，Bernstein（1978=1985）は，枠づけに関して，「学校では教えない地域社会における日常生活の知識と，教授学習関係の中で伝達される教育知識の関係」という側面からもアプローチしている。枠づけが強い場合には，日常的知識と教育知識とが隔絶されているのに対して，逆の場合は，日常的知識と教育知識との境界があいまいで，分離していない状態となる（p. 95）。

（2）分析例

　以上，分類と枠づけの概念と，それぞれの強弱の状態について確認してきたが，具体的な事例を踏まえ考察を進めよう。まず，分類の具体例として Bernstein（1996=2000）は，中世の大学と20世紀の大学という異なる2つの知識の組織を示しているが（p. 44），ここでは前者に注目する。中世における知識の組織について次のように述べている。

　　一つは精神労働のためのそれ，もう一つは肉体労働のためのそれである。両者は強く分類されていたがその背景には，精神労働と肉体労働との間に強い隔絶が伴っていた。精神労働と肉体労働とを伝える中継器はそれぞれに固有の内部ルールと固有の運び手をもつ。…（中略）…ここで決定的なポイントとなるのは，知識と伝達の公的なシステムの中に肉体労働が統合されることが決してなかったという点なのである。

　　　　　　　　　　　　　　　　　　　　　　（Bernstein, 1996=2000, pp. 44-45）

　精神労働と肉体労働の隔絶があり，前者が中継されるのは大学や教会などに，後者は家族やギルドに限定されていたという。また，精神労働のシステムを取り上げ，中世の大学における三科と四科に最初の断層，すなわち，分類を見出すことができるとバーンスティンは次のように指摘する。

三科は論理学，文法，修辞学からでき上っている。そして，四科は天文学，音楽，幾何学，算術から構成されている。また，三科が最初に学ばれ，四科が二番目に学ばれる。三科があってはじめて四科があるのだが，この観点からすると，三科は言葉の可能性の限界を象徴していることがわかる。言葉とはもちろん神である。四科は世界の基本構造についての抽象的な定式化から構成されている。世界とは物理的世界である。ここに二つの言語の間の断層がある。言語学（三科）と数学（四科）である。

（Bernstein, 1996=2000, p. 45）

　ここでポイントとなるのは，各大学における両知識システムの有無ではなく，習得の順序，つまり，「三科があってはじめて四科がある」という点であり，言葉（言語）と世界（物理世界）とは強く分類されていることにある。さらにバーンスティンは，三科と四科の隔絶について，「〈教育〉的な分類の最初の瞬間ではないかとも考えることもできる」と，その特徴を，次のように整理している。

　　三科は内面の構成，つまり内的意識の構築と関連している。四科は外界の抽象的構造と関連している。この観点からすると，三科－四科が意味しているのは，内面と外界との断層なのである。

（Bernstein, 1996=2000, pp. 45-46）

　この内面と外界の断層は，バーンスティンによれば，「あらゆる西欧哲学および社会科学すべての根底的な問題構制となっている」と言う。
　一方の枠づけの具体例について，Bernstein（1978=1985）は，プログラム学習に注目しながら，「分類と枠づけが互いに独立して変化する」という特質を次のように説明している。

　　そこでは教育内容間の境界はあいまい〔弱い分類〕であるかもしれないが，何を学ぶかについて生徒が統制することは，（その進度は別として）ほと

んどない〔強い枠づけ〕。この例が示すように，枠づけは多様なレベルで検討されうるし，その強さは，教授学習関係の中で伝達される知識の選択，編成，進度，時機それぞれのレベルにおいて変化するものである。

（Bernstein, 1978=1985, p. 95，〔　　〕は引用者による）

　プログラム学習の具体例が示すように，学習内容（知識）の選択は困難だが，学習進度は自身のペースに合わせて調整可能であり，枠づけにおいても，知識の選択，編成，進度，時機の各レベルで独立して変化するという特質を押さえておく必要があるだろう。

（3）枠づけのコントロールによる教育実践デザインの可能性

　以上を踏まえつつ，「枠づけ」のコントロールによる教育実践デザインの可能性を検討したい。Bernstein（1978=1985）は，「特定の技能の獲得に関連する行動や活動の複合体」を「方法的秩序」と呼称しつつ，カテゴリーの純化（〈強い分類〉と〈強い枠づけ〉：＋C，＋F）とカテゴリーの混合化（〈弱い分類〉と〈弱い枠づけ〉：－C，－F）における相違点を表5-4のように整理している。表5-4では，授業集団，教授方法，教師，カリキュラム，生徒の各視点から両者を比較しているが，ここでは，教授方法，教師，生徒に焦点化したい。まず，教授方法に注目しよう。カテゴリーの純化では，「知識の内容や様態が強調」されるのに対して，混合化では「認識方法が強調」され，「問題の提起と創造」がなされることになる。同様に「教師」についてみると，教授上の役割も前者では，相互に孤立的であるのに対し，後者は協力的，相互依存的となり，異なる役割が期待されることになる。また，教師と生徒の権限や人間関係も，前者と後者では異なり，カテゴリーの混合化においては流動的となり，それぞれ異なる振る舞いが求められることがわかる。

　また，Bernstein（1996=2000）は，〈教育〉実践において，「つねにその枠づけを弱めようとする圧力が存在すること」を指摘しながら，「分類の諸原理の中にもともと備わっている矛盾や分裂やジレンマは，それが社会的レベルであろうが個人的レベルであろうが決して全体として抑圧されることはない」と，

表5-4　カテゴリーの純化と混合化の比較

	カテゴリーの純化	カテゴリーの混合化
授業集団	同質的―規模・構成は固定的	異質的―規模・構成は可変的
教授方法	解決の呈示，知識の内容や様態の強調	問題の提起と創造，認識方法の強調
教　師	教授上の役割：相互に孤立的 職務は分担されている 教師の権限，人間関係は固定的	教授上の役割：協力的，相互依存的 職務は達成されるもの 教師の権限や人間関係は活動的
カリキュラム	教科間の境界は明確（相互関連性，統合性は低い） 進め方：知識の構造は表層から深層へ 能力別カリキュラム	教科間の境界はあいまい（相互関連性が高い） 進め方：知識の構造は深層から表層へ 共通カリキュラム
生　徒	固定的に安定した社会集団でグループの類似と差異を強調，選択領域減少。少数のもののみが向上意欲をもつ。生徒の権限と人間関係は固定的。	可変的な社会集団でグループの類似や差異を減少，選択領域拡大。多数の生徒が向上意欲をもつ。生徒の権限と人間関係は流動的。

出典：Bernstein（1978=1985）による1.4図（p.64）のうち「手段的秩序体系」を抜粋，表形式で再構成した。

分類の特質を整理している。このように，「何らかの点で枠づけを弱めることは分類を破壊する方向に向かう」ため，「変化が生ずる可能性は枠づけのレベルにある」と結論づけている（p.56）。

　これらのことから，枠づけを弱化し，学習活動における生徒の権限を拡大することができれば，教師の役割や人間関係の変化を促し，教育実践を転換させることができると考えられる。そこで，第2節では，戦後高校改革の経緯を概観するとともに，それが挫折した要因を「分類」の視点から考察することで中等教育の矛盾の背景にアプローチする。第3節では，「枠づけ」の弱化がもたらす，生徒の学びの過程を計量的テキスト分析と活動システムの側面から明らかにすることにより，先の仮説検証を試みたい。

2　戦後中等教育改革の挫折

（1）高校三原則

　戦後高校改革の方向性を端的に示す標語として，いわゆる「高校三原則」が

ある。この高校三原則とは,「通学区制（小学区制）の原則，男女共学の原則，総合制の原則」を示している。新制高等学校の発足（1948年4月）にあたり，文部省は複数の通達等を発信しているが，総合制の理念に最初に触れているものは，1947年の「新学校制度実施準備の案内」である。「高等学校に入学する者は，中学校における学習の結果に応じて更に上級の学校に進学を希望するか，あるいは職業に就くことを希望するかのいずれかを選んで入学するのであるから，高等学校においてはそれぞれの部門においての教育並びに訓練に必要な設備を整備することが必要である」と，高校教育の目的を確認しつつ，多様な進路希望に対応するため「高等学校には多岐の課程をおくことになる」としている。さらに，設置学科（課程）を例示しつつ「大都市においては極めて専門化した高等学校もあり得るが，その他の地方では更に進学する者のため，あるいは職業に就く者のために必要な課程を併置するいわゆる総合的なものを置くこともあろう」と複数学科を並置するかたちで総合制の構想を示している。

　具体的に高校三原則を推奨した通達は，1947年12月に送付された『新制高等学校実施の手引き』であった。ここで特筆すべきは，総合制は通学の機会均等という趣旨から推奨されていることである。さらに，総合制高校の教育課程について詳述し，実施を推奨したのは1949年4月に刊行された文部省学校教育局『新制高等学校の教育課程の解説』である。

　　　学校は，教師の数と担当教科および教室と設備を許す範囲で，すべての生徒の必要に応ずるだけの教科をおくようにしなければならない。その中から，生徒は，定められた制限と条件の下に，教師の助力を得て自分自身の計画表をつくる。学校としては，一般にいって相当な選択の余裕を与えるために，一人の生徒が三年間にとる教科の二倍程度またはそれ以上の教科をおくようにすべきである。　　　　　　　　　　　　　　　　（p. 66）

　このように十分に整備された教育条件の下で大規模な「選択制」が目指されている。これは，「大学に行くにも職業的教養が必要である。すべての高等学校生徒に毎学年少なくとも六単位ぐらいは職業教科を必修とすべきである。社

会科での職業に関する学習だけでは不十分である」などの新制高等学校教科課程研究員会での議論を考慮し，制度化を試みたものと思われる。

　それでは，どのようなプロセスを経て総合制が実施されていったのであろうか。佐々木（1976）によれば，①旧制中学校または女学校に職業課程を増設付加したもの，②旧制実業学校に普通科を増設付加したもの，③二校以上を統合したもの，④二校以上をそのままの課程として一つの学校としての看板を掲げたものの類型を示している（p.123）。さらに，京都府の事例に言及しつつ，「同一校に多課程を設置する措置は，1つの学校にもともと存在していた学科をおくという課程をとおして実施された例も少なくはないが，多くの場合，むしろ複数の学科を1つの学校として統合する課程を通して実施された」としている（p.121）。そのため，実態や問題点も各学校の事情により異なり，複雑な問題を抱えていたと考えられるが，佐々木（1976）は，総合制高校の運営上の難点として，①校舎の分散，②単独制に比べて教員数が少ない，③施設設備の問題，④大規模化に伴う問題（例：時間割編成等）の4点を指摘している（pp.126-129）。

　ところが「総合制」については，1951（昭和26）年の政令改正諮問委員会の答申において，「（1）綜合高等学校はこれを分解し，普通課程学校又は職業課程の何れかに重点をおいてその内容の充実強化を図ること」とされ，政策の転換により急速にくずされることになった。さらに，学区制についても同答申では，「原則として廃止すること」され，結果として男女共学の原則のみ継続されることになる。[8]

（2）中等教育改革挫折の要因

　政策転換の背景について，ここでは詳細を論じる紙幅はないが，次の2点を指摘したい。1点目は，「普通教育並びに専門教育」の「並びに」の考え方，両者の概念的な見解が示されなかったことである。森下（2013）は，教育刷新委員会における高等学校の目的についての議論を分析し，「『普通教育並びに専門教育を行う』とその性格付けを行ったが，具体的な内容を示すところまではいたっていなかった」とし，「その内容をつめることなく採択され，第一回建

議に組み込まれた」ことを指摘している（p. 21）。

　2点目は，理念と現実の乖離である。「産業教育の振興」について議論がなされた，教育刷新委員会第十六委員会では，現場の状況を把握するため，都立工業高校・商業高校・定時制，印刷工芸高校長（第2回），都立園芸高校長（第3回）へのヒアリングと質疑がなされた。施設設備や教員組織の窮状が共通して語られる一方，普通課程と職業課程を並置することの困難を，今村第三商業高等学校校長は次のように語っている。

　　それから生徒の立場から考えましてもゼネラルコースと商業科を一緒に総合されておりますというと，どうしてもそこに従来からの観念に捉われまして普通科の方が偉い，どうも実業商業をやるのは引け目がある，こういうような気持も起こりましょうし，又自分達は本当に商業によって身を立て社会国家に奉仕する，こういうような信念を抱かせるというような点から考えましても，学校全体の雰囲気というようなものもできておりませんために，余程困難ではないか。殊にゼネラルコースの生徒は殆ど大学に進むのに自分達だけここで終って実際社会に出るというのは何だか見てもよくない，いっそのこと商業をやめて進学コースに入った方がよくはないか。こういうような結果になるだろうと思うのであります。

　　　　　　　　　　　　　　　　　（日本近代教育史料研究会編，1998，p. 416）

　一方，生徒として総合制高等学校を経験した天野隆雄も，自身の経験を回顧しつつ，総合制について次のように指摘している。

　　当時，総合制を経験した者としていえることは，高校一年次で体験した，普通課程と職業課程の生徒が同一のホーム・ルームを構成するような総合制は失敗であるということであった。目的も考え方も学力もすべてが異なる普通科と商業科は，しょせん水と油の関係であり，同一の教室にあっても遂に融合することはなかった。また，当初の考えられた普通課程の生徒で自己が好む実業科目を自由に受ける者はいなかった。

(天野，1993，p. 10)

進学目的が不明確な生徒の存在，転学科の希望者や進路変更のため退学した生徒も少なくない現状を，他の校長も共通して指摘している[9]。つまり，普通課程と職業課程の生徒では，進学の目的が異なるのだ。前者は進学，後者は就職である（もちろん，逆のケースもあるのだが）。個人の回顧録であるという点には留意が必要と思われるが，「普通課程の生徒で自己が好む実業科目を自由に受ける者はいなかった」という天野の指摘は，政策的な理念と実際の生徒にニーズが異なっていたことを示しているだろう。

　では，第1節で概要に触れたバーンスティンの言語コード論の視点，具体的には分類の状態について，学校長や生徒の語りを手がかりに分析したい。まず，今村校長の語りに注目すると，「従来からの観念に捉われまして普通科の方が偉い，どうも実業商業をやるのは引け目がある」と学科間に上下関係があることに注目される[10]。また，進路についても，転学科を希望した生徒の声を代弁しているのか，上級学校への進学と就職とで優劣があり，「いっそのこと商業をやめて進学コースに入った方がよくはないか」と述べている。さらに，決定的なのは「学校全体の雰囲気」ができていないという語りである。ここから解釈できるのは，学科間に大きな隔絶があるということだ。一方，生徒として総合制高校を経験した天野（1993）による「目的も考え方も学力もすべてが異なる普通科と商業科は，しょせん水と油の関係であり，同一の教室にあっても遂に融合することはなかった」という語りにも，学科間を隔絶する強い分類と学科独自のアイデンティティ（考え方）の存在を認めることができるよう。設置経緯によっても異なるが，このことは，前身となる旧制中学校・女学校・実業学校，それぞれの学校文化が新制高校に引き継がれたことを意味するのではないだろうか[11]。しかも，大多数の総合制高校において，分類の弱化は困難であった[12]と考えられる。

　そうした疎隔が破壊されると，カテゴリーは自分のアイデンティティ喪失の危機に陥る。なぜなら，カテゴリーのアイデンティティはそれ自身，自

身と他のカテゴリーとの間の空間にあるからである。

（Bernstein, 1996=2000, pp. 42-43）

確かに，学校教育法第50条に規定された「高等普通教育及び専門教育」を施す
という高等学校の目的は，1943年の中等学校育令による中等教育の一元化（高
等普通教育又ハ実業教育）の課題を本質的に解決する「画期的な意義」をもつ
ものであった。これは，戦後高校改革の一環として実施された「総合制の原
則」とともに，一旦は制度化される。理念的には極めて素晴らしいものであっ
たが，現実は学科間に「強い分類」が存在しており，皮肉にも相互差異化する
ことで，学科独自のアイデンティティやルールを維持できるという状況にあっ
た。ここに戦後高校改革が挫折するに至る要因の1つがあったと考えられる。
さらに，1951（昭和26）年には，政令改正諮問委員会の答申を契機とする政策
転換によって急速にくずされ，「普通課程（普通科）」もしくは「職業課程（専
門学科）」のどちらか一方に重点を置いた高等学校が中心になっていったので
あった。

3　課題研究の意義と探究の可能性

（1）はじめに

課題研究は，1989（平成元）年改訂の高等学校学習指導要領において，家
庭・農業・工業・商業・水産の各教科に新設された科目である。詳細は（2）
で言及するが，本科目では生徒（ら）が課題を設定し，その解決を図る学習活
動を通して，各科目で学んだ専門的な知識と技術の深化・総合化や問題解決能
力等の育成が企図されている。「高等学校学習指導要領（平成30年公示）解
説：工業編」によると，たとえば，課題の設定場面では，「事前に上級生の発
表会を参観したり，作品を見たりするなどして，生徒自らが課題を発見し，設
定できるようにすること」との配慮事項が示されている。また，学習過程につ
いても「課題設定から課題解決にいたる探究過程においては，生徒の創造性を
引き出すよう工夫して課題の解決に取り組むことができるようにすること」と

あり，生徒の主体的な探究活動が期待されていることが読み取れる。

　課題研究の授業において，これらの配慮事項が実現されるならば，時間数や大まかな活動の流れは，教師から提示があると思われるが，取り組むテーマの選択（伝達される知識の選択・編成）や，活動のペース（進度）は，生徒たちが統制する権利を有することなる。つまり，「知識伝達型」の教科学習と異なり，枠づけが弱くなるのだ。通常の教科学習において生徒らには，知識の選択，編成，進度，時機のレベルに介入するチャンスはほとんどない（例外的に，演習等の個別学習やグループ討議の時間等において，断片的な機会をもつ可能性はあるかもしれないが）。また，教師も分類と枠づけが弱化した状況では，「知識のつめこみ」ではなく「問題の提起と創造」を重視した教授方法や，授業での「協力的，相互依存的」な役割が求められることになる。つまり，枠づけを弱める課題研究は，通常の教科学習と異なる教授・学習の方法や役割分担を，生徒・教師の双方に要請するものであり，不安や葛藤，矛盾を引き起こす契機となると考えられる[13]。

　そこで本節では，プロジェクト学習（project-based learning：PBL）として構想された課題研究の事例を分析し，生徒の学び（学習経験＝達成したカリキュラム[14]）を明らかにすることを課題とする。まず，課題研究の創設の経緯と新学習指導要領における位置づけを概観する。次に，研究の対象と方法を述べ，事例で取り上げる地域創生班の学習過程，計量テキスト分析，活動システムによる分析の3つの側面から，生徒の学びへアプローチを試みる。

（2）課題研究

　課題研究[15]は，1989（平成元）年改訂の高等学校学習指導要領において，家庭・農業・工業・商業・水産の各教科に新設された科目である。工業科の課題研究の目標は，「工業に関する課題を設定し，その課題の解決を図る学習を通して，専門的な知識と技術の深化，総合化を図るとともに，問題解決の能力や自発的，創造的な学習態度を育てる」とされ，（1）から（5）の組み合わせにより，課題を設定することとされた（表5-5参照）。目標は，平成10年版，平成21年版とも平成元年版と同様である。内容も表4-5に示す通り，平成10

表5-5 平成元・10・21・30年改訂高等学校学習指導要領：工業科課題研究の内容一覧

1989（平成元）年改訂	1998（平成10）年改訂	2009（平成21）年改訂	2018（平成30）年改訂
(1) 作品製作	(1) 作品製作	(1) 作品製作	(1) 作品製作，製品開発
(2) 調査，研究	(2) 調査，研究，実験	(2) 調査，研究，実験	(2) 調査，研究，実験
(3) 実験	(3) 産業現場等における実習	(3) 産業現場等における実習	(3) 産業現場等における実習
(4) 産業現場等における実習	(4) 職業資格の取得	(4) 職業資格の取得	(4) 職業資格の取得
(5) 職業資格の取得			

年版で一部内容が統合された以外は，大きな変更はない。なお，1998（平成10）年版の「内容の取扱い」で，課題設定の方針及び成果発表の実施に関する言及があり，2009（平成21）年版にも同様の方針が引き継がれている。

　高等学校学習指導要領（平成30年版）では，改訂の方針に沿って，知識及び技能，思考力・判断力・表現力等，学びに向かう力・人間性等の3つの柱から目標が整理された。具体的には，「工業の見方・考え方を働かせ，実践的・体験的な学習活動を行うことなどを通して，社会を支え産業の発展を担う職業人として必要な資質・能力を次のとおり育成することを目指す」とされ，1）実践的・体験的な学習活動を通じて資質・能力を育成すること，2）育成を目指す人物像（社会を支え産業の発展を担う職業人）を明示した上で，課題研究で育む3つの資質・能力が提示されている。

　次に本科目の内容に注目する。表5-5に示す通り，平成30年版では（1）が「作品製作，製品開発」となり，「製品開発」が加わった以外は，平成21年版と同様の構成となっている。文部科学省（2018b）によると，「これまでに工業に属する科目で習得した専門的な知識や技術などを活用し，さらに新しい知識と技術を学びながら作品や製品を完成できるようにする」（p.23）ことを意図して，（1）を指導項目に位置づけたとしている。

　最後に，本科目のねらいに注目する。本科目のねらいは，「社会における工業の意義や役割の視点からとらえ，工業に関する学習の上に立って，工業に関する課題を生徒自らが見いだして設定し，課題の解決を図る実践的・体験的な学習活動を行うことなどを通して，ものづくりを通じ，社会を支え産業の発展を担うことができるようにすること」であり，見方・考え方や育成を目指す人

物像など，今回の改訂で付加された内容もあるが，「課題を自ら見出し，その課題解決を図る学習活動を行う」という学習方法は，一貫している。

（3）対象と方法

　本節では，京都府立田辺高等学校工学探究科による課題研究について，2017（平成29）年度に編成・実施された地域創生班（8名）の学習活動に注目した。本事例は，プロジェクト学習を行うことを意図して，研究協力者によってデザインされたものである。活動期間は，2017年4月から11月半ばの21週間であった。

　なお，工学探究科は，理工系4年制大学への進学を希望する生徒を中心に構成されている。そのため，進学を前提とした教育課程編成がなされており，工業科ではメカトロニクス（機械・電気・電子・情報の各工学の融合分野）を中心に学習を行い，一方，普通教科では数学科，理科，英語科を重視した学習活動が行われている。

　また本研究では，学習活動の終了時に，「振り返り」の一環として課されたレポート課題と，インタビュー調査を分析対象とした。レポートは，最終回終了後の2017年12月に各自の課題研究の取り組みを振り返り，Microsoft Wordで作成するよう求めた。一方，インタビューは，2018年2月に2回に分けて，調査者として高校に出向き行った。なお，調査日に2名が欠席したため対象者は6名であった。調査者2名が，対象者6名をランダムに振り分けてそれぞれが3名ずつを担当した。

　分析は，計量テキスト分析と活動システムの一般モデル（Engeström, 1987/ 2015=2020, p. 118）を用いた。前者の計量テキスト分析とは，「計量的分析手法を用いてテキスト型データを整理または分析し，内容分析（content analysis）を行う方法」である（樋口，2014，p. 15）。計量テキスト分析を採用した理由は，テキスト（生徒によるレポート）に対して，自動抽出した語を用いて，恣意的になりうる操作を極力避けつつ，データの様子を探索するためである。また，定量的分析では，「単数表現（自分／僕）」と「複数表現（自分たち／僕たち／班等）」の使用頻度にも注目した。エンゲストロームによれば，学習活動の主

体は「過渡的存在であり，個人的主体に始まり，集団的主体へと発達してい
く」存在であり（Engeström, 1987/2015=2020, p. 172），そのプロセスは「学習行
為の『個人的主体』から学習活動の『集団的主体』へと発達していく」と考え
られるためである（山住，2019，p. 25）。

　一方，後者の活動システムは，「人々の認知・学習・感情・意志が文化に媒
介された活動システムの文脈の中で生起する社会的・歴史的過程であること，
人間の精神や意識が活動システムの中で状況化され，分かち合せていることを
明らかにする」ものであり，「学習は活動システムの中にあるとともに活動シ
ステムについて学習する」ことの把握を支えるツールとなるためである（山住，
2006，p. 4）。

（4）結果と考察

　分析にあたり，対象事例の枠づけを確認しておこう。枠づけは，「地域社会
における日常生活の知識と，教授学習関係の中で伝達される教育知識の関係」
のように，「権力の作用によって他の文脈と境界づけられることで打ち立てら
れたある文脈の中に他の文脈の要素が混入してくることに対する統制の程度」
を示す，外的な枠づけ（F^e）と，「伝達し受容される知識の選択，編成，進度，
時機に関し，教師と生徒が手にし得る自由裁量の度合い」（Bernstein, 1978=1985,
pp. 94-95）を意味する，内的な枠づけ（F^i）で説明される。

　前者から注目したい。課題設定の出発点として，教師から提示されたメイン
テーマは「『地域活性化』～地域ブランドの創出～」であり，学校では教えら
れない「日常的な知識」と「教授学習関係の中で伝達される教育知識」との境
界を曖昧にするような，テーマが示されている。では，後者はどうか。課題研
究は，共通履修科目であり履修が義務付けられているが，当該科目で扱われる
「知識の選択，編成」に関して各学校の裁量は大きい。また本事例は，プロ
ジェクト学習を意図してデザインされた課題研究であり，メインテーマの提示
はあったが，「地域ブランドの創出」を目指して何に取り組み，そこで何を学
ぶのかの選択・決定の権利は生徒たちに委ねられていたことになる。つまり，
「知識の選択，編成」に関して，教育課程基準レベルでは，枠づけは強かった

が，実施レベルの枠づけは弱い状態にあったと言えよう。一方，「進度と時機」
である。学年全体の成果発表会や課題研究の総授業時数（＝活動可能な期間）
など一定の制約はあったが，活動の進度やタイミングについても，計画・実行
する権利が生徒たちに委ねられていた。よって，「進度と時機」についても，
教育課程基準レベルでは一定の制約があり，枠づけはやや強い状態にあったが，
実施レベルでの枠づけは弱かったと考えられる。

　以上のような，通常の教科学習とは異なる枠づけの下で，どのような学び[16]が
展開されたのだろうか。ここでは，8名のレポート内容から，地域創生班の学
習過程を把握する（分析Ⅰ）。その際，グループで作成した「活動報告書」を
補助的に使用する。次に，レポート内容について定量的な分析を行い，その全
体的な特徴を明らかにする（分析Ⅱ）。最後に，以上の分析を踏まえつつ，活
動システムの一般モデルを用いた地域創生班の学びの分析を試みる（分析Ⅲ）。
なお，分析Ⅲでは，6名の生徒に対するインタビュー・データも併用し，解釈
を行う。

【分析Ⅰ】 地域創生班の学習過程

　PT01MR から PT08MR の各レポートの文章に，実施されたカリキュラム
を参考にしながらコーディングを行い，レポート中に記述された学習活動の分
類を試みた。その結果，生徒は概ね時系列に沿った論述を行っており，①
テーマ決め，② テーマの明確化，③ 調理体験，④ 専門家に学ぶ，⑤ 中間発表，
⑥ 問題の探究，⑦ 解決策の検討，⑧ 解決策の提案の8つから学習活動を論述
していたことが確認された（表5-6参照）。また，上記のコード以外に，概要
の説明（例：まず僕たちで京田辺市を活性化させるという課題研究を始めまし
た），成長（例：私はこの研究で仲間と互いに助け合い物事を進めていく力と
協調性を身に着けることができたと思いました），評価（例：自分たちが決め
た目標に向かってしっかりと着実に向かって努力し，完成へと近づいていくこ
ういう授業は将来の役に立つのではないかと感じました）も使用された。なお，
コードが重複した場合は当該する論述が長い方を選択した。

表5-6　地域創生班の学習過程

回数	実施されたカリキュラム	学習過程
1〜3	メインテーマの提示 問題意識の醸成	テーマ決め
4	テーマの明確化	テーマの明確化
5	テーマ候補の調査1	調理体験
6	テーマ候補の調査2	専門家に学ぶ
7	テーマの絞り込み	
8〜9	中間発表の準備	中間発表
夏期休暇	プロジェクトテーマの調査1	問題の探究
12	夏季休暇中の課題の確認と整理	問題の探究
13	プロジェクトテーマの調査2	問題の探究
14	問題の明確化・条件把握	問題の探究
15	提案の条件・目標設定	
16	提案の発案と決定	解決策の検討
17〜20	最終発表の準備	
21	提案の評価・最終発表	解決策の提案

【分析Ⅱ】レポート内容の定量的分析

　コードに対応したレポートの字数とその割合について，表5-7に生徒ごとに集計したものを示した。PT01MR は成長（22.9%），PT02MR は解決策の提案（31.3%）の割合が多かったが，他の6名は「テーマ決め」から「中間発表」までの1学期中の活動（コード）についての論述が多かった。中央値では「専門家に学ぶ」が133字（16.6%）と最も多く，「概要」の96.5字（10.9%），「解決策の検討」の79.5字（10.3%）と続いた。

　次に KH Coder Ver. 3（フリーの計量テキスト分析支援ソフトウェア）で対応分析を行い，各コードに対応したレポート中の頻出単語を平面上にプロットした（図5-1参照）。なお，図中の○の大きさは，用語の頻度を（面積が大きいほど頻出している），□の大きさはコードの頻度を（大きいほど論述が多い），それぞれ示している。結果に注目すると，「玉露」「京田辺」「発表」「思ったこと感じたこと」に対応する用語が抽出された。コードとの対応については，

表5-7　コード別のレポート課題文字数（上段）とその割合（下段）

コード	PT01	PT02	PT03	PT04	PT05	PT06	PT07	PT08	中央値
概　要	145	95	41	100	31	98	127	48	96.5
	13.6	9.3	4.6	12.5	4.3	19.6	18.7	6.0	10.9
テーマ決め	190	0	104	182	117	0	460	50	77
	17.8	0.0	11.7	22.8	16.3	0.0	6.8	6.2	9.2
テーマ明確化	45	116	178	68	37	172	109	25	88.5
	4.2	11.4	20.0	8.5	5.2	34.4	16.0	3.1	9.9
調理体験	95	103	137	26	145	0	56	132	99
	8.9	10.1	15.4	3.3	20.2	0.0	8.2	16.4	9.5
専門家に学ぶ	136	0	171	35	179	70	130	191	133
	12.7	0.0	19.2	4.4	24.9	14.0	19.1	23.7	16.6
中間発表	0	0	0	100	71	0	0	101	0
	0.0	0.0	0.0	12.5	9.9	0.0	0.0	12.5	0.0
問題の探究	60	0	68	89	0	0	83	162	64
	5.6	0.0	7.6	11.1	0.0	0.0	12.2	20.1	6.6
解決策の検討	0	189	120	46	0	134	102	57	79.5
	0.0	18.6	13.5	5.8	0.0	26.8	15.0	7.1	10.3
解決策の提案	51	319	0	91	108	0	0	41	46
	4.8	31.3	0.0	11.4	15.0	0.0	0.0	5.1	4.9
成　長	245	47	73	0	0	0	0	0	0
	22.9	4.6	8.2	0.0	0.0	0.0	0.0	0.0	0.0
評　価	101	150	0	63	30	26	27	0	28.5
	9.5	14.7	0.0	7.9	4.2	5.2	4.0	0.0	4.7
合　計	1068	1019	892	800	718	500	680	807	803.5

注：表中の網掛部は最大値を示す。

「玉露」はテーマの明確化，調理体験，専門家に学ぶ，問題の探究，「京田辺」は概要，テーマ決め，解決策の検討，「発表」は中間発表と解決案の提案，「思ったこと感じたこと」は，成長と評価にそれぞれ対応していた。全体的には，各コードのキーワードに一致する頻出語が抽出され，テキストの特徴が表されているものと解釈された。

　表5-8に学習過程における主語表現（単数・複数別）の出現頻度を示した。「テーマ明確化」及び「解決策の提案」については，単数表現の方が多かった

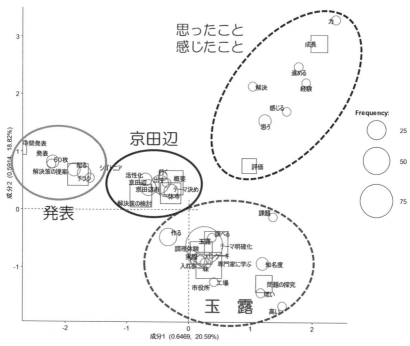

図 5-1　コードと頻出語との対応分析の結果

表 5-8　学習過程における主語表現の出現頻度

学習過程	単　数	複　数
概　　要	4	6
テーマ決め	0	3
テーマ明確化	5	4
調理体験	1	3
専門家に学ぶ	0	1
中間発表	2	5
問題の探究	0	2
解決策の検討	1	2
解決策の提案	8	3
成　　長	2	6
評　　価	0	2
合　　計	23	37

が，その他の過程では全て複数表現の方が多く使用されていた。また，合計では単数が23件に対し，複数が37件となった。これは，レポート作成のタイミングが活動終了後であり，すでに「地域創生班」としての集合的主体としての意識を生徒たちがもっていたためと考えられる。なお，「テーマ明確化」と「解決策の提案」で単数表現が多くなった理由だが，前者については，途中参加した PT02MR の葛藤，後者については，成果発表の場面における

個人の貢献についての記述において「自分」や「僕」の使用頻度が多くなった
からである。

【分析Ⅲ】活動システムの変容

　分析にあたって，PT04MR の記述に注目する。ここでは，下記のような認
識をもつことができた背景をテーマ決めから中間発表まで（前半），問題の探
究から解決策の提案まで（後半）に分けて検討したい。

> そこで先生の力がなくても自分たちだけで課題解決をすることや，活動を進め
> ることができたのでよい経験をすることができたと感じました。　　（PT01MR）

１）テーマ決め及び問題の明確化の困難

　まず，PT04MR による次の語りに注目する。

> そこでまず京田辺市は何が有名なのかということを考えた。そして一休寺が有
> 名で歴史もありよい題材になると思い決定した。しかし一休寺ではあまり重要
> な情報が得られず規模が大きすぎて高校生の授業の一環だけではどうにもでき
> ないという現実に気づいた。　　　　　　　　　　　　　　　　　（PT04MR）

　一休寺を現地調査したまではよかったが，一休寺は大規模すぎて，地域創生
と関連づけ，アイデアを広げることが困難であることに気づく。そこで，地域
創生班は次善テーマであった「玉露」に焦点化していくことになるのだが，
「テーマ決め」に苦戦したことをインタビューで次のように語っている。

> 苦労した点で言えば，最初この PBL するってなって，テーマを決める時に，
> 今回玉露っていうテーマを一つに絞ってやったんですけど，その前にいろいろ
> 案は出たんですけど，やっぱ，いろんな理由…たとえば，まぁ，僕たち高校生
> だけで考えてやったりするんで，高校生だけでは，どうしても負えないって言
> うか規模が大きすぎて，そのあんまり…私たちだけでは，手に負えないテーマ
> だったり，そういうところに突っ込んでいってしまったりしたりもあったんで，
> そういうところでは，まだやっぱ高校生だけでやっていくっていうのはちょっ

> と限界と言うかそういうの感じたりしました。
>
> （PT04MR のインタビューより）［注：下線部は筆者ら］

　「高校生だけで」という表現が3か所もあり，生徒たちが中心となって課題研究が進められたことの証と言える。また，枠づけの弱化に戸惑う様子も見られる。特に「テーマ決め」の過程では，今後追究するテーマやその取り組み方などを，グループで全て決定しなければならないことに苦戦していた様子を読み取ることができるだろう。また，PT01MR も，終わってみれば「案外楽しいことはできたかなと思ってます」と活動を総括しながらも，開始後の苦労を，次のように語っている。

> Q：なるほど。最初の内は，ちょっと何て言うかちょっと戸惑いながらしてたんやな。一体何するんかなっていう感じ。
> A：そうですね。なんか具体的な目的って言うか，どこいったら達成…どこまでが終わりなんか，終わりがあんまり見えてなかったんで，まぁ何をしたらいいんかって言うか不安とかもありましたけど，まぁ終わってみれば，いい経験できたかなとは思います。
>
> （PT01MR のインタビューより）［下線部は筆者ら］

　この語りも，枠づけが弱化していたことを実証するものであろう。下線部から，一般的な教科学習と異なり教師によって設定された「ゴール」が存在せず，唯一の正解が存在しない問題に直面し，何をすべきか見えないことに生徒たちが当惑していたことがわかる。

2）PT02MR の語りにみる分業の問題

　活動当初は，グループ内の役割分担（分業）にも問題を抱えていたようである。PT02MR のレポートには，以下のような語りがみられる。

> 最初は玉露以外にも違うものでやったほうがいいのではないかとか，特産品はもう一度調べなおしたほうが良いのではないかと思っていましたが，自分は途中から参加したのでみんな決めてくれた意見には反論することはできず，その

> まま進んでいきました。　　　　　　　（PT02MR）[注：下線部は筆者ら]

　これは，PT02MR が第5週目から参加したことによって顕在化したものとみられるが，役割分担やその決定の方法など，この段階では問題を抱えつつ活動が展開されていたものとみられる。

3）中間発表

　テーマ設定後，彼らが注目したのは「玉露を用いた商品を考え，それを知ってもらうことで京田辺の知名度を上げる」というアイデアであり，玉露入りの「パンケーキ」の試作（調理体験）に臨むことになる。しかし，期待した味には程遠く，余った茶葉で玉露を淹れて試飲しても，甘くなかったことから，翌週の授業で玉露について専門家の話を聞くことになった（専門家に学ぶ）。専門家の講義や工場見学を通して，「パンケーキを焼く際，加熱しすぎて甘味成分が出ず苦み成分が出た」というパンケーキの失敗原因が判明するとともに，玉露栽培の手間や苦労などを把握する機会となったことがレポートから看取される。こうした一連の経過を，中間発表で報告することになった。

> そして金沢工業大学の先生方に私たちが当時できていたところまでの中間発表をして私たち今までしてきたことの成果を認められた〔原文ママ〕。この時私は大学の先生方に認められたことがとても自分を自信づけるきっかけになった。
> 　　　　　　　　　　　　　　　　　　　　　　　　　　　　（PT04MR）

　先に触れたインタビューでの PT01MR の「終わりがあまりみえていなかった」という語りは，枠づけの弱化により，生徒の自己評価基準があいまいな状態になっていたことを示唆しているとも言えよう。レポートにおいて中間発表に言及した生徒は3名（PT04MR・PT05MR・PT08MR）にとどまる。しかし，肯定的な評価を第三者から得られたことから，中間発表は，地域創生班の生徒たちが課題研究の取り組みに自信をもつ契機となったものとみられる。つまり，「玉露を用いた商品開発」というアイデアに対して，「調理体験」「専門家に学ぶ」「中間発表」などの短期的な目標に導かれるかたちで活動が持続し，成果として「玉露に対する理解の深化」や「少なくとも不適切な取り組みでは

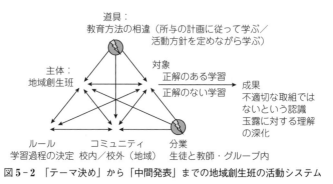

図5-2 「テーマ決め」から「中間発表」までの地域創生班の活動システム

ない」という認識が得られたと解釈される（図5-2参照）。

4）PT06MRの語りにみるルールの対立

　次に後半の活動に注目したい。夏休み中，オープンスクールの来場者にインタビューを行った結果，大多数の地域住民は玉露を知っているが，玉露に対するイメージとして「高価」や「苦い」という回答が多いことが判明する（問題の探究）。この結果から，玉露の「正しい淹れ方」が充分に理解されていないという問題に気づいた地域創生班は，その解決策を議論し，イベント等での「玉露の試飲」と「玉露の正しい淹れ方のアピール」の2つのアイデアを創出した（解決策の検討）。最終的には後者が採用されたのだが，こうした取り組みの感想を，PT06MRは次のように語っている。

A：感想…感想…<u>最後までいまいちやることが定まらなかったかなっていう感じ。</u>

Q：どういう点で定まらなかったいうことなんかな？

A：結局，その玉露をPRしようって言って，玉露をいろいろ調べたのにもかかわらず，結局その<u>高校生だったんで，市役所でPRするっていうことしかできなかったんで，結局，できたことはそんなになかったのかなって思うと…。</u>

Q：あー，ちょっとそこが不本意に思って，ひょっとしたらもっといろいろできたかもしれないけれどもということで？

A：最後の終わり方がそれだけだったんで…。

> （PT06MR のインタビューより）［下線部は筆者ら］

　PT06MR は，イベントでの試飲ができなかったことを「高校生だったので」
と説明しているが，ここにルールの対立，すなわちプロジェクトの活動（学
習）か，それとも関連法規（食品衛生法等）の遵守か，を見出すことができる。
また，「最後までいちいちやることが定まらなかった」と言うのは，一見する
とネガティブな印象を受けるが，真剣に学習（＝自分たちでコースを定めなが
ら学習を進める）に取り組んだ証であり，枠づけが弱化したことに対する率直
な感想といえるのではないだろうか。

5）分業の確立

　次に PT05MR の「困ったこと」に関する語りに注目したい。「これから何
やるんや」ってところ（テーマ決め）で困った，と言いながら次のように続け
ている。

> Q：それは，途中からは困ったことには…もう困らなくなったんやな？
> A：そうです。
> Q：何で困らなくなったんかな？
> A：リーダーの人が，めちゃくちゃしっかりしてて，それで，僕も「あー，今
> 　こんなんやってんねんなー」ってなって。
> 　　　　　　　　　　（PT05MR のインタビューより）［下線部は筆者ら］

　リーダーが「今，チームはどんな状況にあって，次はどこを目指して活動す
るのか」を常に把握していたと言えるだろう。つまり，「モニター」兼「調整
役としてのリーダー」の存在である。

> Q：でも，その次に，自分が言われたことやって，おもしろくなかったら続か
> 　へんと思うねんけど。
> A：はい。
> Q：おもしろかった？
> A：（即答）それは，あの…みんなで，自分なりにやりたいかって言うのを1
> 　人1人決めて，全員が納得いくように決めた。

> Q：それは，班のメンバー８人，リーダー含めて８人の中で，「じゃあ，次こんなことすんねやったら，そん中でこれやるわ」って，［PT05MRの名前］は自分で言うの？
> A：自分で言いましたね。
> Q：ふーん。
> A：自分で言う時もあったし，「（リーダーが）これ」って言う時もありました。
> 　　　　　　　　　（PT05MRのインタビューより）［下線部は筆者ら］

　ここでは，役割分担の決定方法に言及されているが，いわば地域創生班の「分業の確立」を示す語りといえる。どのタイミングでこの問題が解決したかまでは把握できないが，「自分でやりたい」ことを決めてから調整するという方法は，各担当者のモチベーションの維持や責任をもたせるという点からも理にかなっているのではないだろうか。

6）成果発表の難しさ

　地域創生班のこれまでの取り組みと「地域創生」はどのように関連するのだろうか。PT06MRはレポートで次のように説明している。

> 高校生という枠組みの中で何ができて，どこまで「地域創生」ができるのか，その考えた結果がポスターやチラシなどを使い，玉露とはなにか，どう入れればいいのか〔原文ママ〕，まずは京田辺の人に知ってもらい，周りの市や県にもつたわっていくことで，おのずと「地域創生」ができていくと考えました。
> 　　　　　　　　　　　　　　　　　　　　　　　　　　　（PT06MR）

　「玉露の特徴や正しい淹れ方」を京田辺の地域住民に伝えることが，地域創生の第一歩であるとして，地域のイベント（シゴトニア京田辺）で，ポスターやチラシの配布を行うことになった（解決策の提案）。こうした，地域創生班の取り組みの発表について，その難しさをPT04MRは，次のように語っている。

> やっぱり今回の授業って…形がないんですよ。見える形では。実際にモノを作ったり，そういうんじゃなくて，目に見えない形のところでやってることな

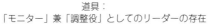

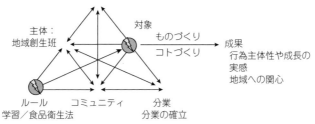

道具：
「モニター」兼「調整役」としてのリーダーの存在

主体：
地域創生班

対象
ものづくり
コトづくり　　→　成果
行為主体性や成長の
実感
地域への関心

ルール
学習／食品衛生法　コミュニティ　分業
　　　　　　　　　　　　　　　分業の確立

図 5 - 3　「問題の探究」から「解決策の提案」までの
地域創生班の活動システム

> んで。そこを，また何にも知らない人たちに発表するってなった時に，どうわ
> かりやすく発表したらいいかっていうのはまたちょっと結構…。そこでも，そ
> れをするためには，いかにわかりやすくまとめるかっていうことは大事だと
> 思ったんで。　　　　　（PT04MR のインタビューより）［注：下線部は筆者ら］

　工業科の課題研究では，「ものづくり」による問題解決が一般的であろう。
地域創生班も，当初は，「玉露を使った商品開発」のアイデアもあったことか
ら，「ものづくり」か「コトづくり」か迷いながら解決策（シゴトニアでのチ
ラシ配布）を導き出すも，不安や迷いを払拭できない状況の中で，シゴトニア
での発表に挑んだと推察される。
　ところが実際の発表では，来場者の反応もよく，地域創生班の取り組みが
ローカル誌に取り上げられるなど，想像以上の社会的な評価を得ることになっ
た。

> 今回の課題研究を通して，自分達には京田辺を有名にするというほどの活動は
> 正直できなかったと思います。でも高校生のできる範囲では最善を尽くせたの
> はないのかなと思います〔原文ママ〕。自分たちが決めた目標に向かってしっ
> かりと着実に向かって努力し，完成へと近づいていくこういう授業は将来の役
> に立つのではないかと感じました。　　　　　（PT02MR）［下線部は筆者ら］

　つまり，後半の活動では，役割分担や意志決定の方法など，地域創生班とし

て決定できたこと，また解決策の提案（シゴトニアでの成果発表）で，自身の取り組みに対して想像以上の評価が得られたことから，一連の経験を肯定的にとらえ，また上記のような認識に至ったものと推察される（図5-3参照）。

（5）総合考察

　第3節では，プロジェクト学習として構想された課題研究の事例について，レポートの論述に見る学習過程，レポートの計量テキスト分析，活動システムによる分析の3つの側面から，生徒の学びにアプローチすることを試みた。

　地域創生班の学習過程については，①テーマ決め，②テーマの明確化，③調理体験，④専門家に学ぶ，⑤中間発表，⑥問題の探究，⑦解決策の検討，⑧解決策の提案から構成され，生徒たちは概ね時系列に沿ってレポートを論述していた。文字数に注目すると，8名中6名について「テーマ決め」から「中間発表」までの1学期中の活動（コード）にウエイトを置いて論述されており，中央値では「専門家に学ぶ」が133字（16.6%）と多かった。また，対応分析の結果，各コードのキーワードに一致する頻出語が抽出され，レポートの特徴が表されているものと解釈された。

　さらに「テーマ決め」及び「テーマの明確化」の過程では，枠づけの弱化がもたらした教科学習と異なる条件のもと，行き詰まる場面も多く，道具（教育方法），分業（役割分担），対象（正解のある学習／正解が存在しない学習）など，葛藤や対立が活動の背後に存在していたと考えられた。その後，短期的な目標（調理体験，中間発表等）に導かれるかたちで，取り組みが展開されるが，分業の問題を解決できたこと，中間発表及び最終発表で第三者から肯定的な評価が得られたことにより，「生徒の力だけで問題を解決できる」という認識に至ったものと解釈される。

　一方，主語の単数／複数表現の出現頻度に注目すると，単数が23件（38.3%）に対し，複数は37件（61.7%）と，複数表現の方が多く用いられていたことがわかった。ただし，レポートの記入のタイミングが，活動後であったため，本データのみでは完全な実証は困難であるが，生徒の語りと合わせて解釈すれば，「自分たち＝地域創生班」という意識の芽生えを認めることがで

きる。

> 「ルール‐コミュニティ‐分業」という社会的基盤を含む学習活動の全体
> 的なシステムの「集団的主体」になっていくことは，すなわちそうした見
> えない社会的基盤を含む学習活動システムを全体的に創り出していく，協
> 働の集団的な担い手へと拡張的に発達していくことなのである。

（山住，2019，p. 25）

　加えて，上記の指摘を考慮すると，分業やルールに関する問題が顕在化した
ことは，協働の集団的な担い手へと発達できたことを実証するものであろう。

4　拡張的学習を導く探究とは

　第2節では，戦後高等学校改革が挫折した要因を分類の視点から分析を試み
た。また，第3節では，プロジェクト学習として構想された工業科の課題研究
を事例に枠づけの弱化がもたらす生徒の「学び」のプロセスを明らかにしてき
た。第4節では，拡張的学習を導く探究の要件について考察し，本章の結びと
したい。

　地域創生班の生徒たちが，「生徒の力だけで問題を解決できる」という認識
をもつに至った要因は，先述したように枠づけの弱化によって生じた問題
（例：分業，道具，対象）を解決できたこと，また学校外の人物からの肯定的
評価によって，曖昧になった自己評価基準を再構成できたことにあったと考え
られた。ただし，枠づけを弱化するだけでは，事例で触れたような探究活動の
深化は必ずしも期待できない。本事例からは，次の2点を探究活動が成立する
要件として指摘できるだろう。

　一点目は，工学探究科の分類が，比較的弱い状態にあったと考えられること
だ。事例校は4学科から構成される。機械技術科，電気技術科，自動車科の専
門科目については，各分野（機械工学，電気工学，自動車工学）の学習が中心
となる。これに対して，工学探究科では，先述したように機械・電気・電子・

情報の各工学が融合したメカトロニクスの学習が専門科目の中心となっており，他の３学科と比較して分類は弱いと言える。つまり，日常的知識と教育知識との境界があいまいで，分離していない状態となり，２点目とも関連するが，「学び」の広がり土台になっていたと考えられる。

　二点目は，メインテーマの設定である。事例では，「『地域活性化』〜地域ブランドの創出〜」がメインテーマであった。これは，先述したように，日常的知識と教育知識の境界をあいまいな状態に変え，拡張性のあるテーマ設定であったと言える。ここで，事例とは真逆の状態を考えてみよう。分類が強い状況では，極端な場合，学習の対象の拡張を促すようなメインテーマを設定したとしても，日常的知識と教育知識とか隔絶されているため，両者を相互に関連づけることが困難になると考えられる。

　これらのことから，学習の対象を拡張し探究を深化させる条件として，枠づけの弱化とともに「弱い分類」もそのカギになると言えるだろう。この分類の弱化と関連して，矢澤（2010）によれば，現在の学校カリキュラムと教育方法は収集コード（＋C，＋F）から統合コード（−C，−F）へと移行しつつあると言われるが（p. 38），バーンスティンは，統合コードへの円滑な移行が実現するための４つの条件を指摘している。

　　１）統合の理念をめぐって合意がなければならず，またその統合の理念は明瞭であること
　　２）統合の理念と規制される知識との結びつきについて，説明される必要があること
　　３）感度のよいフィードバック体系を作りだすため，また，統合コードに向けて社会化する有力な機会を設定するために，スタッフが参加する委員会を設置する必要があること
　　４）統合コードにおいては生徒の内的特質を考慮して評価する必要があること。

　つまり，これらの条件について教員間で合意がなされるとともに，２）を前

提にしながら，教員と生徒が協働関係に入る必要があるとされている（Bernstein, 1978=1985, pp. 112-114）。この際，第3節では十分に言及できなかったが，教師の学習指導も問題になる。プロジェクト法を定式化したキルパトリック（William H. Kilpatrick）は，その教授法の体系化に関しては，一貫して慎重な立場にあったが，その理由は次の指摘から読み取ることができる。

> プロジェクト・ティーチングの技法がそのうち開発されることを望む者もいる。おそらく既にそれは着手されているだろう。しかし，切り刻まれ干からびたプロジェクトにしてしまうような技法やそれに基づくカリキュラムなどあってはならない。プロジェクト・ティーチングは，必然的に多かれ少なかれ冒険のようなものだ。　　　　　　　　　　（Kilpatrick, 1921, p. 287）

　ここで，キルパトリックはプロジェクトを「冒険（adventure）」に喩えているが，プロジェクトは，予め計画されたプログラムに沿って展開されるものではないことに留意すべきであろう。

> 本質的な要点は，活動が進行している間に，子どもたちが目的（purpose）を感じ，それが内的な衝動として働き，目標（end）を定義し，追求を導き，推進力を与えるということである。　　　　　（Kilpatrick, 1921, p. 286）

　キルパトリックの指摘を考慮するならば，生徒に「探究の主体」となる権限が与えられ，保障されなければならない。この状況下では，教師の自由裁量が減少するにつれ，生徒の自由裁量が増大されるため，教師・生徒間の権力関係や教授学習関係が変化することになる（Bernstein, 1978=1985, pp. 106）。
　つまり，枠づけの弱化によって，従来の教科学習（＋C，＋F）では「常識」であったことが通用しなくなるため，第3節の事例研究で言及したように，生徒は困惑したり，困難を感じたりする場面に直面することになる。ここに，探究を深化させるためのポイントがある。それは，生徒と教師が協働して枠づけが弱化した状態での「学び」を再定義し直すこと，つまり，探究に関する概念

形成へと向かうことである。Engeström（2016=2018）は，概念を「それを用い
て働く人々の生活にとって重要な必然のもの」と位置づけながら，次のような
特質を指摘している。

　　複合的で必然性をもった概念は，本来的に複数の価値をもち，論争的で，
　　未完成で，しばしば「ゆるい」ものである。異なるステークホルダーたち
　　が概念の不完全なバージョンを生み出す。そのため概念の形成と変化は，
　　対立と論争，また同様に，交渉と混合を含んだものとなる。

　　　　　　　　　　　　　　　　　　　　　　（Engeström, 2016=2018, p. 76）

　それは，生徒と教師が協働して「探究」を探究することにほかならない。す
なわち，「探究とは何であり，それをなぜ，何のために行うのか」について，
生徒と教師が自覚していく営みとなるであろう。と言うのも，「学習の活動シ
ステムは，そうした学習の対象をめぐる新たな自覚と主体的な関与にもとづい
てこそ，組みかえうるものだからである」（山住，2015，p. 50）。両者がそのよ
うな「主体性」をもつことが，拡張的学習への扉を開くことになるのである。

　　［付記］第3節は，伊藤・木村（2019）をベースに新たに分析したデータ
　　を追加し，加筆を行ったものである。また，本研究を進めるにあたり，
　　ご理解とご協力を賜った授業実践者である長谷広一先生をはじめ，地域
　　創生班の皆様，京都府立田辺高等学校の全教職員・生徒の皆様に心より
　　御礼申し上げる。

注
⑴　高等学校設置基準は，「普通教育を主とする学科」，「専門教育を主とする学科」，
　「普通教育及び専門教育を選択履修を旨として総合的に施す学科」の3学科を規定
　している（第5条）。さらに，専門教育を主とする学科には，「農業に関する学科」
　や「工業に関する学科」等，15の学科区分がある（第6条）。工業高校は，「工業
　に関する学科」を中心に構成される高等学校である。
⑵　工業高校が直面する深刻な問題として，田中（2005）は，近年の高校工業教育の
　教育課程に関し「工業教育が専門教育（specialized education）として本来もつべ

き性質」を希薄化・弱体化させていることを示しつつ，1978（昭和53）年告示の「高等学校学習指導要領」がその転換点となったことを指摘している。また，同書はこの専門教育としてもつべき性質を専門性（specialty）と呼称し，「工業技術ないし工学のある領域ないし領域群に関する高度な認識と技能を保障する」ものと定義している（p. 4）。本稿で用いる専門性もこの定義に準拠するものとする。

(3) 普通教育に関する論点は，堀尾（1971）が参考になる。本稿では「憲法第二十六条，教育基本法第四条（改正後は第五条）の普通教育の規定」に基づき「憲法や基本法の精神の体現者として，個人の尊厳を重んじ，真理と平和を希求する人間であり，正義を愛し，労働を重んずる，自主的かつ創造的精神の主体としての国民の育成という共通の目的をもった教育（括弧内は筆者加筆による）」（p. 321）に従う。

(4) Bernstein（1978=1985）では，classification に「類別」，frame には「枠」の訳語があてられている。本稿では，Bernstein（1996=2000）や矢澤（2010）の訳語と読みやすさを考慮して，類別を「分類」，枠を「枠づけ」でそれぞれ統一し，用いることにした。

(5) 「カテゴリーの純化」及び「カテゴリーの混合化」という表現がなされているが，のちに教育知識コードの類型として，前者は「収集コード」，後者は「統合コード」とそれぞれ呼称されている（Bernstein, 1978=1985, pp. 91-120）。

(6) 収集コード（カテゴリーの純化）の基礎にある学習理論が「教えこみ」であるのに対して，統合コード（カテゴリーの混合化）の基礎にある学習理論はより「集団調節的」あるいは「自己調節的」である（Bernstein, 1978=1985, p. 107）。なお，括弧内は引用者が補った。

(7) 高校三原則の由来に関しては，佐々木（1979）に詳しい。佐々木（1979）は，「文部省の通達や関連する刊行物のなかで，新制高校を発足させるに必要な多くの施策のなかから小学区制，男女共学制，総合制の三つだけをとりたてて推奨することはなかった」ことを指摘しつつ，次のように続けている。「したがって，『三原則』とか『高校三原則』などのいうことばもみえない。これは，新しい高校を発足させるためには，…（中略）…種々の施策を同時に実施していくことが必要だったからであって，のちに三原則とよばれるようになる三つの施策もそのなかにふくまれていたからであろう」（pp. 26-27）。

(8) 天野（1993）は，総合制崩壊の要因として，①実業教育は総合制では不利であること，②総合制が普通科と職業科の単なる並置に陥ってしまい不自然であったこと，③大学進学率の上昇に伴う職業科への進学者の減少を指摘している（p. 12）。

(9) 天野（1993）は，普通課程と職業課程の生徒が同一のホームルームを構成する，ミックス・ホームルームに批判的だが，菅（1973）のように，「普通科の在籍生徒が，工業科や農業科の友人との交流が有益だった」とする見解もある（pp. 26-29）。

(10) 普通科と職業科との隔絶や上下関係について，その源流は，第1節で触れた知的・精神的な労働（普通科）と肉体労働（職業科）の関係まで遡ることができるかもしれない。日本には，源（1992）が指摘するように，かつては手業を尊ぶ文化も存在していたが（pp. 46-48），幕末・明治期より欧米の知識構造が導入され，教育

制度とともに定着したと考えられる。

⑾　学校集団を構成するメンバーの全体または一部によって支持され，かつ彼らの行動を促進したり，動機づけたり，あるいは規制したりする行動規定の外在的要因の複合体である。(高橋，1978，p. 434) また，学校文化を構成する要因あるいは，要素として，① 公的社会制度としての学校文化（制度的文化），② 教師集団の生み出す文化（教師文化），③ 生徒集団の生み出す（生徒文化）が考えられている（曽我，2017，p. 119)。

⑿　本当の意味で，総合制＝多課程（学科）並置制の原則に基づく教育改革を実現するには，その構成員や関係者が統合の意味や意義を理解するとともに，第1節で確認したように生徒の権限を拡大するような枠づけの弱化が必要であったと考えられる。

⒀　収集コードから統合コードへの移行について，次のような仮説をバーンスティンは示している。「教授方法の強調点と方向づけの変化によって，教師と生徒が入り込む枠づけがゆるめられる。ゆるめられた枠づけは，生徒の権利を強めて権威関係の性質を変化させるだけでなく，教えられる内容との間の境界を弱めたり，あいまいにする。」(Bernstein, 1978=1985, p. 107)

⒁　IEA（The International Association for the Evaluation of Educational Achievement）による意図したカリキュラム（intended curriculum），実施したカリキュラム（implemented curriculum），達成したカリキュラム（attained curriculum）の3層からカリキュラムを把握する概念を用いた。詳細については，Mullis et al.(2003) を参照されたい。

⒂　平成元・10・21年改訂高等学校学習指導要領については，国立教育政策研究所による学習指導要領データベース（https://www.nier.go.jp/guideline/）を参照した。

⒃　第3節で紹介した事例では，研究協力者である教師の「学び」については，分析・言及できておらず，今後の大きな課題の1つである。なお，研究協力者は，(旧) 独立行政法人教員研修センターの委託を受け，金沢工業大学において企画・実施された，産業・情報技術等指導者養成研修「教科『工業』における授業改善に関する講義と演習～工業科における PBL 実践法～」の受講者であった。研修内容の詳細については，宮崎ら (2016) を参照されたい。

引用・参考文献

天野隆雄 (1993). 「敗戦直後の総合制——富山県下の高校における」．『国士舘大学文学部人文学会紀要』第26号，pp. 1-17.

Bernstein, B. (1978). *Class, Codes and Control Volume 3, Toward a theory of educational transmissions 2nd edition*. London: Routledge & Kegan Paul. = (1985). 萩原元昭編訳『教育伝達の社会学——開かれた学校とは』明治図書.

Bernstein, B. (1996). *Pedagogy, Symbolic Control, and Identity: Theory, Research, Critique*. London: Taylor & Francis. = (2000). 久冨善之・長谷川裕・山﨑鎮親・小玉重夫・小澤浩明訳『〈教育〉の社会学理論——象徴統制，〈教育〉の言説，ア

イデンティティ』法政大学出版局.

中央教育審議会（2008）.「幼稚園，小学校，中学校，高等学校及び特別支援学校の学習指導要領等の改善について（答申）」
http://www.mext.go.jp/a_menu/shotou/new-cs/information/1290361.htm（2021年10月3日閲覧）

Engeström, Y. (1987/2015). *Learning by Expanding: An Activity-Theoretical Approach to Developmental Research.* Helsinki: Orienta-Konsultit. = (2020). 山住勝広『拡張による学習　完訳増補版──発達研究への活動理論からのアプローチ』新曜社.

Engeström, Y. (2016). *Studies in Expansive Learning What Is Not Yet There.* = (2018). 山住勝広［監訳］『拡張的学習の挑戦と可能性──いまだここにないものを学ぶ』新曜社.

樋口耕一（2014）.『社会調査のための計量テキスト分析──内容分析の継承と発展を目指して』ナカニシヤ出版.

堀尾輝久（1971）.『現代教育の思想と構造──国民の教育権と教育の自由の確立のために』岩波書店.

伊藤大輔・木村竜也（2019）.「高等学校工業科『課題研究』における生徒の学び──京都府立田辺高等学校の事例を手がかりとして」『活動理論研究』第4号, pp. 51-60.

Kilpatrick, William H. (1921). Dangers and Difficulties of the Project Method and How to Overcome Them─A Symposium I. Introductory Statement: Definition of Teams. *Teachers College Record*, Vol. XXII, pp. 310-321.

源了圓（1992）.「型と日本文化源了圓編『型と日本文化』創文社」, pp. 5-68.

宮崎慶輔・磯崎俊明・木村竜也・伊藤大輔・江村伯夫・渡邉伸行（2016）.「高等学校教員を対象としたPBL研修プログラムの開発：工業科におけるPBL実践法」.『工学教育研究講演会講演論文集』2016, pp. 514-515.

文部省学校教育局（1947a）.『新学校制度実施準備の案内』
https://www.digital.archives.go.jp/das/image/M0000000000001503458（2021.10.3参照）.

文部省学校教育局（1947b）.『新制高等学校実施の手引』.

文部省学校教育局（1949）.『新制高等学校の教育課程の解説』教育問題調査所.

文部科学省（2018a）.『高等学校学習指導要領解説総則編』
http://www.mext.go.jp/a_menu/shotou/new-cs/1407074.htm（2021.10.3閲覧）.

文部科学省（2018b）.『高等学校学習指導要領解説工業編』
http://www.mext.go.jp/a_menu/shotou/new-cs/1407074.htm（2021.10.3閲覧）.

森下一期（2013）.「普通教育における職業に関わる教育：教育刷新委員会第二特別委員会の検討と高等学校普通科の職業関係科目の量的分析」.『産業教育学研究』43巻1号, pp. 17-28.

Mullis, I. et al. (2003). TIMSS Assessment Frameworks and Specification 2003 2nd

Edition, Retrieved from https://timssandpirls.bc.edu/timss2003i/frameworksD. html（2021.10.3参照）

日本近代教育史料研究会編（1998）.『教育刷新委員会教育刷新審議会会議録』第11巻, 岩波書店.

佐々木亨（1976）.『高校教育論』大月書店.

佐々木亨（1979）.『高校教育の展開』大月書店.

曽我雅比児（2017）.「学校文化の規定要因とその改善に関する研究——校則の見直しを通して」『岡山理科大学紀要』第53号B，pp. 119-125.

菅龍一（1973）.『教育の原型を求めて』朝日新聞社.

高橋均（1978）.「学校文化」細谷俊夫・奥田真丈・河野重男編集代表『教育学大事典』第1巻，第一法規，p. 434.

田中喜美（2005）.「危機に立つ高校工業教育」斉藤武雄・田中喜美・依田有弘編著『工業高校の挑戦——高校教育再生への道』学文社，pp. 2-6.

山住勝広（2006）.「創造的な学習活動のためのクロス・スクール・ワーキング」『拡張的学習と学校システム開発の介入研究——活動理論的アプローチ』科学研究費補助金（基盤研究（B））研究成果報告書（課題番号：1733012），pp. 1-24.

山住勝弘（2015）.「子どもの主体的な探究学習と概念形成——UCLAラボスクールにおける授業実践の活動理論的分析」『カリキュラム研究』第24号，pp. 41-53.

山住勝広（2019）.「学校における子どもたちの拡張的学習の生成——学習活動を創り出すエージェンシーの発達に向けて」『活動理論研究』第4号，pp. 17-27.

矢澤雅（2010）.「B. バーンスティンの教育知識コードについて」『名古屋学院大学論集 人文・自然科学篇』46(2)，pp. 29-39.

第6章
創造的音楽活動と学校改革
——特別支援学級のオーケストレーション

根津 知佳子

　近年，「創造的音楽活動」に対する関心が高まっている。「創造的音楽活動」
とは，心理療法のひとつである音楽療法の理念や技法を活用した実践であり，
「実践者自らが音楽の創造に関与する即興的技法を用いた実践」と規定される[(1)]
（根津，2019b）。言うまでもなく音楽教育と音楽療法の目的は異なるが，それら
を融合した「創造的音楽活動」は，教育・保育・療育・養育において，就学前
のいわゆる5領域と小学校の教科の「結び目」のモデルとしての可能性を内包
しているのではないかと考えている。

　筆者は「人と人が音楽を介してつながる時間・空間」の総称として"音楽的
場"を用いてきたが，それらも水平的なつながりではなく，垂直的なつながり
をイメージしたものである。高等教育における授業も，母子相互作用も"音楽
的場"ではあるが，同じ位相にあるわけではない。本研究で重視する対話の構
造は，「一対一」を深層構造とするが，"音楽的場"を形成するコミュニティに
よって，創出される音楽や関係性のテクスチュアは異なる。

　「創造的音楽活動」は，教育・保育・療育・養育を越境することのできる技
法であり，前述のように就学前の保育・教育と小学校における教科教育の「結
び目」となる手法としての可能性をもっている。音楽療法の手法を取り入れて
いることもあり，これまでの成果として前言語的段階から幼年期までの子ども
たちに有効である。しかし筆者は「創造的音楽活動」をすべての対象者に適用
することを目指しているわけではなく，「創造的音楽活動」を「学びの準備段
階」に位置づけることを展望している。

　本稿では，自立したパフォーマンスが困難である子どもたちが他者の支援に
より経験を拡大・深化していく過程を可視化することを試みる。そこで，人と

人がどのように関わり合いながらコミュニティを形成していくのか，何を共有していくのかを記述・分析するための枠組みとして集団的活動システム（Engeström, 1987）を援用する。それを通して佐藤学による「アートによる教育」の理念と「創造的音楽活動」を照合する作業を進めていく。

　数年にわたる「創造的音楽活動」から創出されたものは，子どもたちが発見した法則であり，担任教諭や特別支援教育支援員による「技法＝アート」である。前者は，教科教育の教材性へと拡大していくものであり，後者は，指導や支援の改善の可能性を示唆するものである。「沈黙」「応答性」というキーワードは，小学校の統廃合や学校改革という大きな動きの中で，即興的に拡大し，6年後にようやく「教室」「音楽科」における「学びの準備」として新たなスタート地点に立ったことになる。本稿はその軌跡をまとめたものである。

1　アートによる教育の可能性

（1）教室におけるオーケストレーション

　教授＝学習過程は，指導者と学習者の言語を軸としたやりとり構造から成り立っている。もちろん音楽科の授業においても言語活動は重視されるが，指導者の問いかけに対して学習者が音楽（非言語）で応答する形式をとることが多く，指導者と学習者が音楽（非言語）を介して対話する構造が重視される。このように音楽学習の本質は，学習者が一斉に音や声を出すという多声性（polyphony）にあるといっても過言ではないだろう。

　根津（2003）は，中村雄二郎（1984）の言及する「自然な場所としての性格」「ものをそのうちに包む容器としての性格」を援用し，一定の空間的な広がりを持ち，ものを包み込んでいる意味合いをもたせるために教室や授業空間を"音楽的場（トポス）"の一つであると考えている。

　　　"音楽的場"とは，即興的・実践的な「相互反応性」を試しあい，相互の表現を理解しあい，個々が自己実現をするプロセスを重視した，人と人が音楽を介してつながる場　　　　　　　　　　（根津，2003，pp. 45-46）

　"音楽的場"では，「音・楽器との関わり」と「人の関わり」の2軸を往還する力量として，音楽（非言語）による「相互反応性」が重視される。"音楽的場"の概念は，前言語期の母子相互作用から高等教育の授業でも適用可能であるが，その原型は前言語期の情動調律に象徴されるような「一対一」の構造である。授業という「一対多」の"音楽的場"に適用する場合であっても，あくまでも「一対一」の構造を基盤とするのが特徴である。

　ところで，「一対多」に関する教師と子どもの関係について稲垣・佐藤(1996)において佐藤は，一人ひとりの個人的経験を中心に構成され実践されなければならないこと，「一対全体（マス）」ではなく，異質な個人が交響し合う関わりで組織されなければならないこと，「一対一」や「一対全体」では実現できないダイナミックな学び合いを可能にすることについての洞察がなされていなければならないことの3点を確認している（pp. 28-29）。そして，「効率性」や「秩序」を重視する従来型の授業に対して，「新しい探求型の子ども中心の授業における統制は，教室の人間関係や空間や時間を多元化し多層化して，多様な個性の交響を教室に実現しようとする」（p. 31）ものとして位置づけている。

　また，教師の指導性の特徴として，個に応じる指導を意味する「tailoring＝テイラーリング＝仕立て」と，個と個を擦り合わせる指導を意味する「orchestrating＝オーケストレイティング」を挙げ（pp. 31-32），オーケストレイティングが生み出される授業は，異質な意見が交流され交歓されるディスコース・コミュニティ（議論し合う共同体）としての教室を準備するものともなると述べている（p. 33）。

　本稿における問題意識は，2つある。音楽科における表現活動は，前述したようにポリフォニックな特徴をもつことから，言語によるやりとりを基盤とした他の教科の授業とは異なる構造を内在していることになる。そこで，音楽科におけるオーケストレイティングの固有性を確認するために，音楽科におけるディスコース・コミュニティの基盤となり得るモデルを明らかにする。その検討において，音楽（非言語）による「相互反応性」を重視した"音楽的場"が，学習活動の基盤になる可能性について議論する必要がある。

　第二の問題意識は，教師以外の指導者を「一対多」の中でどのように位置づ

けるのかという点である。具体的には，特別支援学級や特別支援学校における
特別支援補助担当者や教室に加配される者の位置づけである。子どもの特性や
発達段階によっては，子どもたちの学びや表現をサポートする大人の支援が必
要である場合もある。この場合，担任教諭は，複数の指導者を含めた「一対
多」を視野にいれた授業づくりを行なわなければならない。したがって，この
ような授業においては担任教諭以外の大人と子どもたちの関係性を無視するこ
とはできないであろう。

（2）アートによる教育

　佐藤（2015）は，学校音楽の最大の問題として「アートとしての音楽」「音
楽性」が教育されていないことを指摘している（p. 54）。そして，「情操教育」
という目的に縛られずに，芸術（アート）の教育として甦るべきとし，「アー
ト」を次のように規定している（佐藤，2014，p. 14）。

　　　「アート」とは，芸術表現の「技法（art）」であり，もうひとつの現実，
　　もう一つの世界，もう一つの自己を発見し，それを表現する技法

　佐藤は，音楽教育それ自体を「アート」の教育の基礎・基本とみなすことが
可能であるとし，音楽の基礎・基本を一人ひとりの「内なる音楽」の中で探索
することを重視している（佐藤，2014, p. 15）。佐藤（2015）は，音楽教育から
「音楽性」を奪っている要因が「課題中心主義」であるとし，《冬景色》を例に
挙げ，「心をこめて」「リズムを感じながら」など課題を示して指導する方法を
批判している。そして，アートの教育における作品（テクスト）は，教育目的
の達成の手段としての「教材」ではないと述べ，「音楽性」とは「味わい（ap-
preciation）」であるとしている（下線は筆者による）。

　　　《冬景色》という作品は，あの歌詞とあの曲が一つになって《冬景色》
　　という条件を越えた象徴世界を創造しているところにある。それは言語化
　　することのできない象徴世界（だからこそ音楽）なのである。

（佐藤，2015，p. 55）

　「アートの教育」の規定について別稿では，「もう一つの真実」「もう一つの現実」「もう一つの私」「もう一つの他者」「もう一つの世界」と出会い対話し表現する技法として定義している（佐藤，2015，p. 54）。ここでの「アートの教育」は，教師の演奏技能のレベルを問題にせず，あくまでも「技法」の教育であるという点で，音楽を専門とする者以外にも開かれていることになる。したがって筆者は，「アートによる教育」の具体的な諸相を明らかにすることによって，音楽教育のみならず学校教育全体の改革に寄与するのではないかと考えている。

　「アートによる教育」で重視するのは，「一つの音の向こうにもう一つの象徴的な音を聴く」ことであり，アートにおける表現の本質は表出でなく「応答性」である（佐藤，2015，p. 56）。この視座は，1980年代以降わが国に導入された「創造的音楽学習」，1990年以降に普及した「創造的音楽療法」そして，近年筆者らが取り組んでいる「創造的音楽活動」に通底している理念と一致する。

　そこで本稿では，教室空間における「創造的音楽活動」を共有するメンバー（以下，コミュニティとする）がどのように「もう一つの真実」「もう一つの現実」「もう一つの私」「もう一つの他者」「もう一つの世界」と出会い対話するのかを記述し，そのコミュニティの変容を概観する。それを通して，「創造的音楽活動」と「アートにおける教育」の共通性を確認できるのではないかと考えるからである。事例として取り上げるのは，高等教育機関における地域連携としてのアクションリサーチの一環である特別支援学級での活動である。本稿では，集団的活動システム（Engeström, 1987）を援用し，《かえるの合唱》を材とした活動場面について比較する。それらから，学校教育における学びの基盤としての「創造的音楽活動」の有用性について考察する。

（3）創造的音楽活動

　近年，教育や保育現場における「創造的音楽活動」への関心が高まっている。「創造的音楽活動」とは，実践者と対象者が即興的に音楽を創造する過程を重視したノードフ・ロビンズ音楽療法（＝創造的音楽療法）の手法を，教育・保

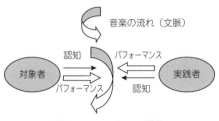

図 6-1　やりとりの構造

出典：根津（2002）。

育・養育・療育に応用したものであり，心理療法のひとつである音楽療法の理論や技法を援用した実践として「音楽療法的アプローチ」と呼ぶ場合もある（根津, 2021）。

「創造的音楽活動」とは，「実践者自らが音楽の創造に関与する即興的技法を用いた実践」（根津, 2021 p. 30）である。実践者と対象者がパフォーマンスを相互認知すると同時にパフォーマンスで応答するという深層構造（図6-1横矢印）を基盤とし，瞬間瞬間のパフォーマンスが音楽の流れ（文脈）を生成する（図6-1縦矢印）。この手法は，創造的音楽療法だけではなく，1990年代に我が国の言語臨床領域に広まったブルーナー（Jerome S. Bruner）の言語獲得理論（イナイイナイバー遊び）やフォーマットの概念（format）の影響を受けたものである（長崎ほか, 1990；千田ほか, 1992）。創造的音楽療法の手法を援用しながらも「創造的音楽活動」として位置づけるのは，well-being を目指すだけではなく，音楽活動によって共同行為の形成を促進し，活動への意図や期待を育てることを目指しているからである。「アートによる教育」における「一つの音の向こうにもう一つの象徴的な音を聴く」ことや「応答性」を重視する点でその理念が一致している。

この「一対一」の構造は，「一対多」であっても変わることはない（図6-2 A1, A2）。たとえば，対象者（保育園児）が卵マラカス（楽器）を振る動きに合わせてピアノによる即興を行うという集団活動の変容に関して，実践者（P）の即興と子ども同士のつながり（C）の変容は図6-2のように記述することができる（根津, 2000）。

しかし，集団活動における実践者と子どもたち，あるいは，子どもたち同士の関係性の変容，つまり，音楽活動における「一対一」から「一対多」の諸相を可視化することはできるが，大人の支援によって活動に参加する段階の子どもたちのパフォーマンスの変容は，支援方法や関係性が繊細かつ複雑であることから楽譜に表すことが不可能であり，エピソード記述に限定される傾向にあ

相互作用の質	意図の出現	意図の表現	意図の表現	伝達意図の多様化	他者の意図の理解
グループと指導者の相互作用	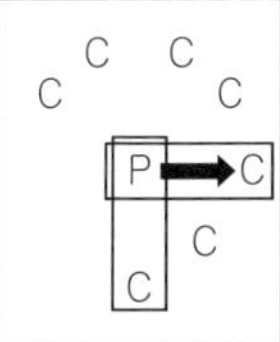 （図）	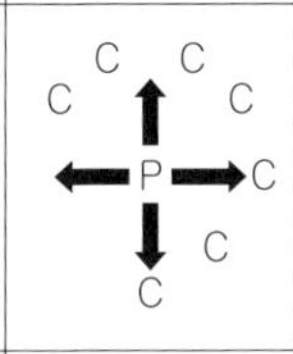 （図）	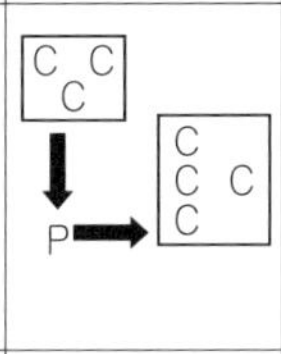 （図）	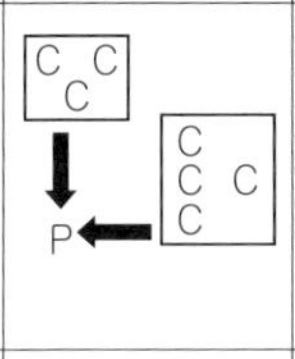 （図）	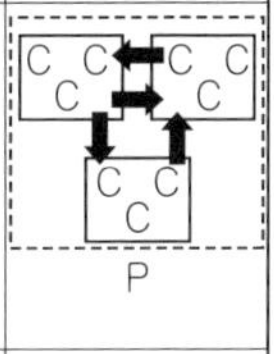 （図）
活動段階	A1	A2	B1	B2	C

図 6-2　実践者による即興の変容

出典：根津（2022, p. 32）。

る。また，仮にエピソードをいかに詳細に記述したとしても“音楽的場”の時間・空間の質的な変容の内実を可視化することには限界がある。

　そこで本稿では，特別支援学級の担任教諭や特別支援教育支援員などによって支えられている子どもたちの表現行為や，そのコミュニティの変容を可視化する方法として集団的活動システム（Engeström, 1987）を援用する。これまでに筆者は，ユーリア・エンゲストローム（Yrjö Engeström）の拡張的学習（expansive learning）のモデルを援用し，指導者の観と教材解釈の相違によって子どもたちの音楽的経験の拡張が異なることや（根津，2019a），その観の違いによって幼年期の合奏支援活動における子どもたちの音楽的経験が異なることを明らかにしている（根津，2020）。以上から，「文化・歴史的活動理論（cultural‐historical activity theory）」に依拠することにより複数の大人に支えられながら表現する子どもたちの表現が，教室空間という“音楽的場”においていかに拡張するのかを可視化することができるものと考えている。

2　学校改革と創造的音楽活動

（1）アクションリサーチとしての創造的音楽活動

　本稿で取り上げる実践事例は，開始年度201X年以前の数年間にわたる高等教育機関，教育委員会，小学校との協働の歴史を基盤としたものであり，アクションリサーチの手法に依拠したものである（根津，2009）。特に，文部科学省

が「実践的指導力の育成」を標榜していた時期と重なるため，教員養成課程に
所属する学生の育成と教育現場において実践する教職員の研修を兼ね備えると
いう特徴をもっている。

　A県B市郊外に設置されたC小学校は，活動開始年から3年度後に2つの小
学校（D小学校，E小学校）との統合を予定していたため，管理職はC小学校
の閉校と2つの学校の統合を視野にいれた学校運営を行っていた。筆者の実践
は，少子化などに象徴される我が国の現代的教育課題と，市町村合併，学校の
統廃合など地方の小学校の抱える固有の課題解決のために急速に学校改革が行
われている状況下で実践されたものである。特に，人権教育を重視していたこ
ともC小学校に「創造的音楽活動」が導入された背景となっていた。

　名古屋から最寄り駅まで電車で1時間半余りかかる田園地域の高台にある現
在のC小学校の原点は，D地区にある寺子屋を廃し，寺で教育を開始した1873
（明治6）年に遡る。その翌年の1874（明治7）年には，C小学校のある地域に
ある2つの屋敷の部屋を借りて小学校が開校され，翌年1875（明治8）年には
E地区の寺を仮校舎として小学校が創設された。⁽²⁾B市の市街地から十数キロに
位置し，保護者も教職員も自家用車を利用していることが学区の広さを象徴し
ている。

　C小学校（全校334名）の201X年度の学校教育目標は，〈児童・保護者・地
域の方々・教職員等，学校に関わる全ての人びとの，「かがやく笑顔」にあふ
れた学校〉である。学校案内には，「笑顔あふれる学校づくり」「笑顔あふれる
学級づくり」「笑顔あふれる授業づくり」「保護者との連携と地域づくり」の4
つのモットーが「笑顔あふれる“特別”ではない支援教育」を囲んで記載され
ているのが特徴である。次のような学校経営方針に基づき（下線は筆者による），
「特別支援教育の観点を取り入れた通常学級での授業づくり」「すべての子ども
が分かる授業をめざして」というテーマで校内研修が行われていた。

　　生活が充実し，自己実現し，成長していく児童は自己肯定感をもち①
　「かがやく笑顔」となります。また，自信を持ち，新しい物事への挑戦を
　したり，仲間と互いに認めあい協力したりして，周囲に人々に役に立った

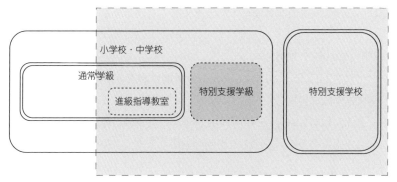

図 6 - 3　特別支援教育の範囲

と感じたり，自己の能力が向上したと実感すること②ができたとき，児童
は本来持つ良さを発揮し③「かがやく笑顔」となります。

　ところで，文部科学省（2019）によれば，特別支援学級（図 6 - 3 中央網かけ部
分）に所属する児童・生徒の数は，義務教育段階の全児童生徒数の2.9%にあ
たる約27万8000人を占め，10年間で2.1倍となっている。
　活動開始当時は，このような特別支援学級に在籍する児童・生徒数の急増に
伴い，介助・介護のための支援人員の加配が喫緊の課題となっていた。特別支
援学級に配置される特別支援教育支援員は非正規採用であるため，研修等が保
証されていない。そのため担任教諭には，学年の幅がある多様な発達課題や特
性をもつ児童を対象とした授業展開と非正規採用の職員の動きを視野に入れた
授業づくりをすることが求められることになる。
　では，特別支援学級で音楽活動を行う場合には，何を手がかりにしたらよい
のであろうか。小・中学校および特別支援学校における音楽に関する教育実践
は，学習指導要領に基づいて行われる（図 6 - 3 左右二重線枠）が，特別支援学
級における音楽活動（授業）は，小学校の学習指導要領（音楽科）あるいは，
特別支援学校学習指導要領（音楽科・自立活動）に基づくものとされている。
特別支援学級におけるカリキュラムや授業づくりは担当者の裁量に任されてい
ることから，理論に基づいた系統的な授業実践が難しいという課題を抱えてい
る。音楽教育と音楽療法を越境する「創造的音楽活動」への関心が高まってい

るのは，このような背景によるものと考えることができる。

（2）閉校前の実践〔201X年〕

　ここでは〔201X年〜201X＋6年〕の6年度にわたり，年3〜4回，C小学校特別支援学級で実施した創造的音楽活動におけるコミュニティの変容を概観する。まず，14回分の記録から小学校低学年の教科書に掲載され，誰もが知っている《かえるの合唱》を軸とした活動を取り上げ，表層構造の変容について概観する。

　　　期　　間：201X年〜201X＋6年　年4回　（201X＋4年より2回）
　　　場　　所：A県B市郊外のC小学校特別支援学級　教室
　　　児　　童：特別支援学級10名前後と通級3名
　　　教職員：担任教諭および特別支援教育支援員3名
　　　実践者：リーダー，大学院生2名
　　　時　　間：朝の会の終了後，45分

　毎回の活動開始時に椅子を半円状に並べ（図6-4），コミュニティのメンバー全員が自由に動くことができるような場面構成で行った。

（3）活動開始から閉校前の実践〔201X年〜201X＋2年〕

　近年の教育現場では，視覚支援が強調される傾向にある。たとえば2017年に改訂された新学習指導要領に基づいた新たな授業づくりの観点とした「5つのⅠ（ICF／IEP／IES＆CE／ILC／ICT）」に着目した取り組みにおいても，とりわけICTが重視されている。[3] このように特別支援教育においては，見通しを持つことができる，わかりやすい活動が推進されている。対して，もともと音楽そのものが目に見えないことに加えて，即興的な応答性を重視した「創造的音楽活動」は，状況と文脈によってプログラムが随時変化していくため，子どもたちにとって「わかりにくい活動」「何をしたらよいかわからない活動」ということになりかねない。ともすると「座ってやり過ごす」「適当に参加する」という「やり過ごす学習」になりがちである。

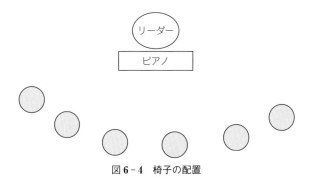

図 6 - 4　椅子の配置

　活動当初の子どもたちにとって「参加したいように参加する（ルール）」こと自体が不安要因であったことは,《かえるの合唱》が始まると「手拍子をしながら歌う」「横に揺れながら歌う」などのステレオタイプ的な反応として表れた。大人も同様である。リーダーや担任教諭が見える位置に半円形で並べられた椅子によって教室の前方と後方の二つに分断され,特別支援教育支援員や他の教職員は背後から直接的に子どもたちの介助を行うという構造となったこともこの時期の特徴である（図 6 - 5）。活動を傍観するか,活動に対して戸惑う子どもたちの手を取り,無理に参加させようとするなどの過度な介助もみられ（図 6 - 6　分配＝網かけ部）,共同行為の形成や活動への意図や期待を育むという「創造的音楽活動」そのものの目的（ルール）と逆行する状況であった。これは図 6 - 6 左下（網かけ部）の「交換」に課題があることを意味し,その結果,図 6 - 6 の「生産」「消費」にも影響を与えたことになる。

　リーダーと担任教諭や特別支援教育支援員との意識の差は,生活単元学習指導案に記載された学級の様子に照射されている（下線は筆者による[(4)]）。

　　A組 6 名（男 4 名,女 2 名）B組 6 名（男 4 名,女 2 名）で国語や算数を中心とした教科指導を個々の課題に沿って個別や小グループで活動している。子どもたちは,休み時間などいつも自然に交流しており,それぞれの教室で楽しく遊ぶ姿がよく見られる。（中略）学校生活全体を通して,自分の気持ちを友だちに伝えることを大切にしている。活動中には,子ど

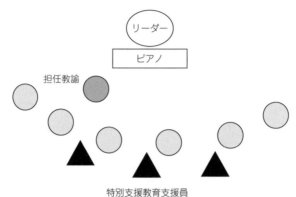

図 6‐5　閉校前の活動［201X年＋2 年］

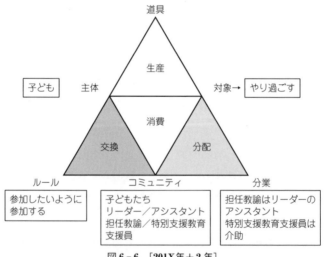

図 6‐6　［201X年＋2 年］

ものつぶやきを大切にし，困っていることがあったら声かけをし，何ができ
ないか，どのようにしたいのかなど自分の言葉で話せるようにしてきた。

　担任教諭は，子どもたちが自分の気持ちを伝えることができるように常に心
がけていることが強調されている。下線の「困っていることがあったら声かけ
をし，何ができないか，どのようにしたいのかなど自分の言葉で話せるように

してきた」という支援方法は，「創造的音楽活動」の中にも随時見られ，「どうしたらいいかわからんのやな」「どうしたらええかな」「とにかくやってみよう」など，気持ちを代弁するかのように言語化する場面が多く，応答性や沈黙への意識は低かったことが特徴として挙げられる。

「楽しく買い物をしよう」という単元設定の理由についての記述にもそれが強く表れている。

　　本単元では，買い物の素材作りから始める。「買い物ごっこ」の活動の準備を通して，みんなで協力し合って楽しく取り組むようにしていきたい。また，協力し合って物を売ったり，買ったりすることで互いに自分たちが考えていることを伝えあい，友だちへの意思表示や意思伝達によるコミュニケーション能力を高めていきたい①。同時にみんなで協力し助け合うことで「つながり合う」仲間づくりとしても取り組んでいきたい②。さらに，この物の売り買いの学習を通して，その際に必要となるお金の計算をさせることで，日常生活で必要となる買い物の模擬学習としていきたい。これらの活動には，個々の子どもの支援が必要であり，どの場面で困るのかを計画的に考え③，具体的な活動の場では子どもの動作に合わせ，理解できるように時間をかけて支援していきたい④。

ところで，この記述から担任教諭の"観"を読み取ることができる。担任教諭は，通級3名を含めた十数名の子どもたちに対して，3種類の"つながり"をもってほしいという願いのもとで指導していることを読み取ることができる。第一に，A組（知的）とB組（情緒）の子ども一人ひとりの"つながり"である（下線①）。そして，第二に，2つのクラスの"つながり"である（下線①②）。これらの"つながり"が基盤となって子どもたちはC小学校の通常学級の子どもたちと自信をもってつながることができる。さらに，第三として，学んだことを活かすことができる，社会との"つながり"も重視していることがわかる。

担任教諭の指導観・支援観は，波線部分にも表れている。「個々の子どもの

表 6-1　担任教諭からの情報［201X 年 9 月］

クラス	学年	性別	コメント
A組（知的）	3	男子	積極的に活動
	4	女子	引っ込み思案
	4	男子	積極的に活動
	5	女子	積極的に活動
B組（情緒）	2	男子	活動をするには介助が必要
	6	女子	積極的に活動
	6	男子	活動するには介助が大きく必要

支援が必要であること」を前提とし，「どの場面で困るのかを計画的に考え」「子どもの動作に合わせ，理解できるように時間をかけて支援する」という指導観・支援観である。これは，事前の情報の内容にも表れており，その基準は「積極性＝消極性」「介助の必要性」であった（表 6-1，網掛けは筆者による）。

　担任教諭からの情報は，「どの程度活動に参加できるか」という観点であることから，「積極的に自信をもって活動に参加する」ことが目的であり，担任教諭自身も「困った場面でどのように介助したらよいか」を考えながら活動に参加していたことになる。これは，「創造的音楽活動」の導入が，担任教諭の内発的な動機付けによるものではなく，管理職と高等教育機関の研究者との協働の延長線という外発的動機付けによるものであったことに起因するものと考えることができる。おそらく，この状況下において，最も混乱したのは，非正規採用である特別支援教育支援員である。「介助」を目的として加配されているにもかかわらず，「創造的音楽活動」においては，自発性や創造性の育成の観点から「介助は不要」となってしまうからである。それだけではなく，特別支援教育支援員にも即興的・創造的なパフォーマンスが求められることになる。活動開始時には，「創造的音楽活動」の本質である応答性や沈黙をどのように共有し，協働するのかが実践者である筆者の課題であったことになる。

（4）統廃合後の実践〔201X 年＋ 3 年〜〕

　B市周辺の市町村合併や少子化問題により，C小学校は近隣の 2 つの小学校とともに閉校し，〔201X ＋ 3 年〕に統合され，名称を F 小学校とした（以下，

表6-2　担任教諭からの情報［201X年＋4年］

学年	性別	音楽授業の様子
1	男子	・前でリードする役割があると，積極的に活動できる。 ・ルールを守らない児童（特に本児が気になるルール）には，厳しくしかる。しゃべる，立ち歩くなど… ・集団活動が苦手。30分が限界
3	女子	・明るく，いつもにこにこしている。 ・発話は少ないが，指さしなどで意思表示はできる。 ・生活の単語はかなり理解している。音楽が好き。
4	男子	・照れるところがあり，活動には控えめに参加をする。 ・わざと，ふざけておもしろがることがある。
4	女子	・ちょっとしたことで机の下に入り込んだり，泣いたりする。 ・特に大きな音が苦手。
6	男子	・明るくまじめに取り組めるが，私語が多い。
6	女子	・苦手意識があると，「できない，できない」を連発し，顔が厳しくなり泣き始めることがあるが，できることには基本まじめに取り組むことができる。

C小学校と表記を続ける）。統廃合後の2学級には，以前からその教室で過ごしていた子どももいれば，転校してきた子どもや新入生もいる。C小学校の子どもは，これまでと同じ教室で学習できたが，2つの小学校から異動してきた子どもを迎えることになった。このことから，担任教諭は，前述の3つの"つながり"に加えて，3つの小学校の子どもたちの"つながり"を強く意識する必要があったことになる。この第4の"つながり"への意識は，担任教諭だけではなく，特別支援教育支援員の意識の変化にも影響を与えることになった。特別支援学級の教室で重ねてきた「創造的音楽活動」を伝達するという意識の芽生えである。

　表6-2は，統廃合してから1年後の担任教諭からの情報である。4年前（表6-1）に比べて，心理面についての記述が細かくなっているだけではなく，支援のポイントが記載されている。最も大きな変化は「介助」という用語が使われていないことである。

　担任教諭からの情報は，一人ひとりに特別支援学級の教室における"履歴"があることを示唆している（表6-2）。これは，非日常的空間としての「創造

的音楽活動」に子どもたちの生活世界や日常空間が映し出されるということを意味している。そして，リーダーをはじめとするコミュニティ・メンバーには，各々の表現に映し出される生活世界を掬い，読み解きながら音楽的な文脈を構成することが求められることになる。ここでは，［201X年＋4年］6月15日の活動開始後10分30秒以降の活動を取り上げ，《かえるの合唱》におけるパフォーマンスがどのように変容したかを記述する。

　エピソードにおいて，L＝活動リーダー，T＝担任教諭，ST＝特別支援教育支援員，A＝アシスタント，数字は児童の学年，Bは男児，Gは女児とする。

【活動1　10分30秒〜】

> 　Lが「じゃあ，《かえるの合唱》をみんなで歌ってみましょう。どんな歌ですか（＝どんな風に歌いたいですか）？　教えてくださーい」と言うと，4Gは，「ピアニカで弾ける」といい，他の女児も「聞いたことある」と言いながら，個々に歌い始める①。「みんなで歌ってみましょう」とキーボードを弾き始めると，1Bが「もっと速めがいい」「10倍速」と速さのリクエストをする。4Gは「ドレミファソラシ（正しくはドレミファミレド）」と大きな声で歌っている。「遅いのがいい」とゆっくり歩きながら歌う女児もいる。Lは，黒板に，① 速いカエル ② 遅いカエル ③ ドレミファカエル ④ 10倍速カエル　と順番を書き，一つひとつ進めていく。

　4Gは，大きな音が苦手で，机の下に入り込んだり泣いたりするなど不安が強いと報告されているが，活動1では，音楽の時間に《かえるの合唱》を教材として音名や鍵盤ハーモニカの運指の練習をしたことを思い出しながら自立した参加をしている。リーダーは下線①のように，一人ひとりのパフォーマンスを確認しながら，子どもたち同士が音楽の流れの中でつながることができるように即興で応答し，佐藤の言及するテイラーリングを試みている。活動段階は，A1，A2の段階である（図6-7）。

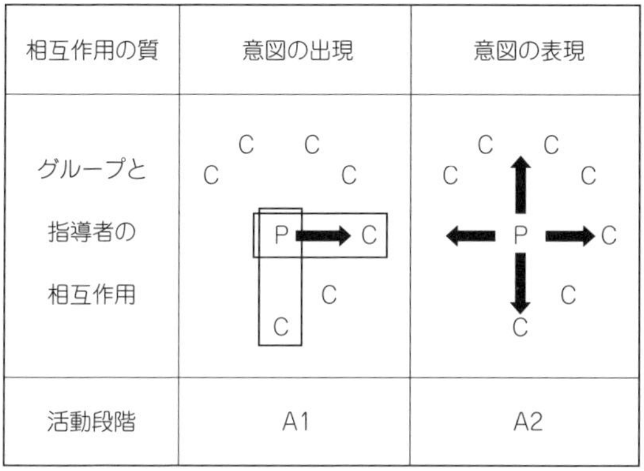
相互作用の質
意図の出現
意図の表現
グループと
指導者の
相互作用
C C C C
P C
C C
C C C C
P C
C C
活動段階
A1
A2

図６－７　活動１における相互作用

【活動２　15分50秒～19分25秒】

> ４つ目の10倍速カエルが始まると，何人かの子どもたちがカエルになって跳び始める。Ｌは，「ピョンピョンカエルだね」と活動名を変更する。速すぎてついていけないグループの動きを取り入れ，新たなリクエストである10倍遅いカエルを加える。全体がスローモーションの動きになり，何人かが床につぶれてしまう。スローモーションの動きから，横揺れの動きが発生し，女児4GとＴがダンスを始める。Ｌは「では，ダンスカエルでーす」とその動きを新たな活動に取り入れる②。

「速い－遅い」「高い－低い」「強い－弱い」は，低学年・中学年が中心となるグループでの定番の活動である。リーダーは，意図的に活動を壊し，再構成しながら，「10倍速（遅）」のように「子どもたちができないこと／無理難題自体を楽しむ」ことをあえて活動に組み込むことが多い。こういった活動は，コミュニティ全体のエネルギーを高める一方で，喧嘩や怪我などを誘発することがある。ここでは，担任教諭がスローモーションでダンスを始め，その危険を回避しようとしている。リーダーは，それをキャッチし，「ダンスカエル」という新たな活動場面につないでいこうとしている（下線②）。リーダーの即興は，小グループ単位への応答として示され，ここではB1とB2の往還が見られる（図６－８）。

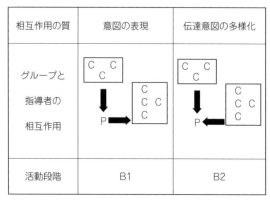

図6-8　活動2における相互作用

【活動3　19分55秒】

> カエルのギロを配ると，6Bは木魚に見立てて「なんまいだ〜なんまいだ〜」と言い続けている。Lが「カエルの鳴き声を聴こうね」というと，3人はその場でカエルジャンプをし続けながら聴いている③。「じゃ，楽器は次の人に渡してね」という指示に対して，それまでお坊さんになっていた6Bは，逆さ歩きをしながら中央に出てくる。6Bを担当している支援員STは，音楽のテンポに合わせ耳に手を当てながら円の中央に進み，楽器の音を聴くように促す動作をし続ける④。お坊さんの6Bは，床に座り指揮を始める。

　「明るくまじめに取り組めるが，私語が多い」と報告のある6Bは，カエルのギロを手にすると全体の音楽と無関係にお経を唱え続けている。リーダーは，その行為の一部を活動に組み入れ（A1），他の児童が「カエルの鳴き声を聞く」活動として展開し，下線③のように次の活動への移行を全体に告げている（B1）。

　6Bの傍にいた特別支援教育支援員は，6Bが楽器を返すために移動すると，音楽の雰囲気や全体の方向性をそこなわないように6Bのいる方に移動し，「音楽のテンポに合わせ耳に手を当てながら」「楽器の音を聴くように促す動作をし続ける」（下線④）。ここでの特別支援教育支援員は，6Bに対して「個に応じる指導＝テイラーリング」をしながら，6Bの行動を全体の文脈の中に自

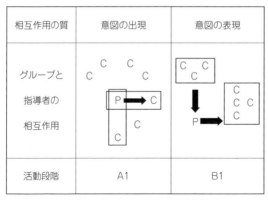

相互作用の質	意図の出現	意図の表現
グループと 指導者の 相互作用		
活動段階	A1	B1

図6-9　活動3における相互作用

然に取り入れようと「個と個を擦り合わせる指導＝オーケストレイティング」
を行っていると考えることができる。この瞬間のコミュニティにおいてリー
ダーは，6Bのパフォーマンスを支援する特別支援教育支援員であり，その役
割は次の瞬間に全体の指揮者になった6Bに移動している。

　活動を開始した201X年当時の特別支援教育支援員の多くは，子どもたちが
活動に参加することを促すための直接的支援（介助）が多く，それ以外の時間
は活動の外側にいることが多かったが（図6-5），このエピソードでは，活動
の雰囲気を壊さないようにリーダーと協働し，特別支援教育支援員自身がパ
フォーマンスしていることがわかる。

【活動4　24分25秒～26分50秒】

> 　Lは，TとAをリーダーとして2つのグループに分ける。「じゃ，難しいこ
> とやろうかな～」と言い，輪唱を始める。それまで椅子に座って様子をみてい
> た4Bが嬉しそうに笑い，「ケケケケケケケ……」以降，声を出して歌う⑤。

　第二次性徴期に入った4Bは，「照れるところがあり，活動には控えめに参
加」（表6-2）する傾向にあり，活動1～3のような身体性を帯びた活動や動
きを伴った表現への参加には消極的であったが，「創造的音楽活動」において
は，4Bのここに至るまでの「表現しない」「休んでいる」「見ているだけ」な

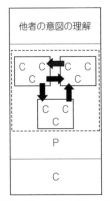

図6-10　活動4における相互作用

どの行動は，活動への意図や期待を温めていたと解釈され，活動4の下線⑤にある「座って様子を見る」という行為も silence として承認される。そして，「4Bは輪唱が可能な，秩序ある"音楽的場"が形成される（図6-10）のを待っていた」という解釈が可能になる。

　さて，当該実践の特徴は，特別支援学級に所属する子どもたちを取り巻く多様な大人の存在である。活動2と3では，担任教諭や特別支援教育支援員は，音楽の流れ（文脈）の創造に積極的に参与している（下線②③④）。子どもたちの意図・意志を保障し，全体の音楽の流れ（文脈）へと橋渡ししているのは，日常の子どもたちの様子を把握している担任教諭や特別支援教育支援員であると言っても過言ではないだろう。活動2の担任教諭のパフォーマンス（下線②）や，活動3の特別支援教育支援員のパフォーマンス（下線④）は，「安全・安心な活動をもっと続けて欲しい」「子どもたちから多様な表現を引き出したい」という願いによって支えられている。こういった願いに基づくそれぞれのパフォーマンスが特別支援学級における「創造的音楽活動」の音楽の流れ（文脈）を生成している。

　図6-11は，《かえるの合唱》を「道具（三角形頂点）」として，「参加したいように参加する」「参加しないことは沈黙とする（silence）」という「ルール（三角形左下角）」と，「参加者全員がリーダーであり，活動の支援者である」という「分業（三角形右下角）」によって活動システムが確立されている状態を表している。ここで最も特徴的なのは，コミュニティを構成するメンバーの多様性である（図6-11，左下三角形＝交換）。

　活動1から4までの20分間に数えきれないほど繰り返された《かえるの合唱》のすべての瞬間瞬間において，メンバー全員が sound と silence によってつながりながらパフォーマンスしている。それは個々の自己表現／自己実現に留まらず，音楽の流れ（文脈）をつなげるためのコミュニティのためのパフォーマンスである。担任教諭や特別支援教育支援員は，子ども一人ひとりと

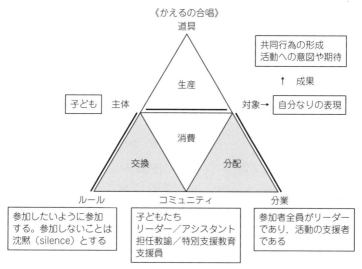

《かえるの合唱》
道具

共同行為の形成
活動への意図や期待

生産

↑ 成果

子ども　主体　　対象→　自分なりの表現

消費

交換　　　分配

ルール　　　コミュニティ　　　分業

参加したいように参加
する。参加しないことは
沈黙（silence）とする

子どもたち
リーダー／アシスタント
担任教諭／特別支援教育
支援員

参加者全員がリーダー
であり，活動の支援者
である

図6-11　創造的音楽活動 ［201X年＋4年］

応答しながらテイラーリングに徹し，その先にある沈黙を読み取ろうとして応答している。オーケストレイティングの主体は，リーダーではなく，特別支援教育支援員である場合もあり（活動3），子どもたちのパフォーマンスを支えるために，時に誰もがリーダーになり，時に誰もが支援者になるという役割の手渡しがコミュニティ内で随時行われている（図6-11，右下三角形＝分配）。以上から，「分配」における「分業（三角形右下角）」に特徴があると考えることができる。

（5）終結期の実践〔201X年＋6年〕

　新しい学校が設置されてから3年後の201X年＋6年2月のアシスタントの記録である。

　　《かえるの合唱》を全員で歌い，2つのグループに分かれて輪唱を行った。
　　参観している母親と子どもたちで輪唱を行った。ラッパを6つ用意して子ども
　　たちが1音ずつ担当して，Lが手で合図を出し《かえるの合唱》を演奏した。

> ラッパで音を出すことは，子どもたちにとっては挑戦的課題であると感じた①。興奮状態であることもあって，吹くことに力を入れすぎて破裂音が出ると子どもたちは笑い，わざとそのような音を出している子どももいた②。

【全体の様子】

　これまでの活動との違いは，保護者が参観・参加している点と，音程のある楽器を導入していることである。《かえるの合唱》は，ハ長調の主和音（ドミソ）のみで演奏が可能であることから，主音（ド）と属音（ソ）のみでパフォーマンスを構成することが可能である。これは旋律全体の演奏ができなくても，一部の音（ド・ソ）を演奏するだけで全体の響きの一部になることが可能であることを意味する。つまり全体を通底する主要な音を担当することが可能となる。

　ここで用いるラッパは，難しい運指も必要としないことから，簡単に音を出すことができるだけではなく，エネルギーを発散することもできる。エネルギーを発散することをパフォーマンスとして承認するか否かは，実践者の音楽観，教育観，児童観による。アシスタントの記録にある「挑戦的課題」が意味するのは，子どもたちが音楽的表現としてではなく，気持ちの発散をしていいのかどうかを迷っている様子を映し出していると考えることができる。子どもたちの多くは，音楽の授業で「できないこと」の体験を積み重ねている。そのため技能を伴う器楽学習においては「やりすごす」という方法を取ってしまいがちである。一方で，ここでは「音楽性を求めない」「技術がいらない」という新規場面に対してむしろ抵抗を感じていると考えることができる。対して，下線②には，音を出すこと自体を繰り返し楽しんでいる様子が記述されていることから，「活動の意図や期待」「共同行為の形成」を把握することができる場面と考える。

> 　普段よりも活動に参加したくない様子であった。親が来ているからなのか，前半の他の子どもたちの情動的な活動の様子（《かえるの合唱》）を子どもっぽく感じて入りづらかったのではないかと考えた。活動に入ることを拒否してい

たが，Tの声掛けでラッパを吹いた。しかし，ラッパの活動は新たな楽器であ
り，指示されたタイミングで鳴らさなければならないため，うまく吹けないこ
とへの心配や緊張感があり，あまり楽器を楽しめていないように感じた③。

【ラッパを吹かない6B】

　6Bに関して担任教諭は，「リコーダーが好きでラッパの活動は6Bの活動水
準としては低すぎる」という観点の省察を行っているが，「発散的に吹くとい
う行為」が6Bにとって新しい体験であり（下線③），息をためて吐き出すこ
とを促すためのリーダーのサインがむしろ6Bの不安材料になってしまってい
たと解釈することができる。

　　3Bは，《かえるの合唱》と聞くと，すぐにカエルの真似をし始めた。Lが
　「冬だからカエルは冬眠しています」というと，身体をべったりと地面につけ
　て，つぶれたカエルのようになったり，自分の椅子の下に入り，冬眠の様子を
　表現した④。

【衝動的だった3B】

　低学年の頃には《かえるの合唱》が始まると，音楽的な文脈に関係なく一人
で発散的にジャンプし続けていた3Bだが，この場面では，3Bのパフォーマ
ンスは誰もが納得するものとして音楽の流れ（文脈）の中に自然に入り込み共
有されていることがわかる（下線④）。

　これまで担任教諭は，「子ども一人ひとりのつながり」「2つの学級のつなが
り」「学んだことを社会にいかすつながり」そして「統廃合した3つの小学校
のつながり」という4つの"つながり"を重視してきた。この場面には，子ど
もたちと「生活世界とのつながり」が投影されていると考えることができる。
3つの小学校区は，田圃や小高い山に囲まれており，初夏から秋までの半年近
い期間は，カエルの鳴き声がこの地域の音風景の基調音となっている。3Bは，
「イメージとしてのカエル」ではなく「現実としてのカエル」になりきってい

表 6 - 3　表層構造の変容

	活動	表層構造
活動 1	歌唱	10倍速
活動 2	身体表現	ピョンピョンカエル 10倍遅いカエル　→ダンスカエル
活動 3	器楽	お坊さんカエル（ギロ）　→指揮者
活動 4	歌唱	輪唱

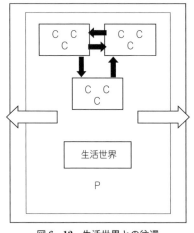

図 6 - 12　生活世界との往還

ることになり，この“音楽的場”では生活世界との往還が行われていることになる。

【質的転換】

　活動 1 から 4 では，約20分の間に，歌唱，器楽，身体表現の活動領域を何度も往還・越境していることから（表 6 - 3 ），《かえるの合唱》を介した「創造的音楽活動」の表層構造が出来上がっては崩され，また新たに出来上がっては崩されていることがわかる。これは，瞬間瞬間のテイラーリングとオーケストレイティングの積み重ねによるものである。

　“卵マラカス”の実践事例と大きく異なるのは，相互作用が段階的ではなく可逆的に A 〜 C （図 6 - 2 ）を往還・越境している点である。たとえば，子どもたちの興味・関心を図とし，音楽を地とするならば，図に浮かび上がるモノ・コトは，子どもたちの関心事（カエル・お坊さん・指揮者）であり，生活世界に具体的に存在するものである。一方，“卵マラカス”の事例では，現実的に存在しないモノ・コト（恐竜）などを想定した遊びとして展開していったという特徴がある。

　このような“音楽的場”は，やがて，学びの場へと移行していくことになる。

表6-4　担任教諭からの情報［201X年＋6年］

学年	性別	音楽授業の様子	集団での様子
1	女子	ドとソの音を教えてもらって，鍵盤ハーモニカが吹ける。	人の声が気になり人に注意するが，自分が話をとめられないときがある。
1	女子	ドの場所が分かり，鍵盤ハーモニカが吹ける。リズム打ちが正しくできる。	自分の思い通りに仕切ろうとする。自分が一番にしようとする。
1	男子	ドとソの音が分かり，鍵盤ハーモニカが吹ける。リズム打ちが正しくできる。	周囲の状況を気にせず，自分の話したいことを話す。他の友だちにルールを守らせようと強く気持ちを表す。
1	男子	ドとソの音が分かり，鍵盤ハーモニカが吹ける。リズム打ちが正しくできる。	初めてのことには，取っつきにくいところがある。

　201X年＋6年の春，新しい1年生が4名加わった時に，担任教諭は音楽担当と情報を交換し，「原学級で行われる音楽の授業でも自信を持って参加できる」という6つ目の新たな“つながり”を提案した。それは，音楽の授業との“つながり”であり，教材としての《かえるの合唱》との“つながり”である。

　これを受け，リーダーは「創造的音楽活動」を“学びへの移行空間”として再編成し，1年生をはじめとする子どもたち全員が音楽の授業や原学級での授業・活動に安心して参加できることを視野に入れた活動を提案・実施した。《かえるの合唱》の主和音（ドミソ）の一部の音を担当するだけで，楽曲全体を支えることができるという発想は，活動1で階名を歌っていた4Gの「みんなと一緒に鍵盤ハーモニカを演奏したい」「ピアノなら頑張れる」という声によって生まれたものである。音楽の授業では，ともすると旋律を再現することが優先される。旋律を一緒に演奏することよりも，伴奏の一部を担当することで響きの一部を支えることができるという発想は，“図と地の反転”ともいうべき発想と言える。それは，特別支援が必要な子どもたちを“図（メロディ）”に引き入れようとするのではなく，“地（伴奏）”の役割を担うことにより音楽全体を支えるという発想である。この発想は，「音楽的には支えられるモノ（旋律）から支えるモノ（和音）への転換」という意味も内包している。

　次のアシスタントによる記録は，201X年＋6年7月のものである。前半部

分は6年間継続している従前の活動であり，下線部が新たな活動である。

【地（伴奏）として支える体験】

> 「次は，かえるのうたです」という言葉を聞いただけで，1Bは身体をカエルのように折り曲げた。それを見ていた隣の席の1Gや他の子どもも身体を使ってカエルになった。この反応を見て，子どもたちの中ではカエルという言葉から自分が以前に見たことのあるカエルを連想し，それになりきっていると感じた。学校の授業では，カエルの歌は歌として身体表現とは切り離されて教えられることが多いが，実際の子どもたちの中には，カエルの動きやカエルそのもののイメージが先行しているのではないかと感じた。
>
> 　子どもたちの動きを見て，Lが《かえるの合唱》を伴奏し，子どもたちはそのままカエルになり，飛び跳ねていた。その後，2つのグループに分かれて輪唱を行った。そして，1年生がドとソの場所がわかるというTの情報からTと1年生2人がピアノで《かえるの合唱》を弾くという場面があった。これを2回繰り返し，1年生全員が皆の前でピアノを弾いたが1年生はどの子も満足した表情をしているように見えた。

　周囲を田圃に囲まれ，自然豊かな農村に位置するC小学校の子どもたちにとって，カエルはイメージの世界のモノではない。理科の教材でもなく，まさに生活世界に欠かせない「生き物」であり，共存する「生き物」である。「創造的音楽活動」には，生活世界で共存する生き物（カエル）になりきったパフォーマンスが次々と登場したが，それを支えたのが深層構造ともいうべき「一対一」のやりとりの構造（図6-13）である。

　朝日（2015）によれば，《かえるの合唱》は，合唱教育の基盤がハーモニー感（相対音感）の陶冶であるとし，輪唱教材によって音楽の生活化を目指した岡本敏明の音楽教育観を象徴する楽曲である。特に，岡本は，どこでも歌いだせるように習慣づけることを音楽教師の役割とし，輪唱教材の有用性を主張している（p. 11）。この岡本による「音楽の生活化」とは，音楽が生活世界に浸透することであり，そのために誰もが音楽によって重なりあう体験が保障される輪唱教材の有用性を具体的に示したものである。岡本がドイツの歌である

創造的音楽活動における《かえるの合唱》

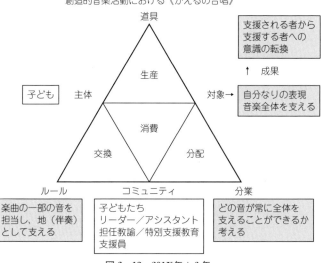

図 6 - 13　201X 年 + 6 年

　《かえるの合唱》を教材として取り入れ目指したものは，教室以外で子どもたちに歌われる歌にすることである。そのための構造として，主和音のみで重なり合うことができる輪唱という形態が有用であることになる。

　一方，特別支援学級の「創造的音楽活動」においては，子どもたちの生活の中の身近な生き物が具体的に教室に登場し，多様な動きがパフォーマンスとして現れた。

　桑子（2001）によれば感性とは，「気候や風土を含む環境世界と自己の身体との相関を把握する能力」であり，「環境世界と自己の身体との交感能力」「その交感の適切性について把握する能力」である（p. 32）。桑子に依拠するならば，ここでのパフォーマンスにおいて子どもたちは「環境世界」と「自己の身体を通して」「交感」していることになる。佐藤の言及する「もう一つの世界を発見しそれを表現しているアート」と考えることができる。「もう一つの私」「もう一つの他者」を認める体験だけではなく，終結期の活動においては，《かえるの合唱》という楽曲に「もう一つの世界」を見出している。桑子は，自己の存在と感性について次のように述べている（下線は引用者による）。

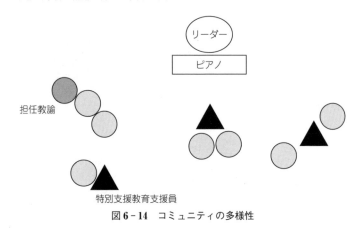

図6-14　コミュニティの多様性

　　人間にとって，自己の存在とは，世界とのむすびつきのうちに存在する
　ことであり，この関係の喪失が「自己の存在が喪われていること」である。

　桑子に依拠するならば，「創造的音楽活動」において子どもたちは，「世界と
のむすびつきのうちに存在する自己の存在」を確かに感じる体験をしているの
ではないだろうか。

3　《かえるの合唱》におけるオーケストレーション

（1）《かえるの合唱》の教材性

　根津（2022）は，教材としての《かえるの合唱》の分析を通して，［201X年
＋4年］の活動1から4における児童のパフォーマンスが現行の学習指導要領
に基づく評価規準において評価されにくいことを明らかにした。図6-15は，
《かえるの合唱》を「道具（三角形頂点）」として，「正しい音程で歌う。他の
人に合わせる」という「ルール（三角形左下角）」と，「音楽科教員の指導の下
で学級の子どもたちが学ぶ」という「分業（三角形右下角）」による活動シス
テムを表したものである。教室では，音楽担当教員が範唱／範奏し，子どもた
ちが模唱／模奏するという伝統的な教授方法により，「音楽的単声／社会的多

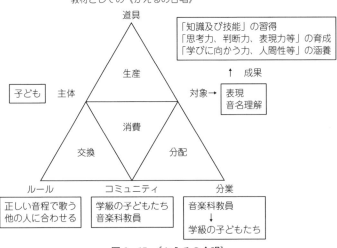

教材としての《かえるの合唱》

図6-15　《かえるの合唱》

声」である「一つのグループが同一の旋律を歌う」ことが対象として求められ，その成果として音楽科の学年目標，題材目標が達成されることになる。

　子どもたちは，グループで同じ単旋律（monophony）を歌うユニゾン（斉唱）の体験を重ね，「自らの歌声を全体に合わせ，調和させること」を目標とした歌唱指導を受けることが多い。一方，各自が同じ旋律を異なった歌い方をすることにより2つ以上の音程が聞こえるヘテロフォニー（異音性＝heterophony）は，我が国の民謡や和楽器の演奏における“ずれ”“ずらし”などと呼ばれる形態であるが，このヘテロフォニーに関して歌唱指導では軽視され，「調子っぱずれである」「音程があっていない」「ずれている」として低い評価を受ける傾向にある。

　従前の音楽教育では，「一つのグループが同一の旋律を歌う（音楽的単声／社会的多声）」「異なる声部をグループで歌う（音楽的多声／社会的多声）」の完成度を求めがちである。しかし，集団が同じ旋律を斉唱するよりも同じ旋律を異なった歌い方をする異音性に着目することによって「自分と他者の声との相違」「発声への気づき」「即興性」などの新しい学びへの拡張が期待できる（根津，2019a，2020）。本稿でも，多様な《かえるの合唱》のパフォーマンスを

記述し，確認することができたが，異音性の保障・保証は，「一対多」におけ
る「一対一」の保障・保証と言い換えることができる。

　さて，活動1において4Gは，メロディに階名を当てはめているものの正し
い音程・階名で歌っているわけではない。活動2でも，子どもたちは旋律や音
の動きに合わせて体を動かしながら音楽を聴いているわけではない。活動3で
ジャンプしながら音を聴いている3人も，カエルになっているつもりであり，
旋律に合わせて体を動かしているわけではない。聴いているのはお経を唱える
6Bのギロの音（カエルの鳴き声）である。

　子どもたちのパフォーマンスは，「互いの声や音を聴き合いながら階名で歌
うことに親しみ，旋律の特徴を感じ取って，聴いたり表現したりする学習に楽
しんで取り組む」という従前の評価規準には至らないが，「互いの声や音を聴
き合いながら，各々のカエルのイメージを感じ取って表現したりする活動に楽
しんで取り組む」という観点によって解釈は開かれていく。音楽の授業と「創
造的音楽活動」との違いはここにある。

　特別支援学級における「創造的音楽活動」の特徴は，コミュニティを構成す
るメンバーの多様性といえる。繰り返される《かえるの合唱》の響きの中で，
参加者全員が互いのパフォーマンスを意識しながらパフォーマンスする。それ
は個々の自己表現／自己実現というより，コミュニティの音楽の流れ（文脈）
を維持し，創造するためのパフォーマンスである。また，誰もが時にリーダー
になり，時に支援者になるという役割の手渡しが随時行われていることになる。
このように「創造的音楽活動」は常に流動性を持ち，参加者全員に即興性およ
び協働性が求められる。このような「分配」における「分業」は，従前の授業
（図6-15）と明らかに異なるものである（図6-13）。

（2）《かえるの合唱》の授業批評例

　ここでのやりとりが「一対一」を基盤としていることは先に述べたが，ここ
で，「一対全体」として体育館（講堂）で行われたカエルを材とした授業批評
例を取り上げる。

教師のピアノ演奏に合わせて，そのリズムを全身で表現する授業である。最初の曲は「あひる」。二組に分けられた子どもたちが，しゃがみ腰でヨチヨチ歩く。次に「ちょうちょ」「とんぼ」「かえる」「めだか」と続く。「かえる」では，ピョンピョン蛙と飛び込み蛙の二種類があったことに注意を向けさせている。続いて「かめ」……以下略　（稲垣ほか，1992，p. 3）

授業者は，「昔は，自分たちの身のまわりにいくらでもいた蛙。でもこの子たちはせいぜいアマガエルぐらいしかしらない」(p. 138) とし，「リズムでは，しゃがんだ膝を左右に開いて，そこからピョンピョンと跳ぶ。ピョンピョン蛙と言っている。それと，両腕で体を支えながら飛び込んで足を開く飛び込み蛙。腕の支えの難しい一年生は，ピョンピョン蛙が多い。」(p. 138) という記録を残している。この授業におけるねらいは「しなやかな体と心の育成」であり (p. 134)，教師は，「一つ一つのリズムがマンネリ化したり惰性に流れないようにする」(p. 136) ことを心がけ，「ピアノ（音楽）を新鮮に弾くことと教材のつなげ方を，子どもたちを見ながら考えていきたい」(p. 136) と述べている。一方，作曲家である三善晃は，この授業について次のように批評している。

　そのピアノが子どもたちに反応していない。先生は自分のピアノに子どもたちを反応させようとしているが，なぜその逆を考えないのだろうか。「あひる」にしても「かえる」にしても「とんび」にしても，もし先生が一人一人の子ども達の様子にもっと敏感であったなら，ある時は単旋律だけで，ある時は速度を変えて，ある時は即興のパッセージで，ある時は和音だけで，と様々な反応ができるはず。体には多様なリズムとそのイメージが内蔵されているのだ。子どもたちのちょっとした身振りが，それを微妙にあるいは如実に示したが，それによって先生自らが触発される場面がなかった。
　　　　　　　　　　　　　　　　　　　　　　　　　　　　　(p. 180)

また，稲垣も「ある一つのリズムでずっと通されているわけですね。だから，子どもの方は，そのリズムのパターンで動いていく。そういう意味ではモノ

トーンじゃないかという気がするんですね」(p. 20) と批評している。

　このように，音楽の要素の一部であるリズムやテンポを用いて展開するステレオタイプ的な「一対全体」による授業や活動は，乳幼児期や幼年期の実践の傾向と考えることができる。この授業に対する批評でさえも，その方向は，リズム認知と表現活動の在り方を問うものであり，音楽の生活化や，生活世界と表現の往還を問うものではない。

4　集団的即興ゲームとしての「創造的音楽活動」と学校改革

（1）集団的即興ゲームとしての「創造的音楽活動」

　本稿では，活動理論における集団的システムのモデルを援用してC小学校の「創造的音楽活動」の可視化を試みたが，ここで当該事例について渥美 (2008) の「集団的即興ゲーム」に依拠して省察する。渥美は，即興を「ノットワーキングの中心になる概念」とし，以下のように述べている。

　　　ノットワーキングとは，多様な要素がある時突然に「結び目」となり，
　　　次の瞬間にはその結び目がほどかれて，別の要素との「結び目」を作って
　　　いくような運動のことを指す。結び目の形成と崩壊は，臨機応変に生じる。
　　　ここにノットワーキングと即興との親和的な関係を見て取ることができる。

　　　　　　　　　　　　　　　　　　　　　　　　　　（渥美，2008, pp. 208-209）

　渥美は，災害救護活動における即興を「集団的即興ゲーム」とし，集団の振舞いとジャズの演奏の類似に着目し，固定したシナリオの不在，既存の知識・技術の活用，個と全体の“間”，被災者との協働，流動するコーディネーターの5点を挙げ，単なる「思いつき」「場当たり」による活動ではないことを強調している。もちろん，C小学校における学校改革や「創造的音楽活動」を災害救護活動と同等に議論することはできない。しかし，集団の振舞いとジャズの演奏の類似に着目した点は，本稿の省察に有用であると考える。

　渥美に依拠するならば，活動1〜4で発生した協働（＝分配）は，コミュニ

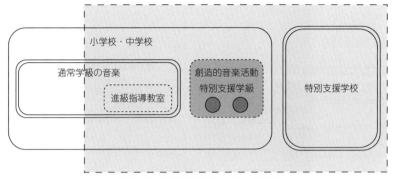

図6-16　活動当初のリーダーの役割

ティの一人ひとりが当事者として創造的に活動に参与し，「結び目」となって音楽的文脈をつないでいたことになる。それは，ミクロ的な「結び目」といえよう。活動当初はリーダーが子どもたち同士の「結び目」やグループの「結び目」を生み出していたが（図6-2，A1，A2，B1，B2），やがて担任教諭や特別支援教育支援員らが「結び目」を生み出して，音楽の流れ（文脈）を創出していった。「一対一」のやりとりの構造は深層構造として《かえるの合唱》の活動を支えていったが，コミュニティで繰り広げられる表層的な活動は構築・脱構築・再構築を繰り返していった。

　では，マクロ的な「結び目」は，どうであっただろうか。C小学校は閉校になり，地域の2つの小学校を統合して新たに設置されたが，校舎はそのままであっても学校名や学校目標が変わり，児童数が増えたことにより，担任教諭や特別支援教育支援員の意識に変化を生じさせる要因となったと考えることができる。特に，3つの小学校の統廃合とはいえ，C小学校は2つの小学校を迎え入れる立場にあったため，C小学校の管理職から非正規職員である特別支援教育支援員に至るまで全員が「いまだかつてない状況」に陥ってしまったこと自体が特別な「結び目」であったといえるかもしれない。

　渥美は，目的に対する行為者の視点と観察者の視点について，「即興では，即興を演じている当事者と，それを描いている観察者との視点の相違を，行為の目的との関係で論じておくべきであろう」（渥美，2008，p.222）とし，参加者は事後に目的を知ることになり，企画する側からすれば目的が設定された予定通

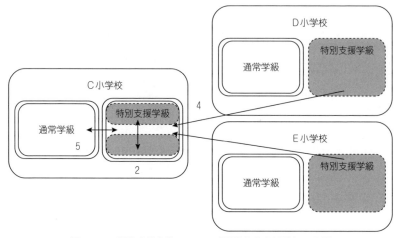

図 6 - 17　学校改革全体における「創造的音楽活動」の役割

りの活動であるが，「即興には，このように行為者と観察者の視点の違いを利用
し，実践的なプログラムを企画する可能性が開けている」（p. 224）と述べている。
　したがって「創造的音楽活動」においては，リーダーは「観察者」であり，
担任教諭や特別支援教育支援員は「当事者」であったと考えることができる。
特別支援学級の教室に「創造的音楽活動」を導入することにより，子ども理解
の新たな技法（＝アート）を提示し，パフォーマンスを理解する方法を共有す
るという役割を担っていたことになる。
　学校改革全体においては，管理職が「観察者」であり，リーダーである筆者
も含めて，"音楽的場"としてのコミュニティ全体が「当事者」であったこと
になる。つまり，C小学校における集団的即興は"入れ子"状態であったと考
えることができる。
　担任教諭は，子どもたちのそれぞれのつながりだけではなく，2つの学級
（図6-17中央矢印2）や通常学級と特別支援学級のつながり（左矢印5）そして，
統合された2つの小学校とのつながり（右矢印4）を意識した学級づくりを目
指していった。
　本稿において，活動理論の集団的活動システムのモデルを援用し可視化する
ことによって，即興的に行われてきたそれぞれの点ともいうべき実践が線と

なってつながり，それが，学校改革という大きな流れの中でも揺らぐことのない1本の糸のようにつながっていることを再確認することができた。「一対一」のミクロ的な“結び目”は，子どもと子ども，子どもと教職員，教職員同士を結びつけただけではなく，学級と学級，特別支援学級と原学級という集団を連結させ，C小学校とD小学校とE小学校の学校組織の“結び目”を形成したことになる。それによって，「アートによる教育」の二つの視点も拡がっていった。最終的には，子どもたちの中から，特別支援学級の音楽活動と音楽科の授業とのつながりを意識した活動が提案され，学びの基盤が整ったことになる。

（2）学校改革と「創造的音楽活動」

　本稿では，「笑顔あふれる“特別”ではない支援教育」を軸としたC小学校の学校改革と並行して実践した「創造的音楽活動」におけるコミュニティの変容を可視化すると同時に，指導・支援する者のパフォーマンスの変容を概観したが，学校経営方針に基づいてその変容を記述するならば，以下のようになるであろう（網掛け部分を筆者が修正）。

　　　生活が充実し，自己実現し，成長していく支援者は自己肯定感をもち「かがやく笑顔」となります。また，自信を持ち，新しい物事への挑戦をしたり，仲間と互いに認めあい協力したりして，周囲に人々に役に立ったと感じたり，自己の能力が向上したと実感することができたとき，支援者は本来持つ良さを発揮し「かがやく笑顔」となります。

　担任教諭も特別支援教育支援員もピアノを用いた即興をしたわけではない。しかし「一つの音の向こうにもう一つの象徴的な音を聴く」ことや「応答性」を理解し，個に応じたテイラーリングと，個と個を擦り合わせるオーケストレイティングの2つ技法（アート）を獲得することができたと考えることができる。これらのことは，「創造的音楽活動」を「アートによる教育」の形態の一つとして位置づける根拠になるのではないだろうか。

　本実践では，「生活世界とのつながり」「楽曲に内在する本質とのつながり」

という新たな「結び目」が創出された。これこそが，「アート教育」における「もう一つの世界」との出会いと考えることができる。「創造的音楽活動」は，"音楽的場"から"学びの場"への移行空間としての機能を果たし，オーケストレイティングが生み出されたこのコミュニティは，異質な意見が交流するディスコース・コミュニティとして学びの基盤を整えたことになる。ここから先に，音楽における"真の学び"がスタートするのである。

注

(1) 三重大学教員免許更新講習
　　http://www.mieu.ac.jp/certificate/pdf/28bosyuyoukou.pdf（2020.8.30閲覧）
(2) C小学校201X年学校便覧による。
(3) 橋本ほか（2019）によれば，国際生活機能分類，個別教育計画，インクルーシブ教育システム＆キャリア教育，言語コミュニケーション指導，情報通信技術の5つである。
(4) C小学校201X年日A組B組生活単元学習指導案
(5) 具体的な分析内容については，根津ほか（2021）を参照。

引用・参考文献

朝日公哉（2016）.「岡本敏明の輪唱教育論——「かえるの合唱」をめぐって」『玉川大学教育学部紀要』pp. 1-17.

渥美公秀（2008）.「即興としての災害支援」山住勝弘／ユーリア・エンゲストローム編『ノットワーキング——結び合う人間活動の創造へ』新曜社，pp. 207-230.

Engeström, Y. (1987). *Learning by expanding: An activity-theoretical approach to developmental research*. Helsinki: Orienta-Konsultit. = (2009). 山住勝広ほか訳『拡張による学習——活動理論からのアプローチ』新曜社.

Engeström, Y. (1998). *Learning by expanding: An activity-theoretical approach to developmental research*. Helsinki: Orienta- Konsultit.

稲垣忠彦・谷川俊太郎・河合隼雄・竹内俊晴・佐伯胖・野村庄吾・佐藤学・前島正俊・牛山栄世・石井順治編（1992）.『シリーズ授業⑧　音楽　リズム表現と合唱』岩波書店.

稲垣忠彦・佐藤学（1996）.『子どもと教育 授業研究入門』岩波書店.

佐藤学・今井康雄（2003）.『子どもたちの想像力を育む——アート教育の思想と実践』東京大学出版会.

桑子敏雄（2001）.『感性の哲学』NHKブックス.

佐藤学（2014）.「音楽における『基礎・基本——経験の軌跡を回顧して』」『音楽の力を信じて「音楽教育ヴァン」からのメッセージ』教育芸術社.

佐藤学・佐野靖（2014）．「『音楽で音楽を教えない』とは？」『音楽の力を信じて「音楽教育ヴァン」からのメッセージ』教育芸術社．

佐藤学（2015）．「沈黙に潜む音に耳をすます——音楽教育の可能性」『音楽教育学』第45巻1号，pp. 53-56．

ジョゼフ・ジョルダーニア，森田稔訳（2017）．『人間はなぜ歌うのか？——人類の進化における「うた」の起源』アルク出版．

千田亮子・臼井裕美子・藤井栄子・太田一貴・根津知佳子（1992）．「即興活動における音楽的相互反応性に関する一考察（1）——感覚運動的段階の太鼓活動の指導」『日本特殊教育学会第30回発表論文集』pp. 762-763．

中村雄二郎（1984）．『術語集——気になることば』岩波新書276，pp. 29-144．

長崎勤・鈴木はるみ・八重田美衣・土屋恵美（1990）．「認知・語用論的アプローチによる言語指導の試み（Ⅳ）——ダウン症幼児に対する太鼓即興の音楽活動による共同行為の形成」『特殊教育研究施設報告』39号，pp. 43-54．

根津知佳子（2000）．「音楽活動における相互作用」日本音楽教育学会『音楽教育学研究2　音楽学習の実践的研究』音楽之友社，pp. 130-141．

根津知佳子（2002）．「音楽的経験に内在する〈ドラマ性〉」『日本芸術療法学会誌』Vol. 32, No. 2, p. 69．

根津知佳子（2003）．「音楽的場に内在するドラマ」『三重大学教育学部附属教育実践総合センター紀要』第23号，pp. 45-54．

根津知佳子（2009）．「感性システムの構造化とそれを基盤としたアクションリサーチ的アプローチの可能性の探求——感じる力を培う教育プログラムの開発に向けて」三重大学COE（B）報告書．

根津知佳子（2019a）．「"声を出すこと"による学び」『活動理論研究』第4号，pp. 29-38．

根津知佳子（2019b）．「音楽療法的アプローチ」『三重大学退職教員有志の会「春秋会」機関誌』第42号，pp. 38-41．

根津知佳子・川見夕貴・高橋順子・井上千本（2020）．「幼年期の音楽的経験に関する研究〜合奏支援を中心に〜」『日本女子大学家政学部紀要』第67号，pp. 7-16．

根津知佳子・川見夕貴・和田朝美（2021）．「音楽療法的アプローチの可能性と課題」『日本女子大学紀要　家政学部』第68号，pp. 27-36．

根津知佳子（2022）．「創造的音楽活動における表現と生活世界の往還」『日本女子大学紀要　家政学部』第69号，pp. 31-38．

橋本創一・安永啓司・大伴潔・小池敏英・伊藤友彦・小金井俊夫編著（2019）．『特別支援教育の新しいステージ——5つのIで始まる知的障害児教育の実践・研究』福村出版．

山住勝広（2017）．『拡張する学校——協働学習の活動理論』東京大学出版会．

第7章
高校生のアートをつくる授業に媒介されて
——高校生の日常（いま・ここ）からアートをつくる

浅野 吉英

　生徒が高等学校の美術の授業体験に媒介されて，自分の日常（いま・ここ）からアート表現をおこせるのではないかと実感し，アート表現文化の理解者以上の担い手になることも受容されてゆくような美術教育は可能だろうか。

　そう考えて，高校生自身でアートプロジェクトを計画し，実施する授業「今津プロデュース」を2009年より行った。この実践から考察したい。

　2018年3月まで高等学校の美術教員であった私はそのような思いで実践に向き合っていた。その後（退職後），活動理論を学び始め「いまだここにないものを学ぶ」拡張的学習の概念が教育活動における学習のみならず，芸術活動における創造性，新しい社会活動の出現，などを生み出す背景にある仕組みを理論的に考察する手がかりを与えてくれると直感し，実践研究の拠り所にしている。実践者として活動理論は，「どのようにすれば」という方法を教えてくれない。「どのように考え，構想することが可能か」といった自らが考える方法の前にある思考の手がかりを今・ここ（例えば学校の組織の中の教員として生徒たちの前に立っている）にいる私に示してくれる。活動理論は，教員が行為し，集団的な活動に関わる場面や社会的活動の実践家にとって，自身の実存と切り離せない理論として，身体的な感覚を伴いながら届くのである。

　とは言え，教員は，学校という数十人の教職員が前年踏襲型の型に教育活動を進めることが好まれている環境にいる。教員は，独特の空気感を伴う職員室文化の中で，教室に集まる生徒たちの姿を頭の中で再現しながら実践を構想している。教員にとって教科指導（教室での活動）は最も重要であり，教員としての軸足になる。学校では，教員には教科指導に加え，校務分掌という学校組織を運営するための役割が課されている。部活動の指導もある。私の場合，生

徒指導副部長，生徒指導部長，学年主任（3年），総合学科推進部の産業社会と人間担当（3年），学年主任（3年）という分掌を担当していた。11年の間に私が，兵庫県立西宮今津高等学校で担当した校務分掌である。校務分掌に割かれる時間は教科指導の準備以上にあり，学校行事の計画，生徒指導で直接に生徒の生活面に関わる重要な場面に向き合うことになる。学校での時間のうち，授業時間は，教科の領域である。それ以外の登校時，休み時間，学校行事，進路指導，放課後，などの生徒の生活に関係の深い部分は，後者の校務分掌の領域である。生徒が学校で過ごす時間のほんの一部でしかないのが美術の授業の時間である。

　教員を悩ませる問題の一つに学校の「ルール（校則）」がある。ルールに対する生徒の思いを共感し個人的に同意できても，学校組織の一員である立場との軋轢を教員は抱える。校則には教員の活動をやりやすくする「ルール」が多くある。「ルール」を共有することで生徒が安心して学べる環境づくりに役立つものもある。

　生徒の主体性を育てることに貢献（例えば生徒の自治，学び方，服装，携帯端末の取り扱い，など）する「ルール」は少ない。私の勤務した高校にも「校舎内では携帯電話を使用しない」という「ルール」があった。教員が見つけると携帯電話を預かることとなり，放課後生徒は，反省文を書かねばならない，というものである。しかし，携帯端末は電子辞書の役割もあり，ノートとしても使える。今やノートパソコンと同じ機能がある。授業中に出てきた難解な語句や関連する情報を携帯電話で生徒が調べている場面に教員が出会った時，教員は生徒の行為を学習ととらえるのか，「ルール」違反ととらえるのか。携帯電話を取り上げ，放課後に反省文を無理やり書かせることで，生徒の学習への意欲が損なわれることは明らかである。学校現場で勤務すると，このような出来事が連続的におこる。

　そのような場面で，活動理論は教員に考える道筋を教えてくれる。活動システムの一般モデル（第1章図1-1参照）に照らし，学校の集団的な活動を概念的な枠組みでとらえることで，教員は自身の置かれた状況をメタ認知が可能と

なる。一般モデルの下の部分は、「隠れたカリキュラム」(本書 p. 7 参照)に含まれるものである。一般モデルに照らすと「ルール」は、生徒が長期に渡る関心を持てるような「対象」に近づくために携帯電話が「道具」として機能するにはどうあるべきかを考える手立てになる。学ぶ主体は生徒である。生徒の学習を促進するためには、ルール変更が必要となる。

　「美術の授業に必要なことを調べるためならば携帯電話を使っても構わない。ただ、何のために携帯電話を使っているかは伝えること。これは、美術教室の中だけのルールである。ここを出たら通常の学校のルールになる」となる。一教員によって変更された美術教室の例外的なルールは、教員組織の中では問題になり、職員会議で説明を求められることになる。教員は学習のルールを決めてゆく当事者である。教員は生徒が主体となる学習につながる変革者であることが現状の学校システムの中で求められている。私の場合は、「授業に必要な時にのみ使っている」との職員会議での発言に情報科の教員も同じようにしている、と同調してくれたこともあり生徒指導担当者も了解し、合意形成された。授業担当者のよい授業をつくりたいという思いは、校則の上位にあるのである。教育現場では、教員が新しいことを始めようとすると、身体的な緊張を伴う発言場面の連続となる。教員の実存的な資質・能力が学校改革を下から上へと進める原動力となる。とは言え、私自身は、携帯電話や頭髪に関する校則に反対だったが変えることができなかった。まずは生徒指導にある軸足を進路指導に軸足を移すことを主張していた。

　今も、ゆきすぎた校則を何とかしようという声は続いているが、学校現場では、授業崩壊を恐れ、教師のための「ルール(校則)」重視へと強まるベクトルの力が弱まることがない。「校則」をゆるやかにすれば解決する問題ではなく、各学校の活動システム全般に関わる問題を含んでいるからである。伝統的な知識伝達を目標とする学校であれば、教室を静かにし、教員の指示を通りやすくする「校則」を守ろうとする。「校則」の扱いを変えてゆくためには、例えば、学習の主体は生徒であり、生徒の学びへの意識を高めるための「道具」開発だけでなく、「隠れたカリキュラム」としての「ルール」「コミュニティ」

「分業」といった教員や生徒にとって意識化されにくい領域の検討をも同時に見直してゆく持続的な議論を積み上げることが必要である。伝統的な一斉授業中心の教科学習を行うカリキュラム中心の高等学校の中で変革的なエージェンシーを獲得した教員は，どのように「校則」の問題と関わればいいのか。

　教員は，学校の活動システムを自身の主体性と生徒の主体性の立場から同時，多角的に，学校外の立場からも冷静に分析できるツールを持つことで，教員自身が置かれている軋轢的状況に対峙する準備を整えてゆくことができる。解決方法は，How to として目の前にはない。一教員として学校の教育をより良くしたいという変革的エージェンシーから始まり，協働の活動に支えられた学校改革と自身が担当する教科改革の持続的な活動の中に飛び込むことである。求められるのは，担当教科と学校の中での全ての活動の中に「いまだここにない」教育活動を求めてゆく教員の実存的なあり方である。

　活動理論では「ルール」も「コミュニティ」も「分業」も，学びの主体である生徒自身が長期にわたる関心としての「対象」に近づくために刻々と変えてゆく視点が生まれる。拡張的学習では，活動の過程で生徒自身が学びのデザインに関わってゆき，活動の中心にある学習の媒介物「道具」さえも自分たちでつくり変えてゆくことがおこる。「いまだここにないものを学ぶ」というこの活動のあり方は，美術教員から見ると，アートが生まれる過程と共通点が多い。活動システムとアートが生まれる過程はパラレルに対応するような構造的な類似点があると理解していいのだろうか。拡張的学習が生まれる過程とアートが生まれる過程はどこまで重なり合うのだろうか。そして，拡張的学習を生まれやすくする美術の授業実践を創造することは可能なのだろうか。そのためには，分析単位である「主体」「道具」「ルール」「コミュニティ」「分業」「対象」がどのようであればよいのだろうか。これから私の実践記録をたたき台にして，「拡張的学習」と応答しながら美術教育の可能性を探りたい。

　まず，高等学校の美術教育の置かれている課題について，「いま・ここ・わたし」から生まれる限界芸術と高校生，授業「今津プロデュース」の実践を紹介する。最後に，美術教育の可能性を考察する。

1　高等学校の美術の状況

（1）高等学校の芸術科美術の置かれている課題

　芸術科美術の中で取扱われる領域は，学習指導要領に沿った教科書では，美術史的に価値の定まった教養的な内容が中心である。授業では，その価値を追体験する題材が教室・学校内で完結し，文化創造に関与する接点がない点である。社会から閉じた美術の授業で，新しい文化創造を目指す世代が誕生し得るのか。高校生がつくるアートの創造や他者に向けた表現といった新しい文化を生み出す体験をすることなく，「心豊かな生活や社会を創造」[1]することができるのか。また，生徒にとって芸術文化に対する長期に渡る関心（エージェンシー）を育てることができるのか，という点である。

　二つ目は，全ての生徒にとって美術を学ぶことの意味は保たれているのかということである。

　必履修科目として学習指導要領の教育課程に残り続けることができるのか。芸術科目は，芸術大学という進路のために必要だから，という理由だけなら一部の生徒のためにあればよい，と考えられて選択科目になってよいと判断される。芸術を専門的に学ぼうとする生徒だけでなく，全ての生徒にとって学ぶ意味のあるものとしての芸術科美術をどのように位置付けたらよいのだろう。その意味を示し続けなければ，高等学校での必履修科目としての芸術科の科目はなくなってゆく。特に，文部科学省が「創造性」という言葉を使うとき，科学技術的な経済効果の高い「創造性」を意味する使われ方をしている。個人の多様な創造性が長い時間尺の中で現れる意味は風前の灯になっている。

　三つ目は，美術の専任教員が半数以上の高等学校からいなくなり，更に少なくなろうとする状況を変えられるかということである。

　少子化の中で各学校の入学者が少なくなる中で，各学校で美術を教える専任教員が更に減少してゆく。必履修科目としての単位数が3単位から2単位に平成20年学習指導要領が改定されて全日制高校における美術を教える専任教員（常勤講師を含む）の充足率は下がり続け40％を切る状況になっている。専任

教諭がいなくなった学校では，非常勤講師に切り替わり，学校組織に影響力を持つことは出来なくなる。

　四つ目は，美術教員は学校の中で変革的なエージェンシーを発揮できるかという点である。

　前年踏襲の慣習が強い学校組織の中で学校改革の出火点として新しいビジョンの立ち上げの中に芸術科美術を位置付けながら芸術科美術は学校組織の中で変革的なエージェンシーを発揮しながら，教員として教科の学習を構想できるのか。という課題である。

　これら四つの点を眺めた時，共通に関わるのが美術の授業の内容である。美術の授業をどのように構想することで四つの課題のみならず，生徒に芸術科美術の領域を取り込みさらにアート表現の学びの大切さを伝えることができるのだろうか。

　生徒が高等学校の美術の授業に媒介されて，アート表現が自分にもおこせる行為であると体験し，アート表現を生徒自身の生活場面でも生かせるような表現文化をあらゆる生徒の内に生成することは可能だろうか。

（2）生徒の意識

　これらの話に入る前に，生徒は高校の美術の授業にどのような意識をもっているのか，少し古いアンケートだが2009年の結果を見ると，高校生が芸術科の授業をどのような印象を持っているかが見えてくる。

　生徒にとって芸術の授業は「楽しい」「息抜き」「個性が発揮される」「創作」の時間としておおむね受け止められている。同時に，他教科の先生からもそのように見られていることが多い。進路結果を生徒は学習の成果ととらえ，教員は教育成果と受け止める価値観が圧倒的に優勢である。

　西宮今津高等学校において1年次生（235人／6クラス）1月（2014年）の進路希望調査で芸術系に進学希望を持つ生徒は38名おり，美術系希望が23名である。この時点で希望領域のアンケート調査をした。3学期がスタートする1月は，まだ，卒業後の進路は漠然としている。調査結果からわかることは，この時期に何に関心を持っているかである。

Q1　あなたにとって芸術の授業はどのような時間ですか。（複数回答可）

1　楽しい時間

2　息抜きの時間

3　心が和む時間

4　創作する字間

5　心の遊びをする時間

6　進路実現のために練習する時間

7　精神を鍛える時間

8　普段使っていない能力を使う時間

9　心を磨く時間

10　個性が発揮できる時間

11　知識を得る時間

12　その他

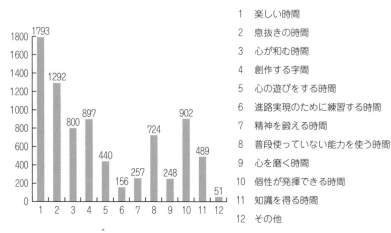

〈高等学校教育研究会美術，工芸部会2009年アンケート〉[2]

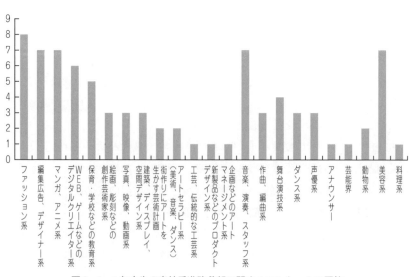

図7-1　1年次生の実技系進路希望に関するアンケートの回答

　上の結果は，この時点での生徒の関心を表している。これらの進路は，芸術の授業に限らず，他の教科であったとしても，授業の中で身につけた知識や技能というものが直接つながるかどうかは，わからない分野であることが多い。

　また，高校生が進路希望を語る時，将来〇〇になりたいからこの進路先にゆきたい，と答える傾向にある。高校生の立場からすると「将来〇〇になりたい」ということほど楽な意思表示のしかたはない。親や教師が納得しやすいからだ。自分も楽である。とりあえず「〇〇になりたい」と答えてはいるが，胸の内は，進路について悩んでいる。自分は，どのような分野に関わってゆきたいのか，社会にどうかかわってゆくのか，どんな働きかたがあるのか，など考えを巡らせている。その部分を人に伝えるのは複雑なので「将来〇〇になりたい」と納得させる。社会の中で「何を何のために行うのか」という，生きてゆくための根源的な問いは，自身の進路のことと同時に立ち上がる。自身の生き方のありようと結びつけて具体的に問う力がとても重要になる。高校での校務分掌の中で以下のように考え方を修正していった。

（3）探究学習を軸にすえたキャリア教育へ

　総合学科におけるキャリア教育は，自身に根差した思いから始まった問いを自身と社会との接点から問い，考え，リアルな活動へとつながるようになる。そうすることで自身が抱える悩みでもある将来の生き方を照らす手がかりにつながりやすくなる。これまで行われていたキャリア教育では，個々の内にあるモヤモヤした思いは無視せざるを得ない。なぜなら，憧れの進路を目標とし，目標実現のための学力習得計画を立て，実行し，点検する PDCA サイクルは，目標からはじまり努力と結果が求められるからである。難関大学合格のための受験指導に合わせてやらされるタイプの学習を自己目的化する仕組みになっている。同時に社会を支える生産性重視の労働に向けられた価値感を自己目的化する仕組みに共通している。個人の立場に立てば，思いをまず表現し，言語化するところから自身への気づきが始まる。探究学習では，生徒が自らの興味・関心に根差し，自分に根差したテーマを問いとして立て，社会と接点をつくり，体験・リサーチ・インタビューなどを交えた探究学習を行う。自身の関心に根

差しているので，生徒の学びは，ループ状に進んでゆく。学校外に出ることで自身による学びの再構築が必然的におこる。学びの方法の拡張である。また，学校外では，予期しなかった結果や出来事が必ずおこる。なぜだろうと考えることで自身のテーマが更新され，深まってゆく。こうして活動システムの「結果」は更新されてゆく。高校生が自身に根差した探究学習をすると受験勉強が出来なくなり，進路実現に躓くと考え，探究学習に消極的な教員も多い。けれど，実技系進路に関して言えば，自身が何に関心があり，何をやりたいのか，それにどんな意味があるのか，をはっきりさせてゆくことは進路実現後に常に問われるものであるし。進路実現の場面にも学ぶ動機や意欲や将来の展望を必ず問われ，評価されるので有効である。入試制度が多様化し実技教科系の進路以外でもこの傾向は広がっている。

（4）進路希望では見えない生徒の関心の領域

　アンケート結果から見えるのは，高校生が進路先として関心を持つのは，鶴見俊輔の分類に従えば，「大衆芸術」領域である。自身の好きな領域で仕事を見つけたい。経済的にも苦しくない生活をしたい。けれど，受験勉強に時間を割くことはしたくない。

　総合学科に入学する生徒の多くは，実技系の進路希望があるからと言って教科学習が苦手なわけではない。「嫌なことや苦手なことでなく，自分が好きなことをやり続けられるような進路を選んでほしい」と考える保護者も増えている。生徒も自分の体験から人に喜んでもらうようなことをやりたいと入学時から思っていたりする。大学に進学する学力があっても専門学校に進む生徒が多いのが総合学科の特徴である。

　美術の教科書で紹介されている領域を「純粋芸術」とすると，「純粋芸術」として絵画や彫刻に関心をもつ生徒は，3名である。多数の生徒の関心は新しいものをつくる領域があり，仕事としても成り立つ「大衆芸術」の方向に向いている。

　鶴見俊輔は，『限界芸術論』の中で，芸術を「純粋芸術」「大衆芸術」「限界芸術」（p. 6）の三つに分類し，芸術の体系という表をつくっている。その内容

は，現在の文化からするともはや古典である。けれど，「純粋芸術」は，美術館に展示される作品，ホールで上演される音楽・舞台・身体表現・映画などの芸術のことである。「アート」という言葉はこのような「純粋芸術」も含みながら広く使われている。社会に次々に登場する「アート」を概念の枠に閉じ込めることは不可能である。「アート」は次々に形を変え，概念を変え続け，人や表現のおもしろさを伝える人工物として更新し続けるからである。「大衆芸術」はほぼ「アート」と呼ばれている。「限界芸術」の中にも伝統的な形式と異なる個人的な表現性や職業性があれば，「アート」と位置付けられてゆく。つまり，「アート」は拡張性を伴っている。拡張した「アート」が職業として成立し，職業人数が増えてゆくと専門の学校が生まれて高校生の進路希望にもなってゆく。

「アート」という言葉の意味をわかりやすくするためにも，ここで，鶴見俊輔の「純粋芸術」「大衆芸術」「限界芸術」という分類を見てみたい。高校生が「いま」「ここで」「わたしから」つくり出せる「芸術」を考える手がかりを与えてくれるからである。つまり，現代の「限界芸術」と呼ばれるものの中から高校生が「アート」を生み出す可能性がある。

　　「純粋芸術は，専門的芸術家によってつくられ，それぞれの専門種目の作品の系列に対して親しみを持つ専門的享受者を持つ。大衆芸術は，これもまた専門的芸術家によってつくられはするが，制作過程はむしろ企業家と専門芸術家の合作の形をとり，その享受者としては大衆を持つ。限界芸術家は，非専門的芸術家によってつくられ，非専門的享受者によって享受される。」　　　　　　　　　　　　　　　　　　　　　　　　　　　　　（p. 7）

　　「昭和のはじめには，『民俗芸術』という雑誌が出され，各地の盆踊りだとか，こけし人形のつくりかた，さらにいれずみの写真，などが扱われている。」「限界芸術の種目をならべるとなると，盆踊りやこけし人形だけでなく，いれずみ，盆栽，箱庭から，おしんこ細工，花火，草履の鼻緒のハナネジリ，角ムスビさらにはまた，米一粒の上にいろは歌を筆で書く細字芸術などもあげることが必要になり，こうした興味のもちかたが当然に，

表 7 - 1　芸術の体系

芸術のレヴェル／行動の種類	限界芸術	大衆芸術	純粋芸術
身体を動かす →みずからのうごきを感じる	日常生活の身ぶり，労働のリズム，出ぞめ式，木やり，遊び，求愛行為，拍手，盆おどり，阿波おどり，竹馬，まりつき，すもう，獅子舞	東おどり，京おどり，ロカビリー，トゥイスト，チャンバラのタテ	バレー，カブキ，能
建てる →住む，使う，見る	家，町並，箱庭，盆栽，かざり，はなお，水中花，結び方，積木，生花，茶の湯，まゆだま，墓	都市計画，公園，インダストリアル・デザイン	庭師のつくる庭園，彫刻
かなでる，しゃべる →きく	労働の相の手，エンヤコラの歌，ふしことば，早口言葉，替え歌，鼻唄，アダナ，どどいつ，漫才，声色	流行歌，歌ごえ，講談，浪花節，落語，ラジオ・ドラマ	交響楽，電子音楽，謡曲
えがく →みる	らくがき，絵馬，羽子板，おしんこざいく，凧絵，年賀状，流燈	紙芝居，ポスター，錦絵	絵画
書く →読む	手紙，ゴシップ，月並俳句，書道，タナバタ	大衆小説，俳句，和歌	詩
演じる →見る 参加する	祭，葬式，見合，会議，家族アルバム，記録映画，いろはカルタ，百人一首，双六，福引，宝船，門火，墓まいり，デモ	時代物映画	文楽，人形芝居，前衛映画

出典：鶴見（1967, p. 70）。

　一部のモノズキな人だけのもちうる関心の形をとるようになっている。」

(p. 9)

　表 7 - 1 に引用する「芸術の体系」の表に高校生の進路希望を入れると

「ゲーム」「アニメ」「広告」「WEB」「ファッション」などは大衆芸術に入る。
「限界芸術」は，職業的な進路とは，現時点では直接的に結びつかない。

（5）「限界芸術」は「いま・ここ・わたし」から始まる

　上記のように鶴見俊輔は「限界芸術」の具体物を分類している。本が出版さ
れた1967年の具体物は50年以上経た地点から振り返るとすでに途絶えた文化的
産物になっているものもある。鶴見は「限界芸術」の実践者として，柳田国男
や柳宗悦にも触れながらも，宮沢賢治を中心に記述している。「限界芸術」が
専門的芸術家によってではなく一般の人，普通の市民，高校生たちにも通じる
私たちが主体となる芸術であることを次のように述べている。

　　宮沢賢治の芸術観は，次の三つの要素についての彼らしい把握によって
　成り立つ。
　⑴芸術をつくる状況　自分の今いる日常的な状況そのものから，芸術の
　創造がなされなくてはならない。（同 p. 38）…（中略）…その例として農学
　校時代の賢治の「修学旅行復命書」がある。…（中略）…ここには北海道
　へ行った修学旅行の生徒たちのありさまが記録されている。また，北海道
　で見たことと全てが故郷岩手の労働や生活が別の見方でとらえられ，生活
　に新しい意味をもつようになる様子が描かれている。…（中略）…修学旅
　行を通してつくられる生徒とつくられる人間関係のドラマが宮沢にとって
　の限界芸術である。　　　　　　　　　　　　　　　　（同 pp. 39-p. 43）
　⑵芸術をつくる主体　宮沢賢治にとって，芸術をつくる主体は，芸術家
　ではないひとりひとりの個人，芸術家らしくない何らかの生産的活動にし
　たがう個人であった。　　　　　　　　　　　　　　　　　　（同 p. 47）
　⑶芸術による状況の変革　宮沢賢治においては，芸術とは，それぞれの
　個人が自分の本来の要求にそうて，状況を変革してゆく行為としてとらえ
　ている。　　　　　　　　　　　　　　　　　　　　　　　　（同 p. 54）

高校生が，「いま」「ここで」「わたしから」つくり出す「芸術」をこの「限

界芸術」の三つの要素に照らしてみると，(1)高校生の今いる日常的な状況から芸術の創造がなされる。(2)一人一人の高校生が芸術をつくる主体となる。(3)高校生が本来の要求に沿って状況を変革する行為としてその芸術表現をとらえる。ということになる。つまり，宮沢賢治が試みた「限界芸術」の芸術観に照らしたとき，高校生の社会的な活動を伴った芸術活動は十分に実現可能である，と「限界芸術」は教えてくれるのである。

2 実践が行われる・物理的環境・心理的環境

（1）教室・普通教室

　高等学校の実践は教室から始まる。とは言え，その教室は今も昔も変わらず，均一的である。黒板にチョーク，教壇，教卓があり，40名の生徒が7列に机を並べて，黒板の前に立つ教員に向き合っている。座る場所によっては，同級生の顔が見えない。見ることが許されるのは，黒板と教員と机の教科書とノートであると空間が訴えてくる。机の配置を変えればグループワークは可能である。けれど，教室に40人が入ると可能な机の配置のバリエーションには限りがあり，40人は対話をするのに多すぎる。教員が工夫すれば可能かもしれないが，制約の中，一斉授業が一番自然な授業形態，と考えてしまうのが普通教室の特徴である。

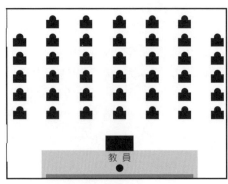

図7-2　教室の机配置
（40人学級の標準的な机の並び）

（2）美術教室

　実技を伴う教室は，通常普通教室の1.5倍か2倍の広さがあり長方形であることが多い。普通教室に比べ，机の配置を考える自由度は高くなる。また，作業用の大きな机に4人が座る学校もある。生徒が美術教室でどのような形に座ると良いと考えるのは，授業担当者が，どのよ

うな学習の形態を大切にするか，に
よって決まって来る。

　私の場合，教員と生徒との対話を
おこすことから始めて，生徒同士の
相談，意見交換，話し合い，を大切
にしいと考えた。対話の条件は互い
の顔が見え，適度に親密な距離感が
生まれる物理的条件と自由にものを
言えるリラックスできる心理的条件
が必要である。そこで，縦長の教室
を横に使い生徒の机を3列の扇型に
して生徒同士の顔の表情がわかるよ
うにして，教員が動き回ることで，
後ろの座席と思えるイメージを消し
てゆく。線で囲ったような3人グ
ループを座ったままでつくれるよう

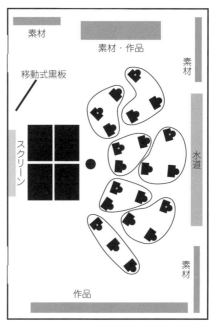

図7-3　美術教室の机配置

にした。3人で話し合った内容を白点のある生徒が教室のメンバーに発表し教
室の全グループでの話し合いを共有し合う。相談し合うことで，先入観にとら
われないようにしたり，アイデアや方法を拡げるような場面に適している。ま
た，さまざまな素材や制作中の作品，道具の場所が一目でわかるような環境に
する。

（3）教室の安心感

　美術教室などの特別教室は，昼休みや，教員がいない時は鍵を閉めるという
学校の「ルール（校則）」があった。けれど，クラスの教室の居心地が悪いと
感じる生徒も多かった。一般に美術系が好きな生徒は内気で対人関係に苦手意
識を持つ生徒が多い。放課後の美術室を活動場所としている美術部員が特にそ
うだった。教室では自分の興味ある世界を共有できる仲間がいないという。着
任してすぐに美術部員から「お昼に美術室でお弁当食べていいですか？」とい

う声が上がり，朝から私が帰るまで鍵を閉めないことにした。その代わり，美術部員に教室の管理をお願いする。すると美術教室は昼休みや放課後に20人ぐらいの生徒が常に集まる場所へと変わっていった。教室は，好きなアニメや声優の話題で大変にぎやかになった。「教室のことはお願いします。」と言って職員室や会議に出ても備品の盗難などはおこらなかった。多数の生徒が集まっていると生徒間に信頼の空気が醸し出されてゆくようになった。また，多数の生徒がお昼休みに集まることで「こんな企画があるけどどう思う？」と校外の活動に誘いをかける時間にもなった。でも一番の収穫は，何も聞いていないふりをしながら聞こえてくる生徒たちの学校や教員や友人への本音の話が耳に入ってくることだった。

（4）対話による鑑賞から学ぶこと

　対話は，学校教育の教科学習の中では，長年の歴史がある。特に，国語や社会の先生は授業を深めるためのあたりまえの「道具」として使いこなす場合が多い。けれど，美術の授業研究では対話そのものを意識的に取り扱われたことがこれまでなかった。非言語的な造形の持つ意味を大切にしたいという空気が強かったのも一因である。また，総合学科の中でも，対話の方法がわからずディベートを重視する教員が多くいる。美術鑑賞の授業では西洋美術史の知識的な面を伝え，小テストをしたりする授業や，担当者の尊敬する芸術家の作品に力点が入ったり，制作のための参考作品として取り扱われる中に鑑賞的な要素が組み込まれる授業が多くみられた。2008（平成20）年に「各教科における言語活動の充実」が中央審議会から答申される。美術でどのように言語活動を充実させるのか，という議論が本格的におこっていく。2009年に全国大会を予定していた兵庫県教育研究美術工芸部会では，このよう動向を見据えつつ2002年より，鑑賞教育の取り組みに加わった。この年の4月に開館した兵庫県立美術館（安藤忠雄氏設計）(3)講堂で，上野行一氏に「対話による鑑賞」をテーマとした基調講演の後，常設展示作品を使ったギャラリートークを芸術3科合同の研究会で行う。ファシリテーターは，兵庫県の美術教員14名が担当する作品を決めて行い，音美書の先生たちも14のグループに分かれてギャラリートークをした。(4)

　このギャラリートークはニューヨーク近代美術館（MOMA）においてアメリア・アレナスが始めた「一緒に楽しみ」「共感し支援し」「対話を深め」「自身のことばを生み出す」鑑賞プログラムである。（以下『まなざしの共有』より）

　　ギャラリートークは，1枚の絵をじっくり観察してもらい，進行役が「これは何だろう？」と質問するところから始まります。…中略…（参加者が答えると，進行役は共感し）「どうしてそう思ったのですか。どこを見てそう思ったのですか。」聞いてあげることです。そうすればこどもは，自分自身なぜそう思ったかを考え始めます。　　　　　　　　　（同 p. 37）
　　作品に関する知識を提供する鑑賞ではなく，初めて出会った作品を凝視し，自分なりにその意味を考えて，発見し，他者との対話の中でさらに見方を深めたり拡げたりして，作品の理解という問題を解決してゆく。
　　　　　　　　　　　　　　　　　　　　　　　　　　　　　　（同 p. 21）

　美術の場合「どこを見てそう思ったのか。」という質問が重要になる。手触り感のある本物の絵画，立体作品のどの部分を見て「そう思った」のか，指さすのでなく言葉で参加メンバーに伝えて，同時に「そう思った理由」を自分のことばで話してゆく。参加者は物質でありイメージを表象する画像に向き合い，身体的経験から生まれている「ことば」をその場で生成してゆく。これは，参加者にとって，作品に媒介された「ことばの創造」という意味も持っている。というのも，ギャラリートークの中で，進行役は，参加者と同様に，その場で話したり，互いに対話したりする応答の中で，進行役自身も参加者の意見に共感したり，作品の新しい見方を発見したりする経験を同時にしていくからである。作品から何が読み解かれてゆくのかは，進行役にもわからない。未知の見え方やイメージを発見する領域が作品にはあると理解しているからである。そういう未知な領域がことばで拓かれてゆくと対話は探究的な「道具」として「創造」を引き寄せるものになる。

　　教える側と学ぶ側に二分され，知識の伝達に終始するような授業やトー

クでは，自ら学び自ら考える力つまり「生きる力」は育たない。授業や
トークを知識が生まれる場ととらえ，観衆（参加者）の一人一人をその創
出の場に居合わせるその場の一員，という発想が必要だろう。

（同 p. 50）

「授業やトークを知識がうまれる場」ととらえるのは，作品に媒介され生ま
れた「ことば」や「見方」が人によって異なることがわかり，他者理解につな
がるからである。「何を見てそう思うのか」も他者理解につながる。また，作
品のどの部分を見てそう思ったのか，と具体的に問われることで，より作品を
観察することになり，対象を細かく見ようという姿勢だけでなく，自分の勝手
な思いを話すのではなく，具体的なものを拠り所として物質的な対象とつな
がった言葉に意味があるからである。

　私は，対話による鑑賞の進行役は高校生にも出来るのではないか，と考えた。
というのも，自分自身の高校時代を思い出すと，友だちや先輩とアート談義を
盛んに行っていたからだ。自分の思いを出し合うだけでなく，「どうしてそう
思うのか？」と，互いに質問し合い，会話が対話になり，話す内容が深まって
ゆく経験から互いに感化し合う関係が生まれると思えたからである。私が高校
で出会う高校生たちの姿から感化し合うことがあるのだろうか。と感じていた
からである。

　西宮大谷記念美術館の展示作品を使った対話による鑑賞ワークショップにつ
いて簡単に紹介する（詳細は浅野 2009 を参照）。概略は，8 人の高校生が進行役
をして本物の作品を前に一般の来館者とともに対話による鑑賞ワークショップ
を行う，とう実践である。大谷記念美術館に進行役をするための準備のために
何度も通った。その度に，8 人のメンバーで進行役と教員や時には学芸員が生
徒と共に参加者となって，対話による鑑賞ワークショップを繰り返した。人前
で話すことが苦手な生徒も次第に作品について話し始める。また，進行役も発
言に対して「どうしてそう思いますか。」「何を見てそう思いましたか。」など

と質問することを驚くべきスピードで身についてゆく。始めのうち進行役に困惑し，進行役として何を話したらいいのか，と焦っていた生徒も次第に余裕を持って取り組めるようになる。「話す内容を自分が準備する必要はない」と気づくからである。対話による鑑賞ワークショップの練習中にお互いが発言することは日によって変わってゆく。シナリオは一切なしである。8人は，練習するたびに仲良くなってゆき，本番後，仲間としか言いようのない関係ができあがった。

　対話による鑑賞ワークショップの中で，何を感じたのか。どうしてそう感じたのか。あるいは，何を考えたのか。どうしてそう考えたのか。と問われ，即興的に言葉にしてゆく時にその人の生のリアリティが現れる。今，この場で，その人から生成された「ことば」をそこに居合わせた8人が受け止めあったからである。そのことで，互いの存在を認め合うことが出来たからではないかと振り返っている。

　このように，対話による鑑賞は，美術史的な意味を伝えるためだけのものではない。自分自身が見たものを手掛かりにして，その場に居合わせた参加者が，さまざまなものの見方を発言することに刺激を受けながら，自分自身のことばで見たものの意味や価値を生成する内的な運動を活性化する。また，集団に媒介されて，対話は協働的なコミュニティの関係性を育てる働きを持っている。

　　（対話による鑑賞・ギャラリートークは）作品の価値を「教えよう」「知ってもらおう」とする従来の教育観ではなくて，鑑賞行為を通して「一緒に美術を楽しむ」「共感し支援する」という教育観に基づいた鑑賞プログラムである。
　　　　　　　　　　　　　　　　　　　　　　　　　　　　　　　　（同 p. 20）

（5）高校生を対話による鑑賞の進行役にする

　対話による鑑賞は美術教育に今も影響力を持ちながら各地で実践されている。私は，鑑賞場面のみならず，授業の題材を生徒に提示した後，生徒が個別なイメージを育てる場面や授業を進めてゆく方向性がいろいろある場合には，対話的に授業実践をつくれないか，と考えるようになった。高校生と対話する中か

ら，個々の生徒がよりつくりたいものに近づくよう題材設定を流動的に考えて，授業の中で，高校生の生み出す表現やアートを教員として協働しながらつくりたい，と考えるようになった。これを自分で「アートおこしの美術教育」と名付けて，今・ここ・高校生からアートがおこる実践に取り組もうと「今津プロデュース」という学校設定科目をつくった。もちろんどの美術系科目でも「アートおこし」は可能である。けれども「芸術」「アート」は社会的な活動である。学校の校舎内での活動は，社会的活動と言えないし，アート表現には他者との交わりが必要不可欠だからである。

（6）授業「今津プロデュース」

① 高校生の表現の舞台を商店街につくる

　高校生が「アートプロジェクト」をつくる体験を授業の中で1年かけて取り組む。学校外の地域に出てアートプロジェクトをつくる活動の中で，創作物が生まれる過程や，自分たちの創作物に対し学校の外にいる住民から直接感想を投げかけてもらえる場面をつくる。なぜなら，「アート」が生まれるのは見知らぬ他者から共感を作り手に返された時に作り手の内側で生まれるからである。教室で創作するものの限界は，作ったものを教員が評価するところにある。

　そう考えたのが2007年，転勤直後の兵庫県立西宮今津高等学校は，普通科高校から総合高校に改編され総合学科1期生が入学した年だった。転勤してすぐ教務部長より，新しく美術系の授業科目を増やしませんかとの依頼もあった。その年度内に，授業「今津プロデュース」を以下のように学校設定科目として県に申請した。総合学科1期生が3年次生になった2009年より授業「今津プロデュース」は始まる。

② 学校設定科目として

教　科　名	芸術科
科　目　名	今津プロデュース
科目の目標	美術（アート）が人と人との間にゆるやかな繋がりを作り出してゆく過程を，近隣地域での参加型アートプロジェクトの企画，準備，実践を通して，美術の可能性を体感，

	理解し豊かな芸術観を持つ。
科目の内容	地域のこどもたちを巻き込み，かつ，地域の特性を生かしたアートプロジェクトの実現に向けて，地域文化，こどもの原画の拡大デザイン，商品企画などの学びの要素を加えながら準備，実践し，達成感を味わう中で，アートの持つ人や社会への意味を考える。
単　位　数	2単位
理　　　由	高校生が美術（アート）の楽しさ・意味・社会的な可能性を自ら実感する体験を生むために地域でのアートプロジェクトを実践するという責任を負い，実現に向けた妥協を許さない取り組みをすることで達成感を得，かつ，本物の地域文化を授業から生み出す可能性があるため。

↑学校設定科目申請資料より

③「今津プロデュース」で取り組んだプロジェクト（2009〜2019年）の概要

年度	生徒数	テーマ	内容
2009年	23名	・西宮市地域探究 ・甲子園観光プラン ・商店街応援プロジェクト 　〜アリガトゥース〜	・地域のいいところを発表共有 ・地域の良さを観光プランにする ・商店街の応援看板をつくる
2010年	15名	・商店街の顔プロジェクト 　〜笑顔を集めるプロジェクト〜	・商店街の良さを話し合い，店主の顔が見えるところがいいという結論になりお店を取材して各店舗の店主の顔を大型パネルにして各店舗の前に飾る。〜子どもの笑顔イラスト飾る〜
2011年	22名	たてじまアートプロジェクト 2011	・近隣の保育園・幼稚園・小学校に呼びかけて子どもたちからのイラストを集め高校生がたてじまデザインし商店街に展示する。
2012年	20名	たてじまアートプロジェクト 2012	・子どもと高校生の共同創作「たてじまアートボード」 ・フィギュアを使った創作えびすかき
2013年	17名	たてじまアートプロジェクト 2013	・子どもと高校生の共同創作「たてじまアートボード」 ・フィギュアを実物大人形にした創作えびすかき ・地元応援歌「じびきあみーゴ」
2014年	7名	たてじまアートプロジェクト 2014 　〜いもづるつながり〜	・子どもと高校生の共同創作「たてじまアートボード」 ・オープニング企画 ・フィギュアを実物大人形にした創作えびすかき ・地元応援歌「ぼくらのまちコウシエン」
2015年	14名	たてじまアートプロジェクト 2015 　〜高校生がゆくモダンに傀儡〜	・子どもと高校生の共同創作「たてじまアートボード」 ・オープニング企画 ・創作えびすかき2作品創作 ・高校生傀儡の旅

			・甲子園モダニズムまち歩きから地元応援歌「ダン・モ・ダンダン」つくり ・尼芋プロジェクト
2016年	23名	たてじまアートプロジェクト 2016 〜えびすさまあなたはだあれ？〜	・子どもと高校生の共同創作「たてじまアートボード」 ・オープニング企画 ・えびすの教室（5回） ・甲子園寅舞創作 ・「じびきあみーゴ」で創作盆踊り
2017年	18名	たてじまアートプロジェクト 2017 〜あそびの力をアートにする〜	・子どもと高校生の共同創作「たてじまアートボード」 ・オープニング企画 ・あそびの力をアートにする ・甲子園寅舞
2018年	12名	たてじまアートプロジェクト 2018 〜あそびの力をアートにするⅡ〜	・子どもと高校生の共同創作「たてじまアートボード」 ・あそびの力をアートにする
2019年	26名	たてじまアートプロジェクト 2019 〜やってみたいをアートにする〜	・子どもと高校生の共同創作「たてじまアートボード」 ・やってみたいをアートにする ・いっしょにつくろラボ

④ 授業「今津プロデュース」で毎年行う地域の子どもとの共同創作

　2009年より始まった授業「今津プロデュース」での「アートプロジェクト」の中で，毎年変わらずに取り組んでいるのは，子どもとの共同創作によるアートボードつくりである。

　アートボードの制作場面では，集まった子どもたちのイラストの中から高校生がイラストを選び，こどもの原画を正確に拡大し，たてじまのストライプを取り入れた構成で高校生が色を塗って仕上げる。完成したアートボードは，商店街のアーケードに約1カ月間展示する。展示の後半には，アートまつりを企画し，原画を描いた子どもたちを招待し，商店街の共同作品を鑑賞し合う。アートまつりの当日に子どもその家族とはじめて対面する。こどもや家族から「すごくいい！」などと感想を聞かされると制作や展示にかけた苦労が報われるだけでなく，アートボードを通して互いの気持ちや心を伴った温かいコミュニケーションが生まれる。このような瞬間にアートが生まれている。下の画像は，アートまつりの対面の数日後に，こどもの保護者が，お母さんとこどもの手紙を授業に郵送されたものを読む生徒である。アートプロジェクトの過程で生徒の活動が急に変容するタイミングは次のような時である。

- アートボードで連携した子どもから手紙が届いた時。
- 商店街への展示3日前から前日に未完成の作品が劇的に仕上がってゆく。
- 2学期に入り授業メンバーが仲良くなって協働で作業ができるようになった時，さまざまな準備がメンバーの力で効率よく行われるようになる。
- アートまつりの3日前から前日に自分が担当している準備物やこどもとの応対の準備がはかどる。
- アートまつりでステージに立つ時，ほぼリハーサルなしでいきなり本番を迎えることになる。十分に練習した成果を出すのではなく，即興的に対応して進行役などをすることになる。

Sさんのイラスト

2104年できあがったたてじまアートボード

いただいたお手紙を読む高校生

Sさんからの手紙

　このような，アートボードの制作，展示，交流は毎年の定番的活動として継続しながら，年度ごとに地域の掘りおこしから見つけた文化的なものを高校生のアートに作ってゆく取り組みをした。その一つが高校生による創作「えびす

かき」である。

⑤　西宮の途絶えた文化を掘り起こし高校生がアートとして創作する

ア　「えびすかき」はどのような芸能か

　兵庫県立西宮高等学校は，兵庫県西宮市にある。西宮にはえべっさんで有名な西宮神社の総本山がある。「えびすかき」とはどのような芸能か？

　西宮発祥と言われる「人形あやつり」芸能の「えびすかき」は，蛭児大神を祭る西宮神社のえびす信仰を普及する芸能として発達する。芸能を担った傀儡師（くぐつし）は，西宮神社北に隣接する産所（散所）町に平安後期より住んでおり，西宮神社に仕えながら全国を巡業していた。首からぶら下げた箱の中のえびすの人形を一人であやつる芸能「えびすかき」は，室町後期に最盛期を迎える。その後，京都で人形浄瑠璃が生まれ，芸能文化としての人形あやつりは大阪の文楽として劇場表現として洗練され，また，全国を小屋掛芝居として巡業する淡路の人形浄瑠璃へとそれぞれ発展してゆく。

首掛け芝居（『戯場楽屋図絵』）　　西宮市産所町にある傀儡師像

　西宮のえびすかきは，近隣での公演を中心に行っていたこともあり，江戸時代後期の天保には衰退し，傀儡師たちも四散し，明治中期の公演を最後に途絶えてしまう。産所町に祭られていた百大夫神社は西宮神社に移され現在では，西宮神社北の傀儡師の像に当時の面影をしのぶことしかできない。

イ　高校生創作フィギュアえびすかき誕生

　この失われた芸能を復活させようと現代のアニメキャラのフィギュアを使った高校生の創作による人形劇の創作を取り組み始めた（2012年〜）。毎年新しいストーリーを創作する。高校生創作の「フィギュアえびすかき」は，たてじ

まアートプロジェクトの中だけでなく，西宮大道芸まつりなどでも上演するようになった。何年か続けてゆくと，全国を巡業する傀儡子たちはどのような旅をしながら「えびすかき」を演じていたのか。2015年の授業「今津プロデュース」の中で，高校生の創作「えびすかき」を路上で上演しながら傀儡子のように巡業すると，どのような出会いや体験が生まれるだろう，という思いが，授業担当者の中で高まってきた。その企画を進める中で，芸術家の林僚児さんも授業に加わりながら，シナリオ創作の授業，前日の準備，高校生傀儡師が西宮から淡路島，小豆島へと5か所で巡業する2泊3日の旅に同行してもらった。同行した林僚児さんは，沖縄のコザの商店街に10年間住み，地域を掘り下げながら埋もれた記憶をお祭り的な作品に変える経験を持つ芸術家である。

ウ　高校生傀儡巡業の旅：創作人形操り芝居のための台本をつくる5月の授業

　おもしろい台本のアイデアをグループの中で出し合い，原案をつくる授業を林僚児さんに協力の下に，生徒たちが狸に化かされるような展開で行った。授業に突如お狸様が現れるのだ。

〈生徒が台本作りに悩んだり困っている所をお狸様に質問しながら授業は進む〉

アーティスト林亮児氏の授業体験記

　今日は朝から甲子園球場のある今津高校でおたぬきな授業してきました。西宮えびす神社の傀儡人形にちなんだアートプロジェクトをされてる浅野先生に招かれて。高校生がつくった現代傀儡アスカに団三郎狸が惑わされるの図。

　傀儡人形と狸提灯，よくよく考えてみると面白い。狸提灯は傀儡人形ともいえる，人形と傀儡師が一体化した形，傀儡の進化形といえないでもない笑。なんて妄想に

耽っていると，授業が始まり浅野狸先生が「人だけではなかなかいいアイデアが出ないので人を超えたお狸様の力を借りよう。お狸様出ておいで〜」なんて粋な振りをするもんだから，ついつい狸提灯で登場してしまい，「淡路島から甲子園浜に流れ着いた狸でござる〜」なんて裏声で自己紹介，狸提灯から出ることが出来ないまま授業が進行！笑。淡路島の国生み神話で流されたヒルコが鳴尾浜の漁師に拾われえびすとして祀られて西宮の神様になる伝承になぞらえているあたりが即興で考えたにしては上出来！授業はグループに分かれて，どんなマツリにしたらいいか，どんな傀儡をつくるか，相談してアイデアを発表していく流れで，その度，お狸様どうでしょうか？と振られ，御告げのように裏声で褒めるという授業展開に。

　最後の方はもう裏声が出なくなって語り始めてしまったり。最後に「では，お狸様今日はありがとうございました。出てきてみんなに顔をみせてください。」と振られ，はいキターとおもいながらも，もうひと化けしてやろうと，さきほどの妄想を活かして，バサリと提灯をはだけ，「われこそは狸人形を操る傀儡師〜狸狐でござい〜」と見得を切る…ちょっとシーン，となったので，顔に被った狸狐面を外して普通に挨拶した方がいいかなと思いつつも「最後まで正体は見せないぞ」なんて言いながら終わりました。解散した後，数名の女生徒が近づいてきて「わたしお面に興味あるんです作りたいので見せてください」とおねだりされたのでお面を外して渡してしまうという失態，一杯食わされた。ヒゲっとかおっさんとか意外とでかいとか意外と目が輝いてるとか，提灯被ってみた女生徒の感想が「臭いっ」だったのもガツンときた笑。教頭先生にすごい仕込みありがとうございましたと言われ，いやいや即興の思いつきです〜逆に大丈夫でしたか？と盛り上がる。教頭先生は実は，上方落語の巨星，桂米朝師匠の息子さんで，いろんな話をしながら，鳴尾浜へ案内されたり，最後まで送ってくれました！　本日の様子は朝日放送のキャストという番組でいつか放映されるそうです笑。(結局放送日前日に台風災害があり放送されなかった)

エ　笑いの中から創作台本ができる

　林僚児さんが即興力を発揮し，悩みを何でもお狸様に聞いてみる授業は，笑いの連続で，教室の空気は楽しみながら，面白いアイデアを集中して出し合う空気になった。笑いながらも創作が進む二度と出来ない授業となり，ユニークな台本が生まれた。

　一つは，石礫（いしつぶて）を操る悪い神様が人びとを苦しめているが，人びとの苦しみを知ったエビスが悪い神様と野球による真剣勝負をする，というもの。石礫をボールに見立て（阪神甲子園球場から最も近い高校なのでこうなってしまう），悪い神様の投げた石礫のボールをエビスが手にする鯛で打ち返しサヨナラホームランを打つ，という台本である。この台本は，「たてじまアートプロジェクト 2015」のオープニングで商店街で上演された。

　もう一つが，七福神レンジャーの毘沙門がライングループから仲間外れになっている疑念がふくらみ黒子を使って町を破壊しようとする。そこにエビスが現れ，鯛を釣り上げ誤解が溶けてゆく，という台本である。この台本を創作したグループが二泊三日の大道芸の旅をする。

　ユニークな二つの台本のアイデアは，この授業の中でどうして生まれたのだろう？　今でも理由がわからない。お狸様になり切ったアーティストと生徒との応答が，生徒の想像，空想，が広がり，神様としてのエビスのイメージをステレオタイプとは異なるイメージを生み出したのかもしれない。突然学校の美術教室に現れたお狸様に媒介されて生徒のエージェンシーが集団的に高まり創作に力を与えたと推測している。

オ　旅の前日準備中に生徒が変わり，教員は生徒と同列に

　6月，授業「今津プロデュース」の生徒・保護者に向けて，二泊三日の日程で行く傀儡の旅参加募集を行った。高校生が創作した「えびすかき」を西宮神社，淡路島洲本，小豆島5か所で上演しながら8月28日，29日，30日に巡る旅である。七福神レンジャーの台本を創作したグループから5名が参加することとなった。夏休みに道具作りとリハーサルをするため準備のため2回の登校日を設定する。1回目の準備日には，5人中2名程しかあつまれず，準備が大幅に遅れた。最終の準備日である出発の前日になっても衣裳が未完成だった。ところが，午後3時頃に林僚児さんが学校に到着して，メンバーが急に元気になって，一気に仕上がっていく。5時にはリハーサルも出来た。配役は5名必要である。リハーサル直前にメンバーに配役を聞くと，Fさんが演出と音響をやるから黒子役を誰がやるかが宙に浮いていた。結局，教員の私が黒子役となって，黒い被り物を身につけて，出演することになる。Fさんの演出の下，

生徒と一緒に『それゆけ七福神レンジャー』の一座の一員となったのだ。翌日からの巡業の旅である。旅には，西宮で途絶えた芸能としての「えびすかき」を徳島に残る箱廻しの人形操り芸能を参考に再現して活動するえびす座の二人にも同行してもらった。

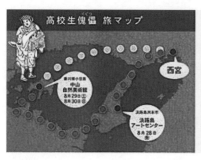

カ　旅の目的

　芸能は，どのようにして誕生したのだろう。傀儡師と呼ばれる人はどのような人だろう。芸能が現代においても力をもつとすれば何が大切な表現要素となるのか。高校生が傀儡師になり旅で巡業することで私たちに生まれる意味は何だろう。

　これからの傀儡の旅の中で，高校生が各地で創作えびすかきを披露する旅の中で，芸能の起源に思いを巡らせ，体験し，気づき，一人一人の心の奥深い中から引き出すものがあることを期待し，旅の中でおこったことから考えをめぐらせてゆこう。そんな思いに包まれながら高校生が大道芸の旅芸人となって旅する時間を過ごしたい。メンバーが一人足りなかったので，私（浅野）も黒子となってヒルコを演じることになるのだから。1回1回上演を重ねる中で，アーティスト林さんから狸界からのアドバイスもあったりすれば，演出・出演する高校生メンバーの意識が変容，深化してゆくに違いない。

　また，同行する西宮えびす座は，残された文献や徳島の箱回し，淡路のえびす舞などを参考に，上演された当時の「えびすかき」を再現しようとしている。高校生の創作と伝統的な芸能を連続的に上演することで，伝統的なものと現代的なものの対比から何かを感じ取れるものが生まれてくるにちがいない。

　バスで移動する途中に，淡路人形座の人形浄瑠璃を観たり，淡路人形浄瑠璃資料館を見学し，館長の中西英夫さんからの話を聞いたりする中で，人形操り芝居をめぐる背景の知識も増え，伝統的な言い回しと自分たちとの表現方法の違いを知る。

洲本コモド商店街での高校生えびすかきとえびす座

淡路島アートセンター内でのふりかえりトーク

キ　アフタートーク：創作が進化する

　淡路島アートセンター 1F のスペースを借りて交流＋アフタートークをする。「劇場で舞台設定した場所でやるのではなく，普通の日常の時間が流れる路上でやることがおもしろい」との感想もあった。路上でいつ始めるか，そのタイミングは取りにくい。

　洲本八幡神社の社務所で夜のミーティングを行う。出発前日のリハーサルから比較すれば素晴らしい出来栄えになっている。けれど，毘沙門の手下として

悪役を演じる黒子とエビスがどのような関係性になっているのかがよくわから
ない，と話が進む。それなら，黒子のイメージをヒルコとだぶらせて，ヒルコ
としての黒子が，エビスを産み出す無音場面から始めてはどうか，というアイ
デアが生まれる。内容が大きく変わるような気がする。けれど，黒子のヒルコ
とエビスの関係の説明はないけれど，悪の黒子から善のエビスが生まれると悪
と善とが循環する象徴的なイメージになる。演出を担当しているＦさんが
「じゃあ，それでやってみよう。」と，即決断。さっそく翌日の朝の洲本八幡神
社では黒子が，エビスを口から産み出す無音場面から始めて上演する。教員の
私は，演じる側にいるので，話の展開のままに引き受ける。不思議なイメージ
が増したと好評を得た。

ク　小豆島の中山歌舞伎舞台前で呼び込み「お客さんが来ない」

　高松から小豆島池田港にフェリーで渡り，「中山自然美術展2015」を開催し
ている中山地区へ到着する。中山自然美術展を開催している公民館から中山農
村歌舞伎舞台までは徒歩３分の距離にある。代表の佐藤準さんにお会いして，
15時から予定している中山農村歌舞伎舞台前での上演の準備に入る。15時には
雨という予報があり，14時に時間を繰り上げて上演の準備にはいる。中山農村
歌舞伎舞台は，毎年10月の第二日曜日に村を上げて開催される現役の舞台であ
る。2時からの上演に向けて，13時半より中山歌舞伎舞台前で呼び込みをする。
中山農村歌舞伎舞台周辺に広がる千枚棚と呼ばれる美しい棚田を目当てにたく
さんの観光客の姿が見えるが，呼び込みをしても反応は少なく，素通りである。
お客様を入れることの難しさも実感することになった。「どうして，呼び込ん
でもお客さんが来てくれないのやろう？」と誰かがつぶやく。「そんなもんや。
観光客のみなさんは，次の予定を立てているから寄り道してもいい，という人
は少ないのかな。」簡単に人は集まらない。

　それでも集まったお客さんは約５名。関係者含め観客15名の中，ヒルコから
えびすが生まれる無音シーンにつづく高校生傀儡の創作えびすかきを見てもら
う。小豆島バージョンとして，「醤油」「そうめん」「オリーブ」「小豆島の海」
などのキーワードもアドリブで盛り込んで行こうという打ち合わせで「小豆島
の海で鯛を釣る。」「鯛はオリーブ焼きが上手いのう。」などのアドリブも出る

ようになる。

ケ　30の農村が武器舞台があった小豆島

　小豆島は歌舞伎が盛んで，江戸時代の最盛期には30の農村歌舞伎舞台が
あった。海で生きる島人にとって歌舞伎や人形浄瑠璃で使われる義大夫語りは，
船乗り必修の標準言語だったようだ。江戸時代には，地方の方言は強烈で，何
を話しているのか解らなかったために交易場面の標準語として義大夫語りや能
の言葉が標準語として使われていたという。能語りか義大夫語りか。この2つ
の言葉が当時の商売には欠かせない船乗りの教養であった。だから30もの農
村歌舞伎舞台が小豆島にはあったらしい。小豆島の中山地区や土庄地区には，
今でも，現役の農村歌舞伎舞台があり互いの演目を意識してライバル関係にあ
るという。

コ　60年前の記憶がよみがえる亘さん

　30日最終日は，中山自然美術展の会期最終日でもある。中山自然美術館長を
務める奥中山在住の亘和彦さんをはじめ，10名強のご近所のみなさんを前に高
校生の創作えびすかきを披露する。

　終了後，亘さんとお友達が「そういえば，60年前の正月に来てたわ。えべっ
さんの人形を左手に，右手に鯛を抱えた人が。一軒一軒うちらの家にまわっと
たわ。めでたいな，言うとったわ」と，60年前の記憶が亘さんの中に，呼び覚
まされたようである。「広島の方から来とった気がするなー」と亘さんが話す。
創作えびすかきが亘さんの古い記憶を呼び覚ましたことは，自分たちの大道芸
が大きな歴史とつながっているように思えて不思議な感動が広がった。

サ　「高校生傀儡がゆく～人形あやつりの道～」を終えて

　教員と生徒の関係は，教える人と教えられる人の関係と思われがちであるが，

今回のように教員が黒子役を担い，何度も上演を繰り返すと仲間の絆が生まれる。旅が終わると一緒に演じた生徒と同志のような意識が生まれてしまうのだった。この連帯感は何だろう？もっと旅を続けていたい気持でもある。

　高校生たちの感想は，「こんな経験は，他の高校ではありえんな。」というものが多かった。旅が終わり二日目には9月1日の始業式が始まり「まだ，身体が重いです。」と，話していた生徒が1週間経って「今ようやく筋肉痛です。」と話していた。「私たちはマレビトになれたのかな。」と話す生徒もいた。表現者になり得たと思えた瞬間だったのかもしれない。身体の中に，まだモヤモヤがいっぱい残っている。教員として一座の一員になった私は，何年たってもモヤモヤが残っている。

　それは，旅の前日に突然生徒たちにスイッチが入り，集団的なエージェンシーが立ち上がったからである。生徒たちが動き，自分が後からついてゆくそんな旅だったのである。

⑥　まつりという表現の場

　たてじまアートプロジェクトでは，高校生が表現する場を自分たちでつくり出し，自分たちが日ごろ暮らす町で意識されなくなった文化的な産物に光を当てて，自分たちで新しくつくりなおし表現する。これには，どのような意味があるのだろうか。

　淡路島の洲本や小豆島で私たちを受け入れてくれたのは，アサヒ・アートフェスティバル（AAF）で淡路島アートセンターや中山自然美術館と知り合うことが出来たからである。アサヒ・アートフェスティバルの生みの親である加藤種男は『芸術文化の投資効果』の中で次のように言う。

　　「近代から現代にかけての芸術文化のあり様は，芸術家が神様と同然に偉くて，祭り上げられて，美術館で長蛇の列に並んででも見物に行く。まさに神様にお参りするようである。天才とか，傑作とか，世界的な名作とかいわれて，つくり手が頂点にある。そして，見物人が下にいて，押し頂いて見物する。

　　祭りはこの芸術文化の構造と違って，みんながつくり手となって成り立
　たせた文化である。（中略）祭りはこのようにすべての人がつくり手なの
　で，コミュニティのアイデンティティの要になり得た。」

（p. 379，p. 380）

　コミュニティのアイデンティティの要となる「祭り」も鶴見俊輔の言う「限
界芸術」である。鶴見俊輔が分類した「芸術の体系」の表に「限界芸術」に
入っているものの今となってはどういうものかわからないものは，再び掘り起
こされ，別の光に照らされ，よみがえるかもしれない。繰り返し息を吹き返す
「限界芸術」の活動が希薄になるコミュニティにとっての最後の救命具として
の意味を持っているのかもしれない。

⑦　5年後　Ｆさん「高校生傀儡がゆく～人形あやつりの道～」を終えて
　高校生傀儡の旅で演出をしていたＦさんが，高校生だった自分の体験を振り
返ってくれた（2020年9月）。たてじまアートプロジェクトでＦさんが関わっ
たことには，他にもいろいろあり，西宮にある阪神間モダニズムの建築を見て
回り，詩をつくり，地元の応援歌として授業メンバーでレコーディングした
『ダン・モ・ダンダン』（YouTube 検索可）の動画作成もその一つである。今
でも視聴することが出来る。
　Ｆさんは，2021年春から（希望通り）ゲーム開発会社（2020年8月内定）で
仕事を始めた。Ｆさんの振り返りの中に，「生徒が高等学校の美術の授業体験
に媒介されて，自分の日常（いま・ここ）からアート表現をおこせるのではな
いかと実感し，アート表現文化の理解者以上の担い手になることも受容されて
ゆくような美術教育は可能だろうか。」という冒頭の問いへの応答があるよう
な気がしている。
　以下，Ｆさんが振り返った文章をそのまま載せることで「高校生傀儡がゆく
～人形あやつりの道～」の実践，及び授業「今津プロデュース」の振り返りと
したい。

　私は今年就活でした。コロナウイルスで新卒の募集をしている企業が激減していて苦戦しましたが，来年からゲーム開発会社でプランナーとして働く事が決まりました。たてじまアートプロジェクトの話が面接官に大変ウケが良く，貴重な体験をしている，経験が豊富ということでプランナー採用となりました。

　今思い返すと，「机に向かう勉強だけでは成長できない」ということを，身をもって知った（高校生傀儡の）旅になったと思います。というのも，当時高校3年生で自分の将来について考えていた時期でした。好奇心旺盛，興味のあることには積極的に行動するのがモットーだったので，仕事にしたいことは沢山ありました。しかしその先は？就職して終わりなのか。希望の職に就くことが出来ればゴールなのか。将来のためにとりあえず勉強しておこう，でも「とりあえず」はいつまで続くのか。そんなことばかり考えていました。

　傀儡の旅が始まる前，えびす座のお二人が「えびすかき」を披露してくれました。あの時のことは今でも覚えています。生まれて18年ずっと西宮に住んでいたのに，「えびすかき」の事は全く知りませんでした。えびす様の話や傀儡子の歴史など，旅の前に学んだことで自分でも驚くほど興味が湧きました。今までの授業では学べなかった地元の歴史を知ることで，私が住んでいる町はこんなに面白い文化があるのかと誇りに思えました。だからこそ，多くの人に知ってもらいたいという気持ちになり，傀儡の旅に行けてとても嬉しかったです。

　平安時代には既に傀儡師は存在していると本で知りました。これは私の持論になりますが，当時の傀儡師も「えびす舞」や「えびすかき」を披露することで，えびす様を人から人へ伝えようとしていたのではないでしょうか。追体験というのでしょうか，実際に私が旅に出て自分たちでつくった「えびすかき」を披露した時，これがきっかけでえびす様の事，傀儡師の事を知ってもらいたいという気持ちになりました。

　この経験があったから，私は「過疎化しつつある文化やコンテンツを活

性化させる」という夢を見つけました。

　旅を通して傀儡師の歴史を知り，素晴らしいことだと思いました。その一方で後継者問題や活動の幅や場所が制限されているといった問題に注目しました。傀儡師だけでなく，知名度が低く過疎化してしまった文化というのは日本に溢れていると思います。昔の人が旅をして歴史や逸話を広めたように，今度は私が（デジタルの力で）世界を相手に広げていきたいと考えています。

3　拡張的学習と美術教育

　公立高校では過去30年芸術科の専任教員の数は少なくなり続けている。兵庫県では専任の美術教員は４割程度の高校にしかいない。学校の中で美術の専任教員は，一人である。それでも，高等学校の教育課程に位置付けられている２単位の必履修科目の存在は，大きい。子どもたちが社会人になる前の最後の芸術文化との偶然の出会いと体験を生む公的な機会になっているからである。

　冒頭に掲げた「生徒が高等学校の美術の授業体験に媒介されて，自分の日常（いま・ここ）からアート表現をおこせるのではないかと実感し，アート表現文化の理解者以上の担い手になることも受容されてゆくような美術教育」は，社会のあらゆる場面で市民が創造活動に携わる可能性を示唆している。

　けれども，現在の高等学校の学習指導要領には，宮沢賢治が実現しようとしたあらゆる人が主体となって芸術創造を行う活動については記述されていない。市民が主体となる創造活動は，各地で2000年以降盛んに開催されるようになった地域の芸術祭の中で，社会的活動として取り組まれるようになっている。これらの活動は，地域で失われた盆踊りを復活するものであったり，地域に残る伝統技術をアートによって光を照らすものであったり，地域の文化的な歴史や地域に住む人びとの記憶に根ざした地域探究的な学びの要素を持つ活動として創造されている。「限界芸術」を個人的な意味を帯びた表現として形や出来事にしてゆくことで「アート」へと拡張する。

　高等学校の総合的な探究の時間に学校周辺の地域探究を高校生がフィールド

ワークし，地元の住民から直接話を聞きながらさまざまな発見をして，高校生が新たな問いをたてて探究してゆくように，美術を選択した高校生が，地元地域（自分のいる場所）を探索し，文化的な掘り起こし（自分の発見したもの）から，自分が関心を寄せる（今の自分）ものと混ぜ合わせて，新しい文化を創造することは十分に可能であることは，「たてじまアートプロジェクト」や「高校生傀儡の旅」などで具体的な実践例となる。

　ここでは，学校の教室から大道芸の旅へと学習を拡張することを一例としてここでは取り上げたが，同じ授業の中で，子どもと共同のアートボードを制作し，西宮で失われた地野菜あまいもの苗の植え付けや収穫，甲子園のモダニズム建築を巡る町歩きから詩をつくり，レコーディングし「ダン・モ・ダンダン」という地元応援歌をつくり，「たてじまアートまつり2015」では，来場する子どもたちをアートで迎える遊びをつくり，運営もする。地域内外の大人や子どもと関わりながら複数の活動を同時にする。

　同時に生徒たちは，総合学科の1年次「産業社会と人間」，2年次「総合的な学習の時間」，3年次「課題研究」の時間に自身の関心から生まれるテーマで探究学習もしている。探究活動では成果物が生まれる。成果物は論文に限らない。プロジェクトとして活動をともなうものもある。活動は生徒にとって「なぜ私はこの活動をしているのか」「この活動は私にとってどんな意味があるのか」という問いを生みながら，実際の活動の中で「対象」としての「なぜこの活動？」「どんな意味？」といった活動の根拠となる理由や意味を見つけようとし概念が形成される。活動の根拠や意味によって，やろうという意識（エージェンシー）が立ち上がる。活動の深まりと共に歴史や文化的なつながりに気づき，この活動は，文化創造だったのだ，という気づきが生まれる。学習は習得だけでなく創造の領域を含む。つまり活動が社会に変化をもたらすことができるかもしれない，という気づきが生まれるのである。言い換えれば，社会に変化をもたらす文化創造活動はあらゆる人に開かれているという意味である。

　活動システムの中では，主体としての高校生が，アートプロジェクトや地域探究による活動や地域文化の掘り起こしから生まれる創作に媒介されて「対

象」を常に変化させている。エンゲストロームは「対象」について

　　　対象は，長期にわたる関心であり，動機の媒体である。そして，それは，
　　注意，意志，努力，意味を発生させる源であり，中心なのである。活動の
　　中で人々は，つねに対象を変化させ，新しい対象を創造している。そうし
　　た対象は，単一の活動によって意図された生産物ではなく，むしろ複数の
　　活動が意図せずに招いた結果であることが多い。活動の対象は，その内部
　　に使用価値（use value）と交換価値（excange value）の間の基本的な矛盾を
　　含んでいる。　　　　　　　　　　　　　　　　　　　　　　　　　（p. 6）

　私たちの実践活動や，生徒たちの学習活動を動かしているのは，単純に「主
体性」「動機」「思い」「テーマ」「思想」「感覚」「直観」「美意識」……などの
単一の言葉でとらえられない。複数のメンバーが関わる活動に媒介された「対
象」という複合的な概念は，個人が「なぜこの活動をするのか。そしてその活
動にはどのような意味があるのか。」という哲学的な問いを生み出す人工物で
ある。
　エンゲストロームが言うように「単一の活動」からでなく「複数の活動が意
図せず招いた結果」は，総合学科の生徒が一方では総合三科目の探究学習を進
め，一方では芸術科美術の中でアートプロジェクトという活動を同時に行って
いる状況と重なる。計画的に生み出してゆくのが極めて困難と言われている
「結果」は，活動の原動力となり集団的に生み出される哲学的で活動と共に更
新されてゆく概念である。この概念形成が連続的，持続的におこりやすくする
ことができるような人工物を生み出すことが優れた拡張的学習ということがで
きる。
　ここで紹介した「高校生傀儡の旅」が終わった後，参加した一人の生徒が
「私たちはマレビトになれたのでしょうか」とつぶやいた。記憶の古い層に追
いやられた大道芸人たちの存在を感じ，同時に，この旅の意味は私たちが「マ
レビト」になることだったのかと気づかされた。私たちの旅は私たちの記憶し
ていない過去をも巡ったのだと思う。

　「高校生傀儡の旅」は，旅の中で人形操り芸能についても理解を深めながら，大道芸終了後には観客も交えたミーティングで内容も興味深い展開になり，全国を漂泊した大道芸人について，また私たちがマレビトになれたのか，という問いを生み出した。また，同行したメンバー同士の信頼感は深まり，後に続くアートプロジェクトの牽引役となった。

　注
(1)　「高等学校学習指導要領（平成30年告示）第7節　芸術　第1款　目標」p. 141
　　　「意図に基づいて表現するための技能を身につける」
　　　「創造的な表現を工夫したりすることができる」
　　　「芸術のよさや美しさを深く味わったりすることができる」
　　　「生涯にわたり芸術を愛好する心情を育む」
　　　「感性を高め心豊かな生活や社会を創造してゆく態度を養い，豊かな情操を培う」
(2)　全国高等学校教育研究美術・工芸2009兵庫大会に向けて芸術教育に係る諸問題を検討する指針として生徒・保護者の芸術に関する意識，好悪等学校の中で芸術教科をどのようにとらえているのか，また，どういうことを期待しているのかを中心にアンケートを行った。回収結果は生徒アンケート15校3380人，保護者アンケート13校2078名だった
(3)　上野行一監修（2001），上野行一は，当時高知大学，後に帝京大学。
(4)　ギャラリートークは，ニューヨーク近代美術館（MoMA）において美術館教育プログラムの専門家として活動していたアメリア・アレナスが，普及した鑑賞方法で，作品を前に，予備知識なしで複数の参加者と対話しながら作品を読み解いてゆく方法である。
(5)　浅野吉英（2009）参照。
(6)　AAF：アサヒ・アート・フェスティバルは，全国の市民グループやアート NPO，アサヒビールなどが協働で開催するアートのお祭り。「未来」を展望し「市民」が主体となって企画・運営し，「地域」の魅力を引き出し，コミュニティの再構築をめざすアート・プロジェクトが集まり，ネットワークを育みながら，ジャンルを超えた多彩な企画を2002年より毎年夏に展開し2016年まで続く。「今津プロデュース」で行った「たてじまアートプロジェクト」は2012年，2014年，2015年，2016年参加し助成を得た。

引用・参考文献

浅野吉英（2009）．「地元美術館との連携活動――高校生がファシリテーターに」大坪圭介・三澤一実編『美術教育の動向』武蔵野美術大学出版局，pp. 243-249.
エンゲストローム，Y.，山住勝広訳（2020）．『拡張による学習――発達研究への活動理論からのアプローチ（完訳増補版）』新曜社.

加藤種男 (2018). 『芸術文化の投資効果』水曜社.

鶴見俊輔 (1967). 『限界芸術論』勁草書房.

上野行一監修 (2001). 『まなざしの共有——アメリア・アレナスの鑑賞教育に学ぶ』
　　淡交社.

Part 3
教師・保育者の拡張的学習

第8章
教師の「拡張的学習」が引き起こす 「カリキュラム意識」の生成
——創造的な「教える」という営みを支える原理の解明

畠山　大

　ユーリア・エンゲストロームによって提唱され，また拡張され続けてきた「拡張的学習」論は，今日において専門職の職業的発達や社会的活動の創出における実践関与者の学習といったさまざまな教育学的研究対象において，その効力を発揮している（Engeström, 2016=2018；山住，2017 等）。本章での論述も，その拡張的学習論の影響を受けつつ，改めて学校における教師の専門性を，とりわけ「教える」という営みに関わる専門性を問い直すことに主眼を置いている。

　改めて本章の目的を定式化するならば，それは，教師の拡張的学習によって生成される「カリキュラム意識」と呼ぶべき独特の認識の状態を明晰化することにある。このカリキュラム意識とは，筆者のこれまでの研究で創出してきた新規の概念である（畠山，2016，2019）。その内実については後に詳論するが，本章ではこの新規の概念をより精緻化することによって，教師の専門性の要となる「教える」という営みがどのような認識によって生み出されるのか，より正確に言えば，従来とは異なるタイプの教育実践が創出されるときに教師にはどのような認識が働いているのかを原理的に解明することを試みる。

　そもそも，「教える（teaching）」という営みは，教える者の意図的な行為，すなわち学習者の学習を意図しているという認識の状態においてなされる行為である。この点を最も明確にしたのは，教育における分析哲学（言語分析）的な諸研究である。とりわけ有名なのは，イズラエル・シェフラー（Israel Scheffler）の分析であろう。シェフラーは，「教える（teaching）」という行為の条件を，「誰かに何かを学ばせることを目指しているものであるかどうか，目指している学習を達成できると不合理に考えられてないかどうか，普通に理解

されている固有な方法上の制限の範囲内にあるのかどうか」(Scheffler,
1960=1982, p. 135) という 3 点として定式化した。これらは「意図性の規準」
「合理性の規準」「作法の規準」と呼ばれ，その後の「教える」という概念の分
析に多大な影響を与えた (Noddings, 1998=2006, p. 79)。現在において，シェフ
ラーが牽引した分析哲学的な教育学研究はさまざまな批判を受け，その再構成
が図られている (Siegel (ed.), 1997 等)。上に示した諸規準についても同様であ
る。しかし，少なくとも，「教える」という営みが学習者の学習の生起を何ら
かの形で意図して行われる行為であるという点は，今なお説得力をもつ規準で
あることは確かであろう。

　とはいえ，シェフラーが行った研究は，その後の研究の展開を含めて見ても，
意図性の規準についてはあくまでも学習の生起を意図しているかどうかという
点にのみ限られている。つまり，その意図の性質や実際の機能という点には，
言語分析という研究方法上の制約もあって十分にアプローチされていない。実
際の教育現実を原理的に問うには，教師には「教える」という営みにおいて学
習を生起しようとする意図があるかどうかを超えて，それがどのようなタイプ
の学習を生起させようとする意図なのかや，それが実際にどのように機能し，
どのように教育実践を創出することに結び付いているのかといった点が明らか
にされなければならない。本章では，この点に論究することを試みる。[1]

　さて，こうした研究の目的を実現するために，本章では，日本では比較的良
く知られた 2 人の教師の実践記録を取り上げ，そこに見られる記述から，カリ
キュラム意識ということばで概念化し得る教師の意図の性質を分析していく。
最初に取り上げるのは，仲本正夫である。仲本は，数学が不得意な高校生に微
分積分を教える授業を実践することで著名となった教師である。次に取り上げ
るのは，鳥山敏子である。鳥山は，「にわとりを殺して食べる授業」等で著名
となった教師である。以上 2 名の事例分析を基に，教師の拡張的学習によって
生成されるカリキュラム意識の特質を明示したい。その成果は，「教える」と
いう営みの原理，とりわけ，「いまだここにないもの」(Engeström, 2016=2018, p.
10) としての新しい「教える」という実践を構成する原理を提供するものとな
るであろう。

　以下では，まず新規の概念としてのカリキュラム意識概念について，これまでの研究成果に基づきながら整理することから始めたい。

1　教師の意図と「カリキュラム意識」

（1）層構造としての「カリキュラム」概念

　カリキュラム意識という概念を論じるに当たっては，一見すると類似しているように見える「カリキュラム」概念を改めて明確にしておく必要がある。

　カリキュラム概念はよく知られているように，教育課程という概念よりも広範な内容をもつ。標準的なテキストでよく言及されるものとしては，IEA（国際教育到達度評価学会）が国際的な学力調査の際に用いているカリキュラム概念がある。それは，①意図したカリキュラム，②実施したカリキュラム，③達成したカリキュラムの3層構造で示される（田中，2018，pp. 13-14）。また，ラリー・キューバンの研究では，公式のカリキュラムからテストされるカリキュラムに至る4層構造の「重層化されたカリキュラム（multilayered curriculum）」（Cuban, 2013, pp. 51-52）という概念も提起されている。さらに，佐藤学の研究では，「『カリキュラム』は，『学びの経験』の多層的な組織を意味する概念」（佐藤，1999，p. 176）とされ，それは①子どもの学びにおいて経験される文化内容，②その学習内容を組織したプログラム，③その学習内容を制度化した教科と教材の組織の3層を意味している。

　これらの研究を概観してわかることは，カリキュラムとは一般的に何らかの層構造をもつものとしてとらえられているということである。つまりそれは，カリキュラムと呼ばれる平面的な教育現実があるのではなく，学習者の学びをとらえる上で，多層的な構造性を持つ概念として見る側の人間によって意図的に構成されているものということを意味している。そのため，当の概念があることによって，単に教育の計画をどのように事前に構成するのかという点だけではなく，子どもたちが実際には何を学んでいるのかという水準で教育学研究を推し進めることが可能となってきた。

　しかし，以上のようなカリキュラム概念は，確かに教育現実を事前に計画し

たり，事後に分析したりする理論的装置としては有効であるが，教師が「教える」という営みを行う過程においてどれほど有効な概念となり得ているのかは不明である。なぜなら，少なくとも，教師が実践の過程で当の実践を生成するための視点を提供する理論的装置として見たときに，既存のカリキュラム概念は分析的であり，そのために静的に過ぎるからである。むしろ，ここで必要となるのは，教育実践という動的な営為を創出する教師の意図性を明示的に示し得る概念である。そこで本章では，教師が「教える」という営みを行う上での意図を支える概念として，カリキュラム意識という新規の概念を用いたい。そのことによって，教師が独自の教育実践を創出する際にどのような認識のもとで当の営みが行われるのか，さらに言えば，そうした「教える」という営みを支える認識に見られる特徴とは何なのかを，具体的に解明し得ると考えるのである。

（2）「カリキュラム意識」概念と拡張的学習論

　カリキュラム意識という概念について，筆者は過去の研究で次のように定義した。すなわち，「教師の持つ教育目的や採るべき教育方法，取り上げるべき教育内容が教育実践という活動においてどのような構造的矛盾を生み出し，それを克服することを試みることがどのような新たな教育実践を生み出すことになるのかを意識している状態のこと」（畠山，2019，p.346）である，と。この概念を提起したのは，大村はまの単元学習論の構成原理を研究する過程であった。具体的には，大村の単元学習論を構成している教材論の原理を析出する中で，大村の実践構成の背後に，このカリキュラム意識と呼ぶべき意図性が潜在していることを明らかにしたのである（畠山，2016，2019）。この概念を創出することによって，大村が「教える」という営みを構想し，実践する際に，教師としてどのような意図が働いているのかを明示的に析出できるようになった[2]。

　しかし，このカリキュラム意識がどのように生成され，教育実践の展開の中で発展していくのかという点は，これまでの研究で十分に明らかにすることができなかった。そしてまた，大村と同様に独自の新たな教育実践を創出してきた教師たちにも見られる認識なのかどうかについても，十分に論究することが

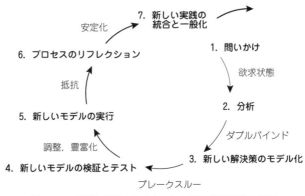

図8-1　拡張的学習のサイクルにおける学習行為の継起
出典：Engeström（2016=2018, p. 49）.

できなかった。これらの点の解明は，カリキュラム意識という概念をより意義のある教育学的概念へと刷新するために避けられない問題である。本章ではこれらの問題を，エンゲストロームの拡張的学習論を援用することで論究したい。以下では，エンゲストロームの拡張的学習論が，このカリキュラム意識の解明にどのような視点を提供し得るのかを明示し，後の議論へと展開させる。具体的には以下の3点である。

　第一に，拡張的学習を引き起こすダブルバインドという状態における「スプリング・ボード」と「一般的モデル」，そして「ミクロコスモス」という3つの概念を用いることである（Engeström, 2015=2020, pp. 338-347）。これら諸概念については後の節で具体的に言及するが，ここでは，これらがいずれも拡張の継起の第2として位置づけられるダブルバインド状態で用いられることになる道具であるという点を確認しておきたい。そもそも，拡張的学習は，一般に，図8-1に示すような7つの継起からなる認識論的なサイクルとしてその理念的・典型的なモデルが描かれている。ダブルバインドとはこのうちの第2の継起に相当しており，これはグレゴリー・ベイトソンの同概念をエンゲストロームが次のような形で言い換えて援用したものである。

　　ダブルバインド状態に置かれた人は，抜き差しならない関係に入り込ま

され，互いに打ち消しあう二つのメッセージあるいは命令を受け取ることになる。そして，そのメッセージにコメントすることができない。つまり，メタコミュニケーションができずにいるのである。

（Engeström, 2015=2020, p. 186)

　このダブルバインドは，第1の継起で実践の当事者によって行われる「問いかけ」，すなわち「一般に認められた実践や既知の知恵ある側面に疑問を投げかけ，批判し，拒絶していくこと」（Engeström, 2016=2018, p. 25）を超えて，状況に対する「分析」が行われることによってもたらされる。この分析とは，主として歴史的・発生的に行われるものと，実際的・経験的に行われるものの2つが想定されているが，いずれにしてもその状況が生み出されている「原因や説明メカニズムを発見するために，状況を，精神的，言説的，実践的に転換することを含んで」(Ibid., p. 25）行われる。結果として，その実践当事者は，このメタ的な言及が不能なダブルバインド状態に身を置くこととなり，更なる実践のためにはこの状態を超えていく必要性に迫られることになる。

　その際，エンゲストロームがそのための道具になるものとして提起したのが，先に挙げた「スプリング・ボード」と「一般的モデル」「ミクロコスモス」である。拡張的学習では，この3つの道具を駆使することでダブルバインド状態を脱し，新たな実践（活動）の形態を創り出していくことが求められる。カリキュラム意識によって生み出されるものが新たな教育実践であるとするならば，そこにはまさにこうしたダブルバインドを乗り越えていく継起が潜んでいるはずである。この点を析出することで，カリキュラム意識と新たな教育実践の創出の関係がより具体的に論述できるだろう。

　第二に，教師と学習者双方における主体の「エージェンシー（行為者性）(agency)」の形成という概念を用いることである（Engeström, 2016=2018, pp. 75-76)。エンゲストロームによれば，「拡張的学習の最も重要な成果は，エージェンシー，すなわち自分たち自身の活動システムを形成しようとする参加者たちの能力と意志にある」(Ibid., p. 75）とされる。つまり，拡張的学習によって，現に新たな活動（実践）の形態が創出されるとともに，それに付随する形

で，実践の当事者たちの能力や意志として現れるエージェンシー（以下，行為者性）が絶えず形成されていくことが極めて重要となる[3]。教育実践という文脈に即して言えば，新たな教育実践が創出されることに伴って，その実践に参加する当事者としての教師，そして学習者たちの行為者性が形成されていくことが求められるということである。カリキュラム意識が，これまでとは異なる新たな教育実践の創出を支える認識的状態であると仮定するならば，そこには，まさにこの行為者性概念が関わっているものと考えられる。カリキュラム意識によってどのような形で行為者性が高まり，また，行為者性の絶えざる形成によってどのようにカリキュラム意識が生成していくのかを明らかにできるだろう。

　第三に，「学習に対する完全な教授によるコントロール」（Ibid., p. 15）からの脱却を図るという，拡張的学習論を支えている基本的な理念を活用することである。この点は第二の視点で挙げた行為者性の形成とも関わる論点である。教育実践の究極的な目的が学習者のより一層の主体的な学習（学び），すなわち学習者の行為者性に支えられた学びにあるとするならば，当の学習者の学びを完全にコントロールしようとする「教える（教授）」という行為の意図性は棄却されなければならない。なぜなら，教えることによって完全にコントロールされた学びは，それがどれだけ「主体的」であることを謳っていたとしても，それはあくまでも教師の側における意図性の範囲内での出来事に閉ざされるからである。そのため，学びを完全にコントロールしようとする「教える」という営みのとらえ方は，少なくとも拡張的学習という視点から見たときには，棄却されなければならない教育思想である。

　しかしこのことは，「教える」という営みの意義を無視することを意味してはいない。むしろ事態はそれとは逆である。主体的な学び，すなわち学習者の行為者性によって支えられる学びが引き起こされるには，どのような意味において「教える」という営みが求められるのかを問われなければならないことを意味する。この点に関して，エンゲストロームは，「人間の学習が意図的教授の性質をもつことを重く受け止めることは，ヘルバルト派の学習に対する完全なコントロールの考えに立ち戻るべきということを意味するわけではない」

(Ibid., p. 15) と述べる。そしてまた,「学習と教授が, ともに回復されねばならない」(Ibid., p. 15) とする。カリキュラム意識という視点から見るならば, この拡張的学習の理念は極めて重要である。なぜなら, この理念を用いることによって, カリキュラム意識によって新たに創出される教育実践が, 新たな意味での「教える」や「学ぶ」という概念の生成にも寄与し得るからである。

　以上の３つの視点を拡張的学習論から援用することで, カリキュラム意識の生成と新たな教育実践の創出の関係を分析していく。この議論によって, すでに仮説的に提起したカリキュラム意識概念がより体系化され, また, そのことによって「教える」という営みを支える教師の意図性がより具体的に示されるだろう。

2　仲本正夫の教育実践と「カリキュラム意識」

（1）教科書を教える授業からの転換

　日本の学校教育において現在教えられている各教科は, それぞれ異なる特質をもつものの, 一定の学問的系統性を背景にして成立していることはよく知られている。特に, 仲本正夫が教えた「数学」は, そうした傾向が顕著に表れると思われている教科であろう。仲本の実践の特質を総括的に述べるならば, 既存の数学的な系統性と学習者が学ぶべき数学の本質との深刻な矛盾を乗り越えようと試みたことであると言える。以下, 具体的に分析しよう。

　仲本の教育実践は, 私立の女子高校における数学教育の改革実践として知られる。とりわけ, いわゆる数学の「学力」の形成に困難を感じている高校生を対象に, 微分積分を教えるという実践を展開した教師として著名である。先行研究における言及もこれまで数多くなされており, 日本において広く知られた教師の一人であると言えるだろう。たとえば, 堀尾輝久は, 仲本の実践を「わかるよろこびと探求心を育てる教育, 端的にいえば学習権を保障する実践」(堀尾, 1989, pp. 164) と位置づけて, その意義を評価している。また, 田中耕治も, 戦後の民間教育研究団体の２つの成果, すなわち「教科の本質を大切にする『教育と科学の結合』（数学教育協議会）と子どもたちの本音にせまる

『教育と生活の結合』（生活綴方）」（田中，2005，p. 179）という成果を引き継ぐ
実践として仲本の教育実践を評価している。さらに，本田伊克は，仲本の
1970・80年代の実践を，学力や学歴を巡る「競争性の昂進のなかで生まれる階
級・階層的不平等の是正」（本田，2014，p. 46）を試みたものとして評価してい
る。

　こうした先行研究における仲本実践の評価の是非は，むろん検討されるべき
事柄であるが，本稿では別の視点から仲本の実践を取り上げて分析したい。そ
れは，教科書を教えることから脱して「文化遺産としての微分積分」を教える
授業への転換を図るという，仲本が教師として経験した拡張的学習の実態につ
いてである。この探究を行うために，まずは仲本の以下の言明を見てみたい。

　　　教えている自分が「これじゃ生徒もつまらんだろうな」と思うような教
　　科書の問題を前にして，心は重く沈みっぱなしであった。
　　　一学期かけて学んできた「微分」のいわばしめくくりにもなるような所
　　で，ただ機械的に計算の方法をあてはめて答えを出すだけに終わってしま
　　うということは，教えるものにとっても何ともいえないむなしさを感じる
　　ものであった。だから，生徒にとっても，心など何一つ動かない授業で
　　あっただろう。　　　　　　　　　　　　　　　　　　（仲本，1984，p. 11）

　一般的に見れば，教科書を用いた授業は学校教育における教育実践の正統な
活動であり，そのこと自体は教師としては当然の営みであるとさえ言える。し
かし，仲本はこうした既存の実践のあり方に疑問を呈している。仲本は，「教
科書で教えていた当時は，微分の本質について，わかるような授業はできな
かったのはもちろん，微分のもつ威力の大きさを知るという点でも何の感動も
ないような授業だった」（同上）と述懐している。仲本の言明に示されている
このような既存の実践への疑問は，第1節でも触れた拡張的学習の第1の継起
に相当する行為として解釈できる。この第1の継起として現れる行為は，エン
ゲストロームによれば「問いかけ」と呼ばれる行為であり，以下のように説明
される。

　第一の行為は，一般に認められた実践や既存の知恵に関して，それらの
ある側面に疑問を投げかけ，批判し，拒絶していくことである。簡略化の
ため，この行為を問いかけと呼ぶ。　　　　　（Engeström, 2015=2020, p. 11）

　教科書を用いた実践は，学校教育という集団的な教育機能を効率的に運用す
ることにおいて，「一般に認められた実践」であるとも，また「既存の知恵」
とも述べることができるだろう。しかし，仲本はそうした実践が「微分の本
質」や「微分のもつ威力の大きさを知る」ということにおいて十分な意義を持
ち得ないという点を疑問視している。仲本はこの「問いかけ」を通じて，次第
に，状況の分析へと視点を移していく。以下の言明を見てみよう。

　……なんとかもう少し面白く教えられないものかとあれこれ思いをめぐら
　しはじめた。
　　問題を解いてそれだけというのではなく，その結果を使って物を作ると
　いう所までやったらどうだろうと考えた。実際に物を作ることができれば，
　勉強したことが役に立つこともたしかめられ，一つの物が完成する喜びも
　知ることができるからだ。そこで，教科書の一番大きい箱づくりの例題の
　所で，わら半紙の長さを測って，例題のパターンで解けるかどうか調べた。
　　　　　　　　　　　　　　　　　　　　　　　　　（仲本，1984，p. 12）

　この言明に示されているのは，拡張的学習の第2の継起である分析という行
為である。先に見た通り，分析という行為は，「原因や説明メカニズムを発見
するために，状況を，精神的，言説的，実践的に転換することを含んで」（En-
geström, 2016=2018, p. 25）行われる。ここでの文脈に置き換えるならば，なぜ教
科書を教えるのでは微分の本質に辿り着けないのかや，なぜ教科書を教えるこ
とに自分は満足できないのかといった「現実的・経験的な」（Engeström,
2015=2020, p. 12）状況に対する分析が，何とかしてこの状況を好転させようと
する意図を含んで行われている状態であることを意味している。
　しかしこの分析は，仲本にとってはダブルバインド状態に置かれることを意

味している。すなわち，教師として教科書を教えなければならないが，本当により良く教えるために教科書を教えることから脱しなければならないという互いに矛盾する，相互に否定し合ってしまうような引き裂かれた状況に置かれることになる。注意深く見ておきたいが，この段階の仲本は，先の言明からも明らかなように，教科書を教えることを棄却してはいない。むしろ，教科書の例題を活用しつつ，「わら半紙」を活用することで，この状況を脱しようと試みている。しかしこの試みは簡単にはうまくいかない。「わら半紙では，そのまま使っても半分に切っても四分の一に切ってもどうしても寸法がうまくいかなくて，手軽に使える材料にならなかった」（仲本，1984, p. 12）のである。そうした中で仲本は，「折り紙」に目をつける。

　　……足のふみ場もなく散らばっている部屋の中に，折り紙の山が目についた。
　　「これは」と思って定規をあててみると十五センチ。それを「例題」の方法で解くと，きれいに解けて，二・五センチに折れば中身の一番たくさん入る箱ができることが発見できた。　　　　　　　　　　　　　　（同上）

　仲本はこの折り紙を材料として授業に持ち込み，教科書に書かれていた例題である箱づくりを実際に学習者たちと行うことにする。具体的には，学習者一人当たり2枚の折り紙を渡し，1枚目は学習者それぞれの感覚で箱を作り，2枚目は実際に例題の計算を用いて数学的に算出した結果を基に箱づくりを行う。両者を比較することで，学習者は，人間の感覚というものがいかに曖昧であてにならないものなのか，そして，数学的に思考することがいかに生活に役に立つのかを実感的に理解していく。学習者が残した感想には，例えば「計算にはかなわないと感じた」（同上，p. 23）や「勘で作ったのと一センチもちがって勘てあまり信用できないと思った」（同上，p. 24）といったことばが記されている。加えて，学習者の数学という授業への視線にも変化が現れる。例えば，「なぜか先生もいつもと目の輝きが違っていた。そうクラスの雰囲気まで一」（同上，p. 19）や「みんな何かを作り出す時の目ってすごくいい感じ。イキイキしてみ

えました」(同上, p.22) といったようにである。仲本はこうした授業の様子を振り返り, 次のように言明している。

　測るという作業から始まって授業は生徒の側の主体的な働きかけを要求するものに変わってしまったのだ。たった二枚の折り紙が, 生徒の学ぶ立場というものをこんなにも大きく変えてしまうとは想像もしていなかった。私は, そういう授業こそ生徒も望んでいるものなのだということを, この授業を通して知らされたのだ。

(同上, p.16, 傍点は引用者)

　この言明からは, 折り紙を用いた実践が, 仲本のダブルバインド状態を一定程度解消する契機となっていたことを見出し得る。教科書を教えなければならないが, 教科書を教えることから脱したいという深刻な矛盾の状態を, 「折り紙」という道具を通して発展的に解消する仲本の経験が, この言明には見て取れる。この「折り紙」のように, ダブルバインド状態を解決する上で媒介的な働きをする道具のことを, エンゲストロームは「スプリング・ボード」と呼んでいる。

　このスプリング・ボードという概念は実のところ極めて多義的である。エンゲストロームの定義では以下のように説明される。

　スプリング・ボードは, ダブルバインド的な性格を持つ著しい葛藤の最中に, 以前の文脈から新しい拡張的な移行活動の文脈へと置き換えられたり, 移し替えられたりする, 促進的なイメージ, テクニック, または社会的・会話的布置 (あるいはこれらの組み合わせ) である。スプリング・ボードは, 通常, ダブルバインドを解決する上で一時的か状況的な機能しかもたない。

(Engeström, 2015=2020, p.338)

　このエンゲストロームの定義からわかることは, スプリング・ボードの特質としては次の3点が挙げられるということである。すなわち, ① スプリング・ボードはダブルバインド状態を克服する端緒を与えるものであること, ② そ

れはイメージやテクニック，社会的・会話的布置等の人工物の形を取ること，
③それは永続的な役割を持つのではなく，あくまでもダブルバインド状態を
克服する端緒を与える一時的かつ状況依存的な貢献をなすものであること，以
上である。エンゲストロームが述べているように，「スプリング・ボードは解
決策ではない。スプリング・ボードは，拡張的な解決策につながる道へのス
ターター，あるいはヒント」（Ibid., p. 338）なのである。

　この定義に従って，仲本の「折り紙」を分析するならば，これはまさに仲本
の教育実践を拡張する「スターター」としての役割を果たしていることがわか
る。折り紙そのものは，仲本が経験したダブルバインド状態を克服する解決策
そのものにはなり得ない。なぜなら，折り紙は，数学の教育実践のいつでもど
こでも活用できるような道具ではなく，あくまでもこの実践のこの場面におい
てのみ通用する道具だからである。しかし，それは確実に仲本の変容を促して
もいる。先の仲本の言明に見られたように，「生徒の主体的な働きかけを要求
する」授業という学習者の学ぶ立場を大きく変える授業への転換の意識，そし
てそれを学習者も求めているのだという教師としての確信を得ているからであ
る。つまり，仲本は，この折り紙を契機として，自らの実践をより拡張的に変
容させていく可能性を得ているのである。

　仲本はこのスプリング・ボードとしての折り紙を一つの契機として，ダブル
バインド状態を脱し，新たな実践の形態を構築する状態へと次第に移っていく。
その後の実践の展開を追うならば，仲本は，「教科書の問題を生きたものに作
りかえる」（仲本，1984, p. 35）試みとして，速度を求める計算を「運動という
ものをつかむために計算をする」（同上，p. 36）という視点からとらえ直し，そ
れに学習者がストーリーを構想して小説にするという試みを行っている[5]。他に
も「面積が4になる図形」を描く学び，積分を使った「コマ作り」など，実に
さまざまな活動を構想していく。

　こうした取り組みに見られるのは，仲本の「物をつくる授業」という基底的
なアイデアである。このアイデアは，仲本の多様な実践を核として支えるモデ
ルとして機能している。エンゲストロームは，スプリング・ボードを基にダブ
ルバインド状態を克服する試みと併せて，そこから状況を拡張するための「モ

デル」が構築されると考えている。すなわち，拡張的学習が行われていく過程
では「新しい活動の進化していく対象と動機を構想し，予測するために，最初
に一般的モデルが必要とされる」(Engeström, 2015=2020, p. 346) のである。この
視点から見るならば，仲本の「物をつくる授業」というアイデアは，その後の
多様な実践を生み出していく一般的モデルとなっていることがわかる。エンゲ
ストロームはこの一般的モデルを歴史的な視点で分析しているが，その中でも
最も発達したタイプとして「胚細胞モデル」を挙げている。「これは，当のシ
ステムの発達と転換を引き起こす，原初的でシンプルな矛盾関係を表現する」
(*Ibid.*, p. 368) ものである。仲本の「物をつくる授業」というモデル（胚細胞モ
デル）は，仲本が経験した，教科書を教えなければならないが，本当により良
く教えるために教科書を教えることから脱しなければならない，というダブル
バインドとしての矛盾関係を表現していると共に，それによって仲本の教育実
践の発展的な転換をもたらす基底的なアイデアとなっているのである。

　仲本は，こうした過程を経て教科書を単に教える授業から少しずつ，しかし
確実に離れていく。それが以下に検討する「文化遺産としての微分積分」を教
える授業として結実する。

（2）「文化遺産としての微分積分」を教える教育への再構築

　仲本は先に見たダブルバインド状態を克服するために，より本格的に授業の
あり方を転換していく。その一つの到達点が，微分法・積分法の本質がわかる
授業である。例えば，先に上げた「コマ作り」について，仲本は次のように述
べている。

　　この放物線コマの重心を求める問題などは教科書にはもちろんない。
　もっと重要なことは，コマの重心を求める考え方は，実は積分の本質を学
　ばないとわからないということである。この積分の本質が教科書には一行
　ものっていないのである。　　　　　　　　　　　　　　（仲本，1984, p. 62）

この言明には，自身が置かれているダブルバインド状態を克服しなければな

らないという仲本の認識がより明確に示されている。すなわち，積分の本質を
教えるのであれば，教科書を教えることから脱しなければならないという認識
である。そのため，仲本は自ら教材を作り，新たな教育実践を創り出そうと試
みることになる。以下の言明も併せて検討したい。

　　限りなく小さく細分化していったものを，もう一度寄せ集めていくとい
　う積分の本質的な考え方というものを，系統的に学んでこそ，放物線コマ
　はまわせるということになる。そのために，教科書の代わりに『積分法
　GO-GO-GO』というプリント教材を作って毎時間授業をやっていく。教
　科書は補助的になる。　　　　　　　　　　　　　　　　　　　（同上）

　当初は折り紙を授業に持ち込むことから始まった仲本の教育実践の試みが，
次第に拡張され，教材そのものを作り変えて教育実践のあり様そのものを変え
ていっていることが見て取れる。ここには，積分（数学）の本質を学習者に教
えたいという仲本の教育目的が潜在している。仲本は，「微分や積分の学習で
本質を大切にしていくということは，一面では，われわれの認識の発展という
ものがどんなにすばらしいものであるかということを教えることにもなる」
（同上，p. 254）とし，また「微分や積分も単なる計算術としてではなく，近代
科学の土台でもあり，分析と総合という人間の認識の方法でもある微分積分と
して，その本質を大切にし，その精神をくみとるように努力してきた」（同上，
p. 270）と述べる。ここには，既存の高等学校における数学教育を超えて，人
間の文化遺産としての微分積分を教える教育へという教育目的論的な転換が示
されている。そして，そうであるからこそ，この目的のために求められる教育
方法や教育内容についても，仲本は独自の考え方を取り，新しい教育実践のあ
り方を模索している。先に，カリキュラム意識の定義において確認したように，
これらの教育目的・方法・内容がどのような新たな教育実践を創出することに
なるのか，そしてまた，そのことがどのような構造的な矛盾を生じることにな
るのか，仲本には明瞭に意識されていたといえるのである。
　しかし，仲本のカリキュラム意識は，教育実践の展開とともに更なる構造的

な矛盾の状態を引き起こす。これまで検討してきたダブルバインド状態として
の構造的な矛盾の状態は，既存の数学教育実践，とりわけ教科書との関係で仲
本が自らの教育実践をどのように構築するかが問題であった。しかし，その状
態の克服の可能性が見えてきたときに，今度は，学習者の側の認識と緊迫した
矛盾の状態に陥ることになるのである。それは，1982年度の授業が展開される
中で起こった。仲本の授業はすべて，教科書の内容も踏まえながら作られた自
作の教材で行われ，また，実践される学習活動も物をつくるという構成的な活
動が多様に取り入れられていた。それは，一方で仲本のカリキュラム意識に支
えられた文化遺産としての微分積分を教える教育の具現化した形であったが，
他方でそれは学習者にとってこれまで経験したことのない高校数学の学習活動
であることも意味していた。学習者にとってみれば教科書で学ぶこと以上に学
びの負担も大きく，そこに意義を見出せなければ主体的な取り組みが困難を極
めるものでもあった。その結果として，仲本のことばによれば，この年の「三
学期になって，私の授業は崩壊してしまった」(仲本，1988，p. 37) のである。

　仲本の述懐では，この時期に「生徒の意識と生活にきわめて大きな変化が起
きていた」(同上) という。仲本が実践を行った学校は就職希望者も多く，こ
の時期に自動車学校に通い始めたり，「就職なども決まり，あとはもう卒業さ
えできればいいんだと考える生徒も多くなって」(同上，p. 40) きたりする。
「進学や就職が決まったならば，そのための手段にしかすぎない学校は，もう
生徒たちにとってまさに無用の長物になってしまう」(同上，p. 41) のである。
こうした雰囲気の中で，仲本が求める文化遺産としての微分積分を教える教育
は，学習者にとって意義あるものとしてはとらえられなくなってくる。結果と
して，仲本の授業は，多数の学習者からの反発に合い，大きな挫折を経験する
ことになる。そして，仲本により大きな影響を与えたのは，この年に在籍して
いたR子の存在であった。

　この年，R子は次のような意見を残している。例えば，「最後の年の数学ぐ
らい楽しくやりたかった！私の楽しいというのはごく普通の授業だったのに
……まるで算数のような数学だった……！」(同上，p. 79) や，「(引用者注：高
校1・2年は) そのまま教科書にそって授業をしてたので私にあっていたのか好

きだった」（同上，p. 80），「二年（高校）の時，楽しく覚えられたし，好きだった」（同上，p. 84），「三年の時（今）イヤだ！！最後の数学がこんな授業で終って悲しい」（同上，p. 80）という意見である。このR子の意見は，仲本にとって大きな衝撃となっている。なぜなら，このR子が「好きだった」と述べている授業は，まさに仲本が乗り越えようとしていた既存の教科書を教える授業そのものだからである。仲本が，微分や積分の，ひいては数学の本質を教えることができないと考えていた授業を，R子は「好きだった」と述べているのである。

　仲本はこの意見に触れて，教師としての更なる拡張的学習を経験することになる。すでに自作教材を用いた新しい教育実践というモデルを実践していた仲本は，この段階で，図8-1に示された拡張的学習の第6の継起である「プロセスのリフレクション」，すなわち「プロセスを振り返ることと評価すること」（Engeström, 2015=2020, p. 12）に直面している。すでに実践として取り組んでいた新たな教育実践が直面している構造的な緊迫状態に対して，仲本はその実践の過程を分析し，更なる拡張へと展開させる契機を得ようと試みている。例えば，仲本がこれまで用いてきた教材の「ナンセンスな部分や幼稚に見える部分」（仲本，1988，p. 85）への反省や，教科書を直接的に用いないことによって学習者の側に生じる「授業の価値がつかみきれず不安になって」（同上）しまう状態への反省である。そして，ここでより重要なのは，仲本が次の点を指摘していることである。

　　R子のいう「普通の授業」とは「楽しく覚えられた」というようなことばが示すように公式を覚え操作することが中心の授業だったため，数学観がはげしくぶつかったからではないのか。R子は，…（中略）…本質的な理解の面白さを経験することが少なくて数学観が非常に一面的な操作主義にかたまってしまっていたからではないのか。

（同上，pp. 85-86，傍点は引用者）

　R子の意見に対するこうした分析は，教師を大きく2つの方向性に導くことになるだろう。一つは，自らの教育目的を放棄し，学習者が望む学習活動の形

態へと転換していくことである。これは一方で学習者の要求に応えていくことを意味するが，他方で教師としてもつ教育実践への動機を放棄することを意味する。今一つは，改めて自らの教育目的を振り返り，その意義や価値をとらえ直すことである。これは，学習者の要求に対して，それを媒介にしつつ，より発展的に自らの教育目的を刷新していくことを意味する。仲本が選択したのは，この後者の道であった。

　　授業づくりのもっとも根幹は，「(引用者注：数学が) なければハッピー」といっているような生徒たちの表面的な現象にふりまわされることなく深部の要求に創意工夫して，まっすぐにかつねばり強く働きかけていくことだということになると思うのです。そういう点で，私は本質がわかる楽しい授業づくりがますます重要な意味を持ってきていると考えられるのです。だから，R子からどれだけすさまじい拒否反応を受けても，このような授業づくりの方向は絶対に崩せないものでした。　　(同上，p. 92)

　これは仲本のカリキュラム意識が，より拡張的に再構成されていることを意味する。文化遺産としての微分積分を教える教育という教育目的を学習者とともに実現するために，その教育目的が持つ意義や価値を再確認し，その上で，教育方法や内容を変革しようとする志向性が読み取れるのである。むろん，ここでは，学習者の側との構造的な緊迫状態は解消されていない。むしろ安易な解消を目指すのではなく，そうした緊迫状態として現れる学習者の要求との矛盾を媒介として，さらに自らの教育実践を創出していこうとする仲本の意志が現れているのである。そしてまた，そこには仲本の教師としての絶えざる拡張的学習が潜在している。仲本は次のように述べる。

　　このような (引用者注：R子の反発のような) 一つの事実を出発点として，…(中略)…日常的に，自分の働きかけを点検し，試行錯誤しつつ生徒への働きかけを新しく変えていくということが，教育実践を前進させていく重要なすじ道ではないのかと私は考えるのです。

　このことは，一言で言うならば“教師が変わる”ということであり，教師が自分自身を新しくつくりかえるということ，自己変革をはかるということだといえます。
（同上，p. 86，傍点は引用者）

　この言明からも明らかなように，仲本は自らの教育実践に対する意志や能力を絶えず形成し続けていく「自分自身を新しくつくりかえる」「自己変革」を，すなわち教育実践者としての行為者性を高めていく拡張的学習を，教師の重要な学びとして示している。この過程を経ることで，教育実践が絶えず新しく創出され続けていくことを，仲本は明確に自覚しているのである。

　以上のように，仲本は，拡張的学習として示され得るような教師としての学びの経験を経る中で，自身のカリキュラム意識を生成し，独自の教育実践を創り出してきた。この分析を基にして，鳥山敏子の教育実践を検討したときに，カリキュラム意識の精緻化に向けてさらに何が議論できるだろうか。

3　鳥山敏子の教育実践と「カリキュラム意識」

（1）「いい教師」からの脱却

　鳥山にとっての教師としての課題は，いかに「いい教師」から脱却するかにあったといえる。後に確認するように，これはいわば，教師としての行為者性をどのように形成するかという問題である。

　改めて確認するならば，鳥山の公立小学校での教育実践は数多くの先行研究で取り上げられ，その教育実践上の意義や課題がかなりの程度提出されている。中でも議論が集中しているのは，鳥山が1980年に実践した「鶏を殺して食べる」という教育実践である（村井，2001；村瀬，2010；田中，2012等）[6]。しかし，本稿で対象としようとしているのは，こうした先行研究が論じてきた個別の教育実践の是非や意義という問題ではない。この「鶏を殺して食べる」という授業以外の教育実践，より正確には，この授業が埋め込まれている鳥山の教育実践の変遷という歴史的なコンテクストや，それに伴う教師としての変容の過程に分析の焦点を当てたい。そのことによって，鳥山がなぜ教師として独自の教

育実践の創出に向かったのかを明らかにし，またそこに働いているカリキュラ
ム意識の内実，さらにはその生成を支える鳥山の教師としての拡張的学習の様
相を分析する。

　鳥山は，自身の教師としてのあり方を振り返って，以下のように述べている。

　　演出家・竹内敏晴さんに出会う以前のわたしは，教室の子どもたちのこと
　　にいつも夢中で，いわゆる「良心的」で「熱心」な，子どもを大事にする
　　「いい教師」であった。「いい教師」を「演じ」ている自分の欺瞞にどこか
　　でかすかに気づいてはいたが……。　　　　　　　（鳥山，1985a，p. 2）

　ここで述べられている「いい教師」とは何であろうか。鳥山は，教師になっ
た当初からさまざまな民間教育研究団体に参加し，教師としての研鑽を積んで
きたことが知られている。最初の8年間は，西多摩作文の会に参加し，「月例
会では子どもたちの作文を通して，ことばや生活に関する指導の問題が検討さ
れ，教師としての力量をいつも問われた」（同上，p. 192）という。その後も，
「ひと塾」や「からだとことばの会」（以下，鳥山の表記に倣い「からこと会」
とする），「社会科の授業を創る会」といった団体にも参加し，授業づくりに邁
進していったという。鳥山は次のような言明を残している。

　　毎日毎日，教材研究に追われた。寝食の時間が極端に少なくなった。一時
　　間のむだも許されない。教材研究に必要なことであれば，どこへでも出か
　　けた。それに必要な時間も生みだした。授業をつくることがすべてに優先
　　した。時間の観念も距離の観念もすっかりなくなった。授業をする寸前ま
　　で本を読み，資料を集め，資料をつくり，教具をつくった。

　　　　　　　　　　　　　　　　　　　　　　　　　　　（同上，p. 201）

　前節で検討した仲本と同様に，鳥山も教科書には載っていないことを授業と
して創り出し，独自の教育実践として展開する道を選んでいる。例えば，「『多
摩川と玉川上水』『井戸掘りのおじいさん』『地球の歴史』『人間の歴史』『山と

は何か』」（同上，p. 212）など，次々に新たな授業を創出していったという。そのため，上の言明に見られるように，ほぼ授業づくり一色ともいえるような教師としての経験を重ねていくことになる。つまり，鳥山にとっての「いい教師」とは，端的にいえば，学習者にとって学ぶ価値のある授業を創り出す教師であると言える。そして，そのために自身の私生活も含めてすべてを注ぎ込み，いわば「授業を創っていくことのおもしろさのとりこになり，それこそが生きがいになっていた」（同上，pp. 219-220）という状態のことを意味している。鳥山は次のように述べている。

　　　昔から自分が納得しないことはやれない方だった。「人がするから」「教科書にあるから」「学年の歩調をそろえるから」ということではどうしても授業をやれなかった。　　　　　　　　　　　　　　　　　（同上，p. 215）

　鳥山のこの言明は，すでにこの時点において一定のカリキュラム意識の存在を示していると言えるであろう。学校の教師として求められる慣習的な教育実践の条件と，自分自身の教育的な意図との構造的な緊迫状態を明確に意識しており，それを乗り越える実践として，多様な授業を生み出しているからである。しかし，こうした鳥山の授業に対する姿勢は，同僚との関係においても深刻な緊迫状態を引き起こすことになる。鳥山によれば，「『社会科の授業を創る会』に入ってから，『鳥山さんが勝手なことをする』『学年の歩調を合わせない』という非難は一層はげしくなった」（同上）という。鳥山は，授業で勝負をしたいと考えていた。それは同僚に対しても同様であり，自身に不満があるのであれば，それは自身と同様によい授業をつくることで主張すべきであり，それができない同僚に多くの問題があるのだと考えていた。しかしこうした姿勢は，同僚との深刻なコミュニケーション不全を生む。そしてまた，鳥山にとってみれば，授業づくりを意図せずに同僚との競争的な関係の中に落とし込んでしまうことになる。こうした状況の中で，「からこと会」で竹内のレッスンを受けることになる。鳥山は以下のように述懐している。

「からこと会」でのレッスンによって，自分をみつめなおさざるを得ない
ところに少しずつ追い込まれていくことになった。

　それというのも「からこと会」は，競争原理を超えて，人と人が，お互
い自分でありながら共感し，協働し合う関係をつくることのできる*からだ*
*づくり*をめざしているところであったからだ。　　　　　　（同上，p. 219）

　この経験は鳥山にとって大きな変容をもたらすものであった。「このままで
わたしは，いいのだろうか。もしかしたら問題はより多くわたしの側にあるの
かもしれない」（同上，p. 220）と思い始めるのである。これは，鳥山にとって
みれば，拡張的学習を経験する契機となる経験であったと言える。鳥山はこの
段階において，自らのこれまでの教師としてのあり方や授業に対する考え方に
ついて「問いかけ」を始めている。これは先に見たように，拡張的学習の第1
の継起に相当する行為である。鳥山はこの「からこと会」での経験を基にして，
それまでの授業づくりに打ち込む「いい教師」から少しずつ脱却していくこと
になる。そして，自らの教育実践に「からだ」を取り戻すという教育目的を想
定するように変容していく。

（2）「からだ」を視点とする教育実践への拡張

　この時期，鳥山は，竹内が著した『ことばが劈かれるとき』（初版：思想の科
学社，1975年）を読み，そこに記されていた「『からだそだて』の観点から見た
全教科のパースペクティブ」（竹内，1988，p. 261-290，以下，パースペクティブ）
に多大な影響を受けている。このパースペクティブは，簡潔に言えば，「から
だ」を理解することや使うことを起点にして，学校で教えられているすべての
内容を再度系統付け直そうという新たなカリキュラム論であった。鳥山は，こ
のカリキュラム論としてのパースペクティブに「天地がひっかえるほど驚かさ
れた」（鳥山，1985a，p. 221）と述べる。そしてまた鳥山は以下のようにも述べ
る。

　　そこには，物をつくったり，やってみたり，ふれたり，見たりする中で

「人間とは何か」「自分とは何か」を知っていく，「社会科の授業を創る会」の営みをはるかにこえて，この「からだ」そのものにとりくんでいる世界があった。「知」の世界をこえて，「からだまるごと」「息することまるごと」そのものに立っている世界があった。　　　　　　　　（同上，p. 223）

　この言明からも明らかなように，鳥山は竹内の思想に触れることで，これまでの自らの教育実践を支えてきた認識とは異なる「『からだ』そのものにとりくんでいる世界」という視点を手に入れている。そしてそれが，教師としての鳥山に，これまでの教育実践を反省的にとらえ直させ，教育実践を創り出すとはどのようなことなのかを改めて考えさせる機会を与えていく。その過程は，とりもなおさず，鳥山自身の教師としての変容の過程，すなわち教師としての拡張的学習の過程でもある。しかし，この変容の過程は，鳥山にとっては非常に危機的な学びの過程でもあった。鳥山は授業づくりに熱心である自らの姿を顧みて，次のように述べている。

　　しかし，これは本物だろうか。
　　確かに子どもたちは面白がって授業をうけているし，ついてきているけれども，やっぱり面白がってついてきているにすぎなかったのでは……。…（中略）…。
　　またしても今までやってきた授業について，深い疑いを抱いた。授業創りは確かにおもしろかった。しかし，そのテーマは，子どもたちの立っている場と子どもたちの呼吸している場にとって，どうだったのだろうか。また，そこで投げかけたものは，子どもたちのからだの奥深くへ，どう浸透していったのだろうか。もしかしたら子どもたちが学びたかったこと，やりたかったことは，別のところにあったのではないだろうか。

（同上，p. 231）

　この言明からも明らかなように，鳥山は，授業づくりに熱心に取り組むことで学習者のために尽力する「いい教師」という教師像を相対化して見ている。

この状態は，鳥山にとってみれば，これまで当然視していた自らの教師像とそれが「本物だろうか」と疑いを持ち始めた自らの認識との間でのダブルバインド状態である。拡張の継起の第2「分析」として説明されるこの状態を，鳥山はこの段階で経験していることになる。そしてまた，ここで重要となるのは，鳥山にとってこのダブルバインド状態が，一度確立した教師としての行為者性，すなわち，教師としての能力と意志が危機にさらされていることをも意味していることである。教師としてのすべてをかけて熱心に取り組んできたはずの教育実践が，学習者にとっては単に「面白がってついてきているにすぎなかったのではないか」，そしてまた「学びたかったこと，やりたかったことは，別のところにあったのではないだろうか」となったとき，鳥山にとっては，それは単に授業をどうするかという問題を超えて，自らの教師としてのあり方に根本的な変容を迫るものとなってくる。

　実のところ，拡張的学習は時として主体において危機的な経験を招来する学習でもある。エンゲストロームは拡張的学習を，グレゴリー・ベイトソンが示した学習段階である「学習Ⅲ」に相当するものとして解釈している。ベイトソンによれば，この学習Ⅲは「このレベルの変化を強いられる人間とある種の哺乳動物は，時として病的な症状をきたす」（Bateson, 1972=2000, p. 399）としている。なぜなら，このレベルの学習は，主体においては一度確立した習慣や性格等の自己の特性を相対化してとらえ直すことが迫られる「本質的に意識的な自己変容（self-alteration）」（Engeström, 2015=2020, p. 185）だからである。事実，鳥山も，少なくとも自己の認識では「授業が全くやれなくなった。黒板の前に立つとしゃべれなくなった。全然授業をしようとする気が起きなくなった」（鳥山，1985a, p. 232）という状態に陥っている。むろん，実際にどのような意味で授業が全くできない状態であったのかは定かではない。竹内敏晴は「鳥山さんのために弁じておくと，年間の授業は結局ちゃんと遅れずに進めているんですね。彼女自身どうやってやったかわからないという」（同上，pp. 232-233）という言明を，鳥山の著作内に残している。おそらくはこの竹内の言明にあるように「どうやったかわからない」という状態が現実に即しているのであろう。しかしそのくらい，教師としての行為者性が喪失状態に陥り，極めて危機的な学

習を経験する状態に陥っていたことがここからはわかるのである。

　しかしその一方で，鳥山は新しい教育実践を創出するためのスプリング・ボードを手にしてもいる。それは，これ以降の鳥山の実践を変えていく手がかりとしての「からだ」である。竹内のレッスンやパースペクティブに示された思想を媒介として，鳥山は自らの教育実践を再構築するための「からだ」という視点を，スプリング・ボードとして得ているのである。これ以降の鳥山の教育実践は，後に確認するように自己と学習者の「からだ」に視点を当てた独自のカリキュラム意識に支えられたものとなっていく。

　そしてまた，鳥山はダブルバインド状態を克服していくための第3の道具としての「ミクロコスモス」もこのときに得ている。エンゲストロームによれば「ミクロコスモスは，新しい活動形態の基礎となるようなコミュニティの縮小版である。それは新しい活動の社会的な試験台である」（Engeström, 2015=2020, p. 347）と規定される。鳥山にとって，竹内のレッスンを受けることのできる団体は，これまでの実践を相対化し，「からだ」を視点とした教育実践を模索するうえで，このミクロコスモスとしての機能を果たしている。当初は「からこと会」がそれに相当し，その後「こんとんの会」がそれに代わった。しかし，鳥山には「『本当のわたしは何なのだろう』と追求し始めたわたしのからだはとてもそれでは足りず」（鳥山，1985a，p. 228），次々に竹内のレッスンを受ける場を求めていく。

　結果として鳥山は，「授業というものを，からだの視点からとらえ直してみることの重要さを痛感して」（同上，p. 281）いくことになる。鳥山は次のように述べている。

　　教室にはいる。子どもたちが，私にいろいろ話しかけてくる。その瞬間，子どもたちと私との関係が始まる。私のからだが，そこから，感じ，動き始める。そのことと，きょうの算数は繰り上がりのある足し算をやろうとか，理科では音の勉強をやろうとか，あらかじめからだの中にはいっていたことが，つながっていく，または，つなげているわけね。それがまず，授業の始まりになる。
　　　　　　　　　　　　　　　　　　　　　　　　　　　　　　　　（同上）

　ここで重要なのは，鳥山が「からだ」の視点から授業を問い直すと述べるとき，それは教師である鳥山自身の「からだ」から始まるという点である。上の言明にも見て取れるように，鳥山の「私のからだが，そこから，感じ，動き始める」のである。これは，スプリング・ボードとしての「からだ」という視点によって，鳥山の教師としての行為者性の再構築が図られていることを意味している。いわゆる「いい教師」であった鳥山の，これまでの教師としての行為者性から，「からだ」を視点とする教育実践を模索しようとする教師としての行為者性への再構築である。鳥山は，ミクロコスモスとして竹内のレッスンを通じて「学校や教室の子どもたち，自分の息子や娘にばかり向いていた目が，初めて自分に向かった」（同上，p. 225）という。そしてまた，「『いい授業を創ること』も『いい教師であること』も『いい母親であること』も，もうどうでもよくなってきた」（同上，p. 227）とさえ言い切る。それほどまでに大きな教師としての変容をもたらしたのがスプリング・ボードとしての「からだ」という視点だったのである。

　ここから鳥山は，「からだ」を視点とした教育実践というカリキュラム意識に支えられた授業を数多く創り出していくことになる。先行研究においてさまざま議論されてきた「鶏を殺して食べる授業」もこの時期の実践であり，その実践の基底には「からだ」という視点が潜在している。鳥山はこの授業を通して「絵本や写真，ことばを通して「感じ」「考える」ことの範囲をはるかにこえたものを子どもたちのからだは体験した」（同上，p. 290）と述べている。他にも，ほぼ同様の時期に行われた実践に「『スイミー』を読む（以下，スイミー）」や「『スーホの白い馬』を読む（以下，スーホ）」，「カマキリになってみる」などの授業があるが，いずれも「からだ」という身体性の次元から授業を構築しようと試みる教育実践になっている（鳥山，1985b）。事実，スイミーやスーホ等の授業を分析した渡辺貴裕は，これらの授業を演劇的手法を用いた「〈なる〉活動」（渡辺，2008，p. 19）として位置付け，その教育方法学上の意義を汲み取ろうとしている。

　以上のように，鳥山は，自らの拡張的学習を通じてスプリング・ボードとしての「からだ」という視点を獲得し，それによって自らの教育実践を再構築し

ていく契機を得ていることがわかるのである。

（3）「学び」を「教える」ことから解放する

とはいえ，鳥山の実践はスプリング・ボードとしての「からだ」という視点
を超えて，より一般的なモデルとしての「『学び』を『教える』ことから解放
する」と呼び得る視点も，この時期から垣間見えるようになる。鳥山は以下の
ように述べている。

> レッスンのなかで，わたしがわたしらしく生きることが少しずつできる
> ようになってきたとき，わたしには，わたしの授業の枠からはみでる子ど
> もたちの，やりたいことをやっているときのいのちの輝きがまぶしくなっ
> た。わたしのねらい以外のところで，子どもたちのからだにとっては必要
> な，意味のあるたいせつなことが進行していることが少し見えるように
> なってきた。　　　　　　　　　　　　（鳥山，1985b，p. 274，傍点は引用者）

ここで述べられている「わたしの授業の枠からはみでる」ということばの意
味は重要である。これまでに分析してきた通り，鳥山は当初，授業に熱心に打
ち込む「いい教師」として学習者たちと関わってきた。教師としての生活のす
べてをかけて授業づくりに励み，その授業を通じて一人ひとりの学習者たちに
積極的に働きかけ，更なる授業へと展開させていく，そうした連鎖の中で自ら
の教師としての行為者性を高めてきた。しかし，「からだ」というスプリング・
ボードになる視点を手に入れたときから，鳥山のこうした認識は転換し始め，
ここにおいて，鳥山の「授業の枠からはみでる子どもたち」に視点が完全に移
行しているのである。鳥山は，水を制御する工夫を考える授業として行った
「川の授業」のときの鈴木君という学習者を取り上げ，次のように述べている。

> 鈴木邦武君は，わたしの授業のねらいに関係なく，川底の石ころを掘る
> ことに熱中していた。意外にその石は大きく，結局それを掘り出すのに二
> 時間もかかってしまった。それを掘り出したときの満足した彼の表情。彼

のからだがその石にこだわったのは何だったんだろう。あの満足した顔は，
彼のからだのなかに起きた欲求に対して彼が自力で向かっていって完成さ
せたことを物語っていたのではないだろうか。　　（同上，傍点は引用者）

　この言明には，鳥山の意図を超えて，学習者である鈴木君自らが活動を創出
し，完結させていく姿が述べられている。鳥山は，「それまでのわたしにとっ
て，授業とは，まず教えなければならないこと，教えたいことがあって，それ
を限られた時間内で子どもたちが興味をもってとりくめるように，知識として
定着するように工夫するもの」（同上，pp. 274-275）として理解されていた。し
かし，この鈴木君の描写には，そうした強固な「教える」という行為の意図性
にからめとられた鳥山の姿は見えず，むしろ，学習者自身が自らの学びにこだ
わること，学習者が自らの欲求に対して向かっていくこと，そしてそれを受け
止める教師のあり方の大切さが読み取れる。いわば，拡張的学習論が強調する
ような「『学び』を『教える』ことから解放する」という視点，エンゲスト
ロームのことばを援用するならば，「学習に対する完全な教授によるコント
ロール」（Engeström, 2016=2018, p. 15）から解放されなければならないという視
点が読み取れるのである。結果として鳥山は次のように述べる。

　　授業で何かを教えようという気負いを取りさったとき，教室は子どもに
　とって安心できる空間に変わる。逆にいうと，子どもがありのままの自分
　を出す自由を保障したとき，子どもたちは子どもたちの力で学びあいを始
　める。　　　　　　　　　　　　　　　　　　　　　　（鳥山，1985b, p. 275）

　この言明に見られる認識は，学校教育という制度的枠組みを前提として考え
たとき，深刻な構造的な緊迫状態をもたらすものと考えられる。なぜなら，一
般的な授業の場合，「何かを教えよう」という意図性は欠くことのできない条
件であり，しかもそれは，かなりの部分が学習指導要領や教科書といった制度
的条件によって規定されているからである。さらに言えば，学校は「時間」と
の関係でその教育活動を考えなければならない場でもある。鈴木君のように2

時間も石を掘ることに，それがいくら重要な営みであると理解できたとしても，一般的に考えてどれだけそうした時間を割くことができるだろうか。しかし，こうした所与の条件との構造的な緊迫状態を克服しない限り，鳥山が目指す「子どもがありのままの自分を出す自由を保障」する教育実践は生み出し得ない。しかも，それを全ての学習者に保障しようとしたとき，それがいかにアポリアを抱えるものであるかは容易に想像がつく。

　ここに，鳥山のカリキュラム意識が見出せる。これまでに分析してきた言明からわかるように，鳥山は学校という場がもつ諸条件を乗り越え，学習者と教師の「からだ」を視点とする教育実践を創出していくことこそが，教師として何よりも重要な仕事であると考えるようになっている。そのためには，学習者一人ひとりの「からだ」を出発点とする固有の学びを，教えるという行為によって拘束してはならない。以下の鳥山の言明を見ておこう。

　　子どもの側からすると，先生の言おうとしていることを考え，予想し，さ
　　ぐっていくことが授業だった。つねに子どもよりよく調べ，よく知ってい
　　る自分がいた。子どもに問題を出し，気づかせ，正解の意外さにびっくり
　　させながら，わたしが定めた結論へと子どもを連れていくのが授業だった。
　　その範囲のなかで子どもたちが生きているにすぎなかった。　　　（同上）

　ただしこのことは，「教える」という行為を放棄することを決して意味してはいない。鳥山が捨て去ろうとしているのは，「学び」を完全にコントロールしようとする「教える」という行為の強固な意図性である。そしてまた，教える側の予定調和に終わるような，すなわち，学習者たちが主体性を放棄し，教える側の意図性の範囲内で学びを完結してしまうような「教える」という行為の閉鎖性である。このことが端的にわかる実践が，「アイヌ」を主題とした一連の学びの実践である（鳥山，1991，pp. 144-289を参照）。この実践では，鳥山が教えるという働きかけで示したさまざまな学びの機会に対して，学習者たちがそれを拡張させて鳥山の意図を超え出ていく姿が数多く見られる。とりわけその点が顕著に見られるのが，「オキクルミと悪魔」という劇を行う活動である。

アイヌの踊りや道具，歴史を学ぶところから始まり，最終的にはそれが「オキクルミと悪魔」というアイヌを題材にした話の劇へと展開していくこの教育実践では，その実践の端々で学習者たちが鳥山の意図を超え出て，むしろ鳥山をリードしたり学習者自らが実践を創り出したりしていくような場面が数多く出てくる。当初は，学年の発表会に向けて劇を作り上げていくはずだったものが，配役を決める際のオーディション時の学習者の取り組みの熱に押されて，鳥山はクラスの発表会では主役を交代させてさらに2回の劇を行うことになってしまう。

　　　オキクルミになれなくて落ちた徳永，鳥居，浜地，宮本，西浜，曽根。
　　その残念無念の表情に胸がいたむ。みんな十分にやれる力を持っている。
　　その姿を見て，わたしは思わずみんなに約束してしまった。十二月四日の
　　学年発表会では，竹内理恵のオキクルミでやるが，クラスの学習発表会で
　　は徳永オキクルミチームと，鳥居オキクルミチームの芝居をやる。配役も，
　　演出も全て別々のものにする。　　　　　　　　　（同上，pp. 187-188）

　しかし，これでも学習者たちの熱は収まらず，学年発表会が終わったころには，結局「いつのまにか子どもたちは，五日に発表した竹内チームも加えて，三チームが発表するつもりになっている」（同上，p. 258）という状態になる。こうした学習者たちに対して鳥山が「三本はきつい」（同上）と言ったところ，「鳥居君，徳永君，竹内さん，猛反対。みんなもそれぞれの思惑で，それはできないと，一歩もひかない」（同上，pp. 258-259）という結果になってしまう。結局，鳥山は学習者たちに任せることとなり，学習者たちはそれをしっかりとやり遂げる。それどころか，その発表を見にきていた舞踊家の葉桐次裕氏からの手紙を受け取った学習者たちは，その手紙をプロの舞踊家からの「挑戦状」（同上，p. 285）として受け止め，「子どもたちは，大いに燃えた」（同上）という。最終的には，この葉桐氏の指導も受けながら，3月6日にもう一度，「オキクルミと悪魔」の劇を行うことになる。この出来事について，鳥山は以下のように述べている。

　　わたしも大いに関心を持った。プロの舞踊家の葉桐さんなら，どうやっ
　　てつくるのだろう。もう，私の力など，とても及ばないところに子どもた
　　ちはきている。子どもたちが欲しいのは，今，自分たちの力では考えつか
　　ない，もっと難しいものなのだ。　　　　　　　　　　　　　　　　（同上）

　この言明が端的に表しているように，学習者たちの学びは，教育実践の展開
とともに，教師である鳥山の意図性をはるかに超える形でなされている。教師
である鳥山に意見を持って反対したり，自分たちの意思で劇を作り上げたり，
プロの挑戦を受け止めたり，学習者の行為者性に支えられた学びが展開してい
る。ここにおいて，鳥山の教えるという行為は，もはや学習者の学びを完全に
コントロールすることはできない状態にある。

　しかし，これらの学習者の反応は，ただ学習者が活動することで生み出され
たものではない。それぞれの活動の場において，鳥山の働きかけで新しい視点
を提供したり，学校外の人びととつないだり，学校の外に出ていったりと，学
習者の学びを触発するための多様な形態をとる「教える」という行為が散りば
められている。そうした「教える」という触発的な行為があるからこそ，学習
者の学びはさらに拡張し，また，行為者性を伴って鳥山の意図を超え出ていく
活動になるのである。とはいえ，先に触れたように，これは教師としてはアポ
リアを抱える試みでもある。鳥山は，学習者の行為者性を形成していくような
教育実践を行うことについて，以下のようなアポリアを述べている。

　　しかし，子どもたちのやりたいことにつき合っていくことは大変なこと
　　だった。それを保障するには，あまりにも学校は，教師に対しても規制が
　　多すぎるのだ。教師個人の力では，すぐどうなることもできないことが多
　　すぎるのだ。それは，教師自身をも窮屈にし，自由でいられなくしている。
　　教師が自由に創造し，かくれた自分の力をどんどん使っていくことができ
　　にくくなっているのだ。そういう教師のもとでは，子どもたちもまだ見ぬ
　　自分のかくれた力に出会うということは起きてこないのだ。

　　　　　　　　　　　　　　　　　　　　　　　　　　　　（同上，p. 295）

　こうしたアポリアが存在してもなお，鳥山は自らの新しい教育実践，すなわち「からだ」を視点とする教育実践，そしてそれを根底で支える一般的なモデルとしての「『学び』を『教える』ことから解放する」教育実践の創出に向かった。ここには明確に，鳥山のカリキュラム意識が働いていることが見て取れるのである。

4　「カリキュラム意識」概念の拡張へ

　以上，仲本正夫と鳥山敏子の事例を拡張的学習の視点から分析を行い，両氏のカリキュラム意識の生成過程を析出してきた。本章の総括として，改めて議論を整理しておきたい。

　まず，仲本や鳥山の事例の分析を基にすることで，カリキュラム意識という概念を用いることが，これまでにはない新しい教育実践を創出する教師の認識を分析するうえで大きな効力をもつことが明確になった。言い換えるならば，これまでにはない「教える（taching）」という営みを創り出す意図性の解明に，このカリキュラム意識という概念は大きな効力を持つということである。すでに述べた通り，カリキュラム意識は大村はまの単元学習論の分析の過程で，大村の認識を分析するために構成した概念であるが，それは仲本や鳥山の教師としての教育実践に対する認識的変容を分析するうえでも意義をもつものであった。鳥山が指摘しているように，「あまりにも学校は，教師に対しても規制が多すぎる」（同上）という現実を踏まえるならば，そこから逸脱し得る教育実践を創出するには，既存の学校教育実践との間に構造的な緊迫状態を抱え込まざるを得ない。むろん，その強固な現実を前に，教育実践の創出を断念せざるを得なかった教師たちも数多くいたであろう。しかし，それでもなお，「いまだここにないもの」（Engeström, 2016=2018, p. 10）としての新たな教育実践を生み出すために，一部の教師たちは絶えずこの緊迫状態の中で自らを変容させ，より価値のある教育実践の探求に臨んでいる。その動的な営みを分析するうえで，そしてそこに潜む教師の意図性を解明するうえで，カリキュラム意識という概念は極めて重要な理論的な意義を持つ。

　そして，そのカリキュラム意識の生成過程を解明するには，本章で詳論したように，拡張的学習論で蓄積されてきた知見が効力を発揮することが明らかとなった。本章では主として，① ダブルバインド状態を克服するスプリング・ボード・一般的モデル・ミクロコスモス，② 行為者性の形成，そして③「学習に対する完全な教授によるコントロール」（Engeström, 2016=2018, p. 15）からの脱却を図る，という３つの視点を用いて分析を行った。その結果として，仲本や鳥山の教師としての学びの過程，すなわちカリキュラム意識の生成過程が拡張的学習の過程として析出された。ここ数年の日本における教師の学びの研究を踏まえるならば，それは多くの場合，「反省的実践家」論や「省察」論に強く規定されてきた（秋田，1996：佐藤，2015等）。しかし，教師という仕事が置かれている現実的な状況を踏まえるならば，省察という認識論的な枠組みをさらに超えて，学習者や学校システム，社会現実，教育空間等のさまざまな要素との関わりで関係論的に教師の学びを分析していく必要がある。とりわけ，本章で論述の対象としてきたカリキュラム意識は，その定義から考えても関係論的な分析が欠かせないものである。本章の分析はこの点での研究の進展に拡張的学習論が意義をもつことを明らかにしたと言える。[8]

　加えて，仲本や鳥山の教育実践は，カリキュラム意識という概念の更なる拡張の可能性も示している。当の概念では，教育目的や教育方法，教育内容ということばを用いて概念化を図ってきたが，これまでの定義では，実際の教育実践の過程でそれぞれの間に生じる緊迫状態を十分に包含することができていなかった。どちらかといえば，それぞれの有機的な関連性とその他の外部要因との間の関係で生じてくる構造的な矛盾の状態を強調した定義になってきた。しかし，仲本や鳥山の実践を分析すると，教育目的や教育方法，教育内容は，それぞれが構造的な緊迫状態を引き起こす要因となっており，必ずしも有機的な関連性を前提に考えることはできないものである。たとえば，仲本にとってみれば，「文化遺産としての微分積分」を教える教育という教育目的と，既存の数学教育の方法や内容との間には大きな矛盾があり，それを再度有機的な関連性を持たせるためにカリキュラム意識が働いていた。鳥山も同様に，教育目的が「からだ」を視点とする授業へと移行する過程で，これまでの方法や内容と

大きな相違が生じており，それらを再構築する過程でより一般的なモデルとしての「『学び』を『教える』ことから解放する」教育実践が生み出されていった。つまり，教育目的・教育方法・教育内容のそれぞれが，教師の変容に伴って構造的な緊迫状態としての矛盾を来し，教育実践を変容させていく契機になることを，より明示的に示していく必要があるのである。

　この最後の点はより詳細な分析が必要であろう。今後の課題とし，カリキュラム意識の更なる拡張と，それによる「教える」という概念の刷新を図っていくこととしたい。

　[付記]　本研究は，JSPS 科研費17K13992 の助成を受けたものである。

注
(1)　本章において，「教える」という営みの意図性の質を問うということは，教育という事象を意図的な教授行為の束へと還元することを意味してはいない。実際の「教育」という事象には，ヒドゥン・カリキュラムの例を出すまでもなく，意図性を超えた教育現実が必然的に含まれていることは明らかだからである。本章での論述の目的は，あくまでも「教える」という教師の営みにおいて，どのような性質の意図が潜在し，それがどのような認識として機能し，教育実践を創出することに結び付いているのかを解明することにある。
(2)　畠山（2019）では，特に第1部「『教師の学び』と単元学習」において大村はまが経験した拡張的学習を詳細に分析している。本章では詳論できなかった拡張的学習における教師の「概念形成」についても，大村の「単元学習」概念の形成を基にして分析している。
(3)　なお，このエージェンシー（行為者性）概念については，より詳細な分析が必要であると考えられる。現状の拡張的学習論の枠組みでは，この行為者性は個体能力主義的な視点でとらえられているように読み取れ，教師の「教える」という営みの分析においては，視点が行為者の獲得された能力や意志に限定される恐れがあるからである。この点は別稿において詳論したい。
(4)　エンゲストロームはこの点を強調するために，サッター（B. Sutter）の次の言明を引用している。すなわち，「学習と発達のアイデアを把握するためには，教授のより良い概念を手にしなければならない」（Sutter, 2001, p. 15）と。
(5)　この仲本の試みについては，栗崎慎太郎の研究（栗崎，2019）において，「書くこと」の数学教育における意義の観点から分析が行われている。
(6)　こうした先行研究の中にあって，例外的なのは，香川七海による研究である（香川，2016）。香川は鳥山の1980年代の教育実践について「彼女の授業実践を全体的

に把握するような試みは充分になされてはこなかった」(p. 41) と述べ，同時期に実践された原発の授業との関連性を問うことを通じて，鳥山実践の再解釈を図っている。

(7) 鳥山の「からだ」の思想については，渡辺貴裕の研究（渡辺，2008；2017等）において詳しく論じられている。特に渡辺 (2017) では，学習における「身体性」論全体の中に鳥山の「からだ」の思想を位置づけ，分析がなされている。

(8) この点についての詳細は，別に論じる予定である。すなわち，教育学的「省察」論を，拡張的学習の視点から相対化し拡張する試みである。

引用・参考文献

秋田喜代美 (1996).「教師教育における『省察』概念の展開——反省的実践家を育てる教師教育をめぐって」佐藤学・藤田英典・森田尚人ほか編『教育と市場』(教育学年報5)，世織書房，pp. 451-467.

Bateson, G. (1972). *Steps to an ecology of mind.* Ballantine Books. = (2000). 佐藤良明 (訳)『精神の生態学』改訂第2版，思索社.

Cuban, L. (2013). *Inside the Black Box of Classroom Practice: Change without Reform in American Education.* Harvard Education Press.

Ellis, V., Edwards, A., and Smagorinsky, P. (ed.), (2010). *Cultural-historical Perspectives on Teacher Education and Development.* Routledge.

Engeström, Y. (2015). *Learning by expanding: An activity-theoretical approach to developmental research* (2nd ed). Cambridge University Press. = (2020). 山住勝広訳『拡張による学習——発達研究への活動理論からのアプローチ』完訳増補版，新曜社.

Engeström, Y. (2016). *Studies in expansive learning: Learning what is not yet there.* Cambridge University Press. = (2018). 山住勝広監訳『拡張的学習の挑戦と可能性——いまだここにないものを学ぶ』新曜社.

畠山大 (2016).「大村はま単元学習における「素材の教材化」の論理——教育関係の五項モデルに基づく「ことば」の「教材」論」『教育思想』第43号，pp. 91-104.

畠山大 (2019).『大村はまにおける単元学習論の構成原理の解明』(博士学位論文)，東北大学大学院教育学研究科.

本田伊克 (2014).「1970，80年代における民間数学教育研究・実践の展開——階級・階層的不平等を乗り越える試みとしての意義に着目して——」『教育目標・評価学会紀要』第24号，pp. 40-46.

堀尾輝久 (1989).『教育入門』岩波書店.

香川七海 (2016).「1980年代における鳥山敏子の授業実践・再考——原発・屠殺・差別問題を起点として」『現代の社会病理』31号，pp. 39-57.

栗崎慎太郎 (2019).「仲本正夫の数学教育実践に関する検討——「書くこと」の意義に着目して」『教育方法の探究』22号，pp. 79-86.

村井淳志 (2001).『「いのち」を食べる私たち』教育史料出版会.

村瀬学（2010）．『「食べる」思想——人が喰うもの・神が喰うもの』洋泉社.

仲本正夫（1982）．『自立への挑戦——ほんものの学力とは何か』労働旬報社.

仲本正夫（1984）．『学力への挑戦——"数学だいきらい"からの旅立ち』ほるぷ出版.

仲本正夫（1988）．『数学が好きになる』労働旬報社.

仲本正夫（2005）．『新・学力への挑戦』かもがわ出版.

Noddings, N. (1998). *Philosophy of Education*. Westview Press. = (2006). 宮寺晃夫（監訳）『教育の哲学——ソクラテスから〈ケアリング〉まで』世界思想社.

佐伯胖（1995）．『「わかる」ということの意味』新版，岩波書店.

佐藤学（1999）．『学びの快楽——ダイアローグへ』世織書房.

佐藤学（2015）．『専門家として教師を育てる』岩波書店.

Scheffler, I. (1960). *The Language of Education*. Charles C Thomas Publisher. = (1982). 村井実監訳，生田久美子・松丸修三訳『教育のことば』東洋館出版社.

Siegel, H. (ed.), (1997). *Reason and Education: Essays in Honor of Israel Scheffler*. Kluwer Academic Publishers.

Sutter, B. (2001). *Instruction at Heart: Activity-theoretical Studies of Learning and development in coronary clinical work*. Blekinge Institute of Technology.

竹内敏晴（1988）．『ことばが劈かれるとき』筑摩書房.

田中耕治（2005）．「仲本正夫と『学力への挑戦』——『数学だいきらい』からの出発」同編『時代を拓いた教師たち——戦後教育実践からのメッセージ』日本標準，pp. 167-179.

田中耕治（2018）．「今なぜ『教育課程』なのか」田中耕治・水原克敏・三石初雄・西岡加名恵『新しい時代の教育課程』第4版，有斐閣，pp. 1-18.

田中智志（2012）．『教育臨床学——〈生きる〉を学ぶ』高陵社書店.

鳥山敏子（1985a）．『からだが変わる　授業が変わる』晩成書房.

鳥山敏子（1985b）．『イメージをさぐる——からだ・ことば・イメージの授業』太郎次郎社.

鳥山敏子（1985c）．『いのちに触る——生と性と死の授業』太郎次郎社.

鳥山敏子（1991）．『自然を生きる授業』晩成書房.

渡辺貴裕（2008）．「〈なる〉活動はいかにして文学作品への理解の深まりをもたらすか：鳥山敏子の実践記録を手がかりに」『国語科教育』第64号，pp. 19-26.

渡辺貴裕（2017）．「学習の身体性——精神と身体の二元論を超えて——」田中耕治編『戦後日本教育方法史（上）——カリキュラムと授業をめぐる理論的系譜——』ミネルヴァ書房，pp. 227-246.

山住勝広（2017）．『拡張する学校——協働学習の活動理論』東京大学出版会.

第9章
拡張的学習の場を準備する 「保育記録研究交流会」

山田 直之

　保育者たちの拡張的学習の場の形成を描き出す本章の試みは，いわば実践記録と歴史研究のあわいにある。これは，拡張的学習を実現するための方法論である形成的介入と深く結びついている。形成的介入のアイデアに従うならば，個々の主体的・具体的な実践の記述であり個別具体的な問題解決の営みである実践記録の作成と，その営みを歴史的社会的反省に基づいて抽象化し，理論的一般化を試みる歴史研究は，同時におこなわれることになる。保育記録の改革を通じた学び合いの場の創造をめぐる，約2年間にわたる保育者と研究者の協働の取り組みの中間報告を通じて，保育者（教師）教育における学びのイノベーションに新しい視座と知見を示すことが，本章の課題である。

　保育記録は作り変えられる時がある。

　政策ががらりと変わり，外部からの要請が保育記録のあり方を変えることもあるが，内部からの破壊＝創造活動の結果として保育記録が再構築されることもある。

　保育所保育指針の記述が前者の例で，後者の例は園の数，保育者の数だけある。保育記録の作成は，書き手にとって保育という営みがどこに存しているかということを表現し，構成するという意味においては，保育観同様すぐれて個人的な意味生成の営みだからである。

　本章で採り上げるのは，保育者と研究者が協働して新たな保育記録の創造を実現する過程，つまり，出来合いの保育観に基づいて作成された保育記録が，保育者自身の保育観と，完璧には折り合わないと自覚し，新たな保育記録の創発に挑戦する過程である。加えてこの過程は，保育者らが自身の学びのあり方

を創出してゆく過程，すなわち拡張的学習の場を準備する取り組みでもある。本章は，保育記録の協働的な創発という，具体的な事例を通して，保育者の拡張的学習の場がいかにして形成されるのかの一例を描き出すことを狭義の目的としている。

　拡張的学習というものが，矛盾を自覚した個人の課題を集団の課題に接合し，それを他者と協働で乗り越えていく，現実変革の力を創り出していくものだとしたら，本章で紹介する保育者や研究者の試みは，そのことを現実に即して伝えてくれる重要な事例である。彼／彼女らの経験を語ることで，保育にとって重要な，保育記録という媒介物《メディア》について考えることができる。また，それはひいては，「保育者の学習」というものに対する固定化された狭い認識を打ち破り，いくぶんかの普遍性をもった保育者の専門性理解にもつながるだろう。

1　保育記録研究交流会の発足

　2019年6月，保育者であり大学教員でもある本岡美保子は，フェイスブック上で保育記録に関する新聞記事を発見した。その新聞記事には，幼児教育・保育の無償化を実施する改正子ども・子育て支援法の成立によって，保育の質の確保と向上が今後いっそう求められること，それらの要請に応えるために，保育記録の開発を通じた，評価の方法やあり方が問われることが指摘されていた（天願，2019）。したがって，一般的に考えれば，議論は保育における志向性の質，構造の質，あるいは教育の概念と保育実践との関係に関する質など，さまざまな質をはかる評価スケールの開発へと向かうはずだった。しかし新聞記事の議論は，そのようには展開されなかった。新聞記事では，「保育のプロセスの質は，なかなか目に見えないものである」と主張され，「PDCA のようにプランが先にあって，計画通りに物事が進むことはまれである。むしろ，日々の保育は，事前に結果が決まっているのではなく，…（中略）…複雑で多様で創造性に満ちている」と述べられていた。そして，その予想外の出来事に価値を求めていく具体的な活動の場として，保育記録が再構築される必要があることが提案されていた。記事を執筆したのは，沖縄にあるコスモ・ストーリー保育

園の園長，天願順優であった。

　本岡は記事の考えに共感し，新しい保育記録の創造を通じて保育者の専門性を明確にし，社会へと発信していかなければならないと考えた。彼女はかつて，新聞記事に書かれた実践の舞台になった保育園を訪問したことがあった。そして，その園が取り組んでいた，子ども独自の世界を尊重しようとする保育に共感を覚えていた。彼女は天願に宛てて，思いの丈を綴った感想を送った。

　考えてみれば，保育記録を通じた評価(3)というとらえ方も，保育記録が保育者たちによる能動的な意味生成の場として存在しているのでなく，「質保証」という名の下で園内外に対し「保育」活動の事実を説明し，かつ子どもの学習や成長をコントロールするための，便利な道具としての役割を如実に示している例として象徴的なものであるともいえる。多くの場合，保育記録を書く意義は保育者自身が発見してゆく他なく，保育者に課せられる主たる役割は，監査をつつがなくパスする記録が書ける文章作成能力をもつことと，増え続ける業務を圧迫しない範囲で記録を作成する要領の良さという，ふたつのことである。それゆえ，子どもと保育者間でのみ共有されるミクロな物語は，「客観性」という名の下に，マクロで一元的な価値へと回収され，保育者の使用する言語は行政の言語へと矯正されてゆきがちである。

　さらに一歩踏み込んで，保育記録を認識論的に理解するならば，記述という営みは子どもや環境のもつ異質性を理解可能な同質性へと変換させる翻訳的な手法である。このようにして理解可能となった園での子どものあり方は，こうして特定の人間の言葉によるモノローグとして語られることによって，本来理解不可能なあらゆる「他者」が，見慣れた日常の他者へと置き換わる。子どもがいつも鞄をかじるのはなぜなのか。この一見理解不能な子どものあり方に対し，「専門的知見」から説明がなされたならば，他者としての顔をのぞかせた子どもは見慣れた日常の存在に整理され，秩序空間は安定性をとりもどす。保育記録は，園には何がいて，そこで何が起こったのかを過不足なく説明するかのようである。

　もちろん，認識論的な保育記録が担う役割は，先にも触れたように関係者に対して説明責任を果たすという意味で，あるいは安心を与えるという意味で非

常に重要である。また，このような保育記録のあり方が，直接的に行政からのトップダウンで要求されているとも言えない。しかし，「家庭の育児の語り」という私的な活動に出自をもつ保育記録（浅井，2019）は，保育者の経験としての保育実践というまなざしが登場し，さらには子どもの他者性に思いを馳せる「傾聴」（Rinaldi, 2011）という概念が登場するなど，研究者間ではその当事者性の重要性が認識される中にありながらも，個々人の生のあり方を尊重するための取り組みという視点は，忘却されてしまいがちである。

　ただし，長年にわたる保育者経験がある本岡は，自身の保育実践の反省から，大人の解釈枠組みにとらわれず，子どもの声なき声を聞こうとすることや，理解不可能な未知の領域を想定することが保育にとって決定的に重要だということを知っていたし，「傾聴」や「成り込み」（鯨岡，2003，pp. 133-139）という言葉で表現されるような，一元的価値には回収されない概念の，保育実践における意義と価値を実感していた。そして，その実感を，エピソード記述を用いた[4]保育研究を通して世に問うていた（本岡，2019，2020）。彼女は保育記録に不可欠な，記述や撮影という世界の複製・再提示の限界を知ってなお，保育記録のもつ多様な機能に期待したのである。

　こうして本岡は，個別具体的な問題を，保育記録を通して把握するために，新たな概念の創造と言語化を園と協働して進めることを開始した。保育記録の創発を通じて課題の共有をはかり，ひいては，なぜかいつも低く見積もられがちな，保育者の専門性というものを世に問いたいと考えたのである。この思いは，一部フェイスブックを通じて発信され，今度は本岡の文章が保育者たちの目にとまる。特に彼女の理念に共感したのは，今も園で保育者として働く元同僚たちであった。本岡の問題意識は部分的ではあったが共有され，きっかけとなった新聞記事を執筆した天願や，元同僚らが働く広島の園の園長らを繋いだ。偶然にも，「ちょうど同じ頃，第一筆者（本岡）と交流のあった認定こども園くすの木が研究交流を申し出ていた。そこで両園に対して，組織や立場を超えて協働で学び合う創発的協働研修を提案した」（本岡ほか，2021，p. 30［補足は引用者]）のである。保育記録研究交流会（以下「交流会」と略記）[5]は，こうして結成された。本岡が新聞記事を読み，天願に宛てて感想を送ったわずか数ヶ

月後には，理念を共有するふたつの園が参加するかたちで，沖縄にて第一回目の交流会が開催された。

2 保育記録研究交流会の準備過程で生じた葛藤と気づき

第一回の交流会は，会のあり方をも模索するかたちで，手探りで準備された[6]。会のテーマが「教育・保育のイノベーションに関する研究交流会：保育記録は，誰のため？ 何のため？──新たな保育記録の創造に向けた拡張的学習の取り組み」に設定され，「本日のメニュー」と銘打たれた交流会のタイムテーブルが定められた。これらは，発起人の本岡と，大学で教員養成ならびに保育者養成に携わる研究者（筆者：研究会発足当時）が，参加者へのヒアリングに基づいて設定したものであった。

企画者側は，当初，交流会の開催に際して研究者らが準備した「枠」の設定が，保育者たちの学習のダイナミズムを阻害してしまう要因になるのではないかと懸念していた。エンゲストローム（2020）が述べるように，「学習者のエージェンシーを，教授者（ここでは企画者）の意図に従って学習され内面化された自己決定へと縮減する」（p. 29，引用者注）ことを，企画者らは注意深く避けようと考えていたからである。また，園長をはじめとした保育者たちは「拡張的学習」という言葉に触れたことがなく，「難しい」「硬い」といったイメージをもってしまうのではないかと危惧された。そのうえ，「拡張」という言葉が有する超越的・神秘的なイメージが，保育の現実をとらえにくくするのではないかといった懸念を抱いていた[7]。

このようななか本岡は，交流会が近づくにつれて，「枠」の重要性を再発見しはじめているようだった。「枠」は交流会における保育者たちの学習を統御しようと設定するものではなく，むしろ拡張をもたらすための道具であると再定義された。加えて，「難しい」「硬い」といったマイナスイメージで受け取られるかもしれないと予想された，通常保育の「外部」ととらえられる専門用語は，むしろ保育者たちにとって，未知のものを学ぶという予感を生じさせる外部資源になるだろうと考えられた。そのように考えられたのは，学習の不透明

表 9-1　第一回あいまーるの活動概要

日時	開催方法	活動内容	テーマ	参加者
2019年12月20日 15：30～18：30	沖縄県うるま市コスモストーリー保育園に参集	自己紹介（アイスブレーク）・テーマ設定の理由の説明・園紹介・事例発表と討議・交流会	保育記録は何のため？誰のため？—新たな保育記録の創造に向けた拡張的学習の試み—	コスモストーリー保育園：6名 認定こども園くすの木：7名 研究者：2名

出典：本岡ほか（2021）を一部改変。

性を受け入れている企画者や園長らにとって，未来を完全に見通せない不確定要素は必ずしもネガティブなことではないからであった。また，交流会に参加した園長らとそこで働く保育者たちは，この会を積極的な学びの機会にしたいという前向きな姿勢を，絶えず企画者に示してくれていた。

　交流会のタイムテーブルと参加者が定まると，会を進行する準備として，これまで保育記録の名で語られてきたものがもつ類型や理念について整理する必要が出てきた。たとえば，評価材として昨今普及しつつある「ドキュメンテーション（documentation）」は，教師と子どもが経験を振り返り，互いの考え，理論，洞察，理解に耳を傾け，学びの展開を共に判断する道具であるが，日常場面での観察，エピソードの記録，子どもの作品の収集等のインフォーマルなものについても，省察や解釈を可能にするために学びをたどるものであれば，ドキュメンテーションとみなしうると考えられている（浅井，2019），といった具合である。このような調子で，ポートフォリオ，ラーニングストーリー，クラスの保育日誌，はたまた保護者同士の連携のためのノートや保護者に向けてのお便り，ホームページ，個人的なメモといった各種の「記録」が，保育記録とみなしうると考えられてきたことを学んだ。そして，保育記録の形態をめぐる状況の整理は進んでおらず，ますます複雑なものになっていることがわかってきた。

　第一回交流会に参加した二つの園は，すでに積極的に保育記録を保育実践に活用していた。コスモストーリー保育園は，ラーニングストーリー，ドキュメンテーションなどの保育記録に取り組み，保育記録を用いた子ども理解に努め

てきた経験を有していた。その取り組みは，保育記録を活用した保護者との連携や保育者同士のカンファレンスに具体化されている（本岡ほか，2021，p. 30）。また，認定こども園くすの木も，クラスごとにドキュメンテーションを作成したり，週日案を作成したりするなどの経験を有していた。週日案は園内に掲示され，子ども理解を共有するとともに，保護者との連携に努めている。さらには保護者のみならず，園便りを地域に向けて発信するなど，保育記録を活用した諸連携にも熱心に取り組んでいた（本岡ほか，2021，p. 30）。

　保育記録の類型の整理や，参加園の取り組みを知る等の交流会準備の過程で，企画者側は，創発すべき保育記録の形式・フォーマットに関して，参加者たちに対して伝達すべき知識が何もないことに気がつきはじめた。冒頭で示した通り，保育記録が個人的な意味生成の場であるという立場をとる限り，保育記録はあくまで書き手の保育思想に形を与える道具であり，その形式を規定することは，自ずと内容の統制につながってしまうと観念されたからである。さらに言えばこの自覚の過程は，交流会における研究者の指導性を放棄しなければならないと自覚する過程でもあった。それぞれの園は，独自に課題解決のために保育記録を作成していた。企画者側がめざしたのは，交流会を単なる実践報告の場にとどめるのではなく，「未だここにないもの」を学ぶ場として設定することであった。これにより，「与えられた文脈を超えていく拡張（expansion）」（エンゲストローム，2020，p. 38）の実現をめざしたのである。

　保育者自身による保育記録の改革は，保育記録の作成を担う書き手の，保育観の再考に他ならない。保育記録の改革は，言うなれば既成の服に合わせて体型を調整するのが窮屈になった人びとが，自身（園）の体型に合わせて，オーダーメイドで服を作成する活動に等しい。こうして第一回の交流会は，参加を表明したふたつの園の代表者が，保育記録に関する実践報告をおこなうなかで，新たな課題・矛盾の発見や，他ならぬ自身の園や保育者個々人に適した保育記録を模索するというかたちで進行した。その結果，保育者自身が気づかぬままに使用していた保育記録の形式が，どのような保育観を代表しているのを発見したり，発表後の対話により他者の意見に触れたりすることで，発表者自らが有する保育観の相対化や学び直しが促される交流会になった。

3　第一回保育記録研究交流会——解決策としての「個人」

　第一回保育記録研究交流会当日，発表者によって紹介された保育記録の形式は，事前に予想していたよりも遥かにバラエティに富んだものであった。「地域と園との間の保育記録」として園のホームページが紹介されたり，フェイスブックの機能を活用し，園の活動を保護者や地域へと開く取り組みが紹介されたりした。

　一例を示せば，レッジョ・エミリアにおける保育実践であるニュー・マテリアリズムの視座を取り入れた掲示の紹介が挙げられる。掲示は，非人間である保育記録にエージェンシーを見出す，世界と子どもたちとの，相互交流としての保育記録の一種である。この実践に共鳴するように，広島から参加した，くすの木保育園・認定こども園くすの木の代表者は「センス・オブ・ワンダーを忘れるな」という標語を紹介した。「ありのまま」の世界を子どもや保育者が感じとり，学び取ったものを「私」との関係で記述することは，支配的な言説に対抗するプラグマティックな可能性を内包している。

　特徴的だったのは，双方の園，各発表者が，「私」との関係において保育の営みをとらえようとしている点であった。その意味では，事実の客観的な把握に努めようとする保育「観察」記録ではなく，目の前の現象を積極的に意味づけようとすることで，保育実践の「主体」として自らを立ち上げる，保育「実践」記録の作成をおこなっていた点である。発表を聞いた本岡は，そこにこそ保育者の専門性が現れると述べた。「そこ」とはつまり，一般的に流通している支配的な保育観や子ども観を相対化する意味生成は，保育記録の作成を通じておこなえる可能性がある，という点である。第一回の交流会では，この理解に基づいたシステムづくりこそが，保育記録と保育実践との還流を発生させる装置になることが発見されたようであった。

　保育記録を書く意義を見出し，生き生きと実践の紹介をおこなう保育者たちとの交流会は，監査や質保証のために形骸化した保育記録を書かせ，彼／彼女らの主体性を奪うあり様を一層鮮明にした。無論，説明責任を果たすことは重

図9-1　第一回あいまーるの様子

要であるが，ステイクホルダーへの説明責任を果たすことに注力すれば，恩恵
を受けるべき肝心の保育・教育の対象たる子どもへの応答責任が疎かになるこ
とは，数々の先行研究が明らかにしているのだから，保育の専門家としての保
育者自身が，本当に重要だと思えることをやれる支援体制の確立が必要だろう。
保育者のなかには，文章を書くのが苦手で，保育記録の意義も見出せないまま，
しかし「一人前になりたい」という気持ちで試行錯誤を繰り返したという者も
いた。そうした試行錯誤の結果として，自分にあった形式に出会えた保育者は
救われているが，普段使用している保育記録の形式や言葉の意味に対する無自
覚な現状は打開されねばならない。このような思いが共有された交流会だった。

　企画者のみならず，参加者からも，この交流会を継続して開催したいという
声があがった。筆者もそのように考えたが，保育者たちの時間的負担，そして
園の経済的負担を思うと，継続的に続けることは難しいように思われた。しか
し，筆者のそうした思いは，望ましい意味で裏切られた。2020年初頭から世界
的に流行した新型コロナウイルスの影響で何度も頓挫したものの，2020年末に
は第二回交流会がオンラインで開催され，本章執筆時点の2020年10月には，す
でに第三回の交流会も企画されている。また，本交流会をさらに開かれたもの
にし，議論を活性化させるという目的の下，2021年5月には日本保育学会にお

いて，本交流会の取り組みを保育者研修の歴史に位置付け，保育領域における
活動理論的介入研究の可能性を模索する自主シンポジウムが開催された。[11]

4　第二回保育記録研究交流会——問題としての「個人」

　以上のように述べると，第一回の交流会は全てが成功裏に終わったという印
象を与えてしまうかもしれない。しかし，会はさまざまな葛藤とともに多くの
課題を残した。筆者のみるところ，それは第一に，保育記録を「個人的な意味
生成の場」ととらえることにより，「支配的な言説に対抗する」という当初の
目論見は達成されたかに思えたが，その一方で，学びが協働的な営み（collabo-
rative learning）であるということを忘却させてしまった点が挙げられる。そし
て，第二に，この交流会を形成的介入研究として組織する際のいくつかの困難
を浮き彫りにした点を指摘しなければならない。

　「個人」の概念は，本交流会の難問であった。日常用語を用いて意見の交換
をおこなう実践の交流会では，「個人」は「集団」と対立する概念であるかの
ようにとらえられたからである。しかし，他ならぬ実践の担い手である保育者
個々人による独自の保育記録の作成であっても，それは決して一人でおこなえ
るものではない。これに気づかせてくれたのは，オンラインで開催された第二
回交流会における若手保育者（3年目）による実践報告である。

　彼女は自身の保育記録が，どのような成長過程をたどって現在のかたちにゆ
きついたのかを回想して以下のように述べた。

　　こちらは私が1年目に書いたドキュメンテーションです。左側は4月に
　書きはじめて2回目の記録ですが，見たままの情景をプレゼンテーション
　にし，子どもたちの様子から想像して書き出しの言葉を添えていました。
　思うように表現が浮かばなかったり，全体の構成やデザインなどに悩んだ
　りして，書き上げるまでの時間がとてもかかっていました。もともと文章
　を書くことが苦手だったため，ドキュメンテーションに対して苦手意識を
　持っていましたが，同じお部屋の保育士や園長，主任，リーダーの方など，

表9-2 第二回あいまーるの活動概要

日時	開催方法	活動内容	テーマ	参加者
2020年12月5日 13：00～15：30	オンラインによるリアルタイム交流会（zoom）	前回の振り返り・企画趣旨の説明・アイスブレーク（園の自慢の一品紹介）・自己紹介・事例発表と討議・グループディスカッション・全体統括・サプライズのうたと三線	繋がる？繋げる？保育記録と保育実践	コスモストーリー保育園：6名 認定こども園くすの木：7名 研究者：3名 オープン参加：他園の保育者1名

出典：本岡ほか（2021）を一部改変。

たくさんの方に記録を見ていただくことで，子どもが主体となる表現のアドバイスをいただきました。また他の保育士の記録を読むことで，文章表現や構成などとても勉強になりました。

（トランスプリクトデータ 2020年12月）

また，彼女は，園内で独自におこなわれていた保育記録の研究会に参加した経験や，第一回交流会で経験した協働的な学びにより，自身の保育記録観・保育観がかたちづくられてきたと述べた。

保育記録研究会では，月に1回，各園舎から募ったメンバーで集まり，週日誌やドキュメンテーションなどの保育記録を読んで，感想や気付きを伝え合っています。記録を読み合うことで客観的な視点から，子どもの姿を想像したり，より良い記録になるための文章表現や工夫を考えたりして，学びの時間となっています。そして12月には研究会メンバーで沖縄研修に参加させていただきました。コスモストーリー保育園さんとの研究交流会では，ゼロ歳児保育と保育記録について発表させていただき，またコスモストーリー保育園さんの先生方から，ラーニング・ストーリーの取り組みについてお話を伺いました。記録を初めて書いた頃は，戸惑いや不安でいっぱいだったというお話を聞いて，1年目の私の姿と重なりました。そ

れでも何度も記録を書く中で子どもたちの姿がとらえられるようになり，一人一人の育ちを記録に残していきたいとお話をされている姿がとても生き生きしているように感じられました。この研修で，実際に他の園の記録を見たり，保育や記録に対する思いを聞いたりできたことが，私にとって大きな励みになり，刺激を受けました。

（トランスプリクトデータ　2020年12月）

　先輩保育者をはじめとする他者の声や存在があったからこそ，独自の保育記録を作成できたという彼女の報告は，第一回交流会の限界を指摘し，突破する視点を提供するものであったと思われる。筆者の見るところ，第一回の交流会では，保育者がエージェンシーを発揮するということは，保育者を「保育者」という集合概念でとらえるのではなく，それぞれの保育者の固有名を再発見することだと考えられていた。そして，固有な保育者が固有な子どもの成長を見て取り，それを共有することが保育記録の意義だと結論された。これは，保育記録を「個人的な意味生成の場」だとみなすことを意味した。そして，この営みは，支配的な言説に対抗する有効な手段であり，保育者を「言われたことをただ単にリニアに実行する」エージェントから，まさに保育実践の担い手であるという，エージェンシーを見出すことを可能にすると結論した。

　この考えには一定の意義があったものの，保育者個人の主観を対象世界に当てはめようとするあまり，認識論的な保育記録理解の限界に直面していたように思われる。この理解の限界は，主客を恣意的に分離することで，本来，多声的な学習の成果であるはずの保育記録を，単一なものに限定してしまうことにある。先述した若手保育者の発表にあったように，彼女の保育記録の生成過程は，先輩の声，子どもの声，研究者の声，さらには保護者等々の声が反映された，まさに多声的なものだった。そしてこの事実は，保育記録は決して一人で書けるようなものではなく，子どもや保護者を含めた協働的な学びが生じる結節点であることを示している。

　このことから理解される教訓のひとつは，「個人」の概念は，他者や集団を否定するものではないということである。これについて，教育方法学者の安彦

忠彦は次のように述べる。

　　　個人，個性の中の「個」は，「個人主義は悪だ」として利己主義と同一
　　視する俗論で批判されるが，しかしそれは「個」を「私」と不用意に同一
　　視するものである。「個」は集団・共同体を否定せず，前提するものであ
　　る。否定するのは「私」の方である。たとえば私有地，私物化という言葉
　　は，明らかに集団や共同体を否定するものだが，個人や個性は集団や共同
　　体を念頭におかなければ，そう表現する意味がなくなる。

　　　　　　　　　　　　　　　　　　　　　　　　　（安彦，2019，p. 162）

　個は集団を前提とするという認識は，本交流会にとって重要な再発見であっ
た。交流会は，発足当初から「協働による創発」を意図していたからである。
このことが交流会の愛称にも表れていたことに気がついたのは，先の新人保育
者による発表の直後であった。交流会は通称「あいまーる」と呼ばれ，研究会
のニュースレターによれば，「innovation（イノベーション）の頭文字 I と，
共同作業という意味の沖縄方言『ゆいまーる』を合わせて」名付けられたもの
である。[13]
　わずか二回の研究会を開催するまでには，数十回にのぼる打ち合わせと，保
育士たちの日々の奮闘，増え続ける業務に忙殺されながらの発表の準備があっ
た。ここからは，活動理論が依拠するマルクス主義的弁証法の実施の困難さが
浮き彫りになった。ニューマンとホルツマン（2020）が述べるように，「マル
クス主義的弁証法は，抽象的な教科書が言う『対立物の統一』ではない。それ
は方法を実際に実践することであって，存在するものの全体性（歴史の統一
体）を人間が活動を通して規定するとともに，質的に変化させること」（p. 15）
である。支配的な言説に対抗する個人的な意味生成として新たな保育記録を創
発することは，協働によって可能だという当然の事実も，その意味を独自に発
見するには多大な労力を必要とすることが実感された。

5　保育記録研究交流会の研究方法論と直面する課題

　新たな保育記録の創発をめざしておこなわれる交流会は，保育者たちの拡張的学習の場になりつつある。それはまた，保育者と研究者が，共に学ぶあり方を模索する場となることを意味する。山住勝広（2017）が「学校教育の場における拡張的学習は，教育の本質的な生成原理を，他ならない学ぶ者自身の自己教育の構築に見出していこうとするものなのである」（p. iii）と述べるように，保育者の拡張的学習もこれと同様，当事者たちの自己教育システムの構築をめざしている。ただし，なりつつあるということは，交流会は未だ十全な拡張的学習の場とはいえず，その境界線上を往き来していることを意味する。今後このような交流会を拡張的学習の場として醸成するために，いかにして保育者たちの発達可能性を開花させてゆく土壌を準備することができるだろうか。将来的な活動に見通しを与えるため，拡張的学習の研究方法論から，交流会のあり方に対する示唆を抽出しておきたい。

　交流会が，今後研究者主導の線形的なあり方を脱皮し，拡張的学習の場となるためには，保育者と研究者が共に形成的介入研究と線形的なデザイン研究の相違を認識しておかなければならないだろう。両者の相違は，エンゲストローム（Engeström, 2016, pp. 64-65 [山住 2018 の訳を参照]）によって以下の 4 点に集約されている。

　　（1）出発点：線形的介入では，介入の内容と目標があらかじめ研究者によって知られている。形成的介入では，介入の対象となる参加者（子どもであれ，大人の実践者であれ，両者であれ）が，問題のある矛盾を抱えた対象に直面し，新しい概念を構築することによって対象を分析し拡張する。その内容は，研究者によってあらかじめ知られてはいない。

　　（2）プロセス：線形的介入では，参加者が，通常，学校の教師や生徒たちであるが，抵抗することなく介入を実行することが期待されてい

る。もし介入の実行に困難がともなうなら，それはデザインの弱点とされ，洗練され是正される。形成的介入の場合，介入の内容と進行は，交渉に委ねられ，介入のかたちは，参加者次第である。核となるメカニズムとしての二重刺激法が含意するのは，参加者がエージェンシーを獲得し，プロセスの主導権を握るということである。

（3）成果：線形的介入では，すべての変数をコントロールし，標準化された解決モジュール，通常は，新たな状況に移されて実行されたとき，同様の望ましい成果を確実に生成するだろう何らかの新しい学習環境を達成することをねらいとする。形成的介入では，局所的に適切な新しい解決策をデザインするための枠組みとなる新しい概念の生成（それは他の状況においても使うことが可能であるかもしれない）がねらいとなる。形成的介入の鍵となる成果は，参加者たちのエージェンシーである。

（4）研究者の役割：線形的介入において研究者は，すべての変数をコントロールしようとする。形成的介入では，研究者は，参加者によって導かれ担われる拡張的変革のプロセスを呼び起こし，持続させることをねらいにする。

　以上の4点の相違に基づき，エンゲストローム（Engeström, 2016, p. 65）は形成的介入を，ミッジリー（Midgley, 2000, p. 113）を引きつつ次のように定義する。すなわち，形成的介入研究は「変化を起こすために人間が意図的に行う行為」である。この目的をもった行為は，チェンジラボラトリー[14]という介入のツールキットを用いることで促進される。ただし現状，ここまで紹介してきた交流会において，このツールキットを用いるには少なくとも3点の実践的な障壁があるように思われる。

　一点目の障壁は，交流会の回数を担保することが難しい点である。チェンジラボラトリーは，通常5〜10回の集中的な会合を必要とする。オンラインを駆使する可能性が模索されているが，交流会は地理的に離れた複数の園から組織されているため，オンラインでおこなう場合であっても日程調整には少なから

ぬ困難を伴う。地理的に離れた複数の園から組織されているという本交流会の特徴は，参加者それぞれが背負っている文化的背景，保育者としての経験に差異があるという点でイノベーションを起こしやすいというメリットがある反面，新型コロナウイルスによって都市間の移動が制限されるなかにあっては，この特徴はデメリットにも転じている。

　二点目の障壁は，チェンジ・ラボラトリーに参加する保育者と，参加しない保育者との間で生じることが予想される園内の分断である。無論，改革にはこのような摩擦や葛藤はつきものである。しかし，園内の保育者の分断は，保育の当事者である子どもへ負の影響をもたらしかねない。より洗練され是正された計画と交渉が求められており，この段階においては管理職との連携強化や構成員への丁寧な説明が必要である。

　三点目の障壁は，個別具体的な課題を共有することが困難な点である。これは，複数の園が参加するからこそ生じる問題でもある。現実の問題から出発する第一の刺激は，「複数の現実」から抽出され，一般化された課題に替えることができるだろうか。保育記録の改革自体や，問題の共有化自体が交流会の目的になることは，注意深く避ける必要があるだろう。そうでなければ，交流会自体が，参加者らの批判対象であったはずの単線的で矮小化された学習の場に成り下がってしまう。レオンチェフが回想するヴィゴツキーの言葉が示すように，「『歩行』は『自分たちの足でしか学べない』，学校（ここでは交流会）は『行動の学校』でなければならない，学校は子どもに考えることを教えるのであって，知識を詰め込んではならない」（レオンチェフ，2017，pp. 205-207［注は引用者］）のである。

　形成的介入研究が，山住（2020）の述べるように「伝統的なデザイナー主導という，教育研究と発達研究において支配的な方法論を，ユーザー主導の民主的な見方に転回させ，現場での実践者自身による協働と対話と相互交渉に委ねられた民主的な介入研究を具体化」（p. 407）するものであるならば，研究者が何事かを語ることが，参加者から考えることを奪うようなことがあってはならない。そうならないために，つまりは手段の目的化を避けるべく，二重刺激の具体的方法を洗練させる必要がある。

6　エージェンシーの委譲を実現する「希望」の提示

　以上のような課題を認識しつつ，交流会は，改革の実現可能性に信頼を寄せて，それを全面的に花開かせるという意思と希望をもった拡張的学習の場になりつつある。本章の事例において，そのはじまりをどこに見出すことができるだろうか。「保育者の拡張的学習の場がいかにして形成されるのかの一例」を示そうと試みる本章において，最後にこの点について仮説的に示しておきたい。

　本章の例では，活動のきっかけをつくった人物は，保育者であり現在教員として大学に籍を置く本岡であった。拡張的学習の見地からまなざせば，交流会は協働して学習活動そのものを創り出す「責任（responsibility）」と「権限（authority）」，そして「能力（ability）」の委譲過程である。本岡は交流会の参加者に，「希望の４つの柱¹⁵」を示すことで，エージェンシーの委譲を試みているとみなすことができる。それは，第一に，保育記録を通じて達成すべき「願い」を明示した点。そして第二に，保育記録という，具体的な「何か」を提示した点。第三に，交流会という，「実現」のための方法を示した点。そして第四に，実現のための実際の「行動」を示し続けている点，である。さらに付け加えるならば，希望にとって重要な，「他者との協働」のあり方を模索している点である。

　エージェンシーの委譲には，「希望」の提示が有効となる場合がある。つまり拡張的学習の場は「願い」だけでは形成され得ず，「何か」という対象の存在，「実現」する可能性の存在，そして可能性の実現に向けた具体的「行為」と，協働する「他者」の存在の共有が必要である。これらの要素が加わることで，交流会は単なる研修の場を超えた拡張的学習の場になる。実践はシステムが未完成の状態ではじまる。むしろ，共に学ぶあり方の探求プロセスが実践そのものである。

　今後，数々の困難のなかにあっても交流会を継続的に経ることで，あらかじめそこにはなかった保育記録や共に学ぶシステムを創発することができるだろう。そしてまた，それらを産出したプロセスを経験することで，交流会の参加

者は，将来自分たちが成長した仕方で新しい園に存在するという信念を持つことができる。

　そうだとすれば，交流会によってもたらされた保育者たちの学びのイノベーションは，必ずや「新しい社会」の建設を担う子どもたちを育むことにつながるだろう。形成的介入研究の意義を，ここに見出すことができる。

　　[謝辞]　本章は，2019年度～2021年度 科学研究費・基盤研究（B）「変化の担い手としての教師——拡張的学習への活動理論的介入研究」（研究代表者：山住勝広，課題番号：19H01636）の研究成果の一部である。記して支援に感謝したい。

　　　また，「保育記録研究交流会」の企画・実施を担ってくださっている広島都市学園大学の本岡美保子先生，認定子ども園武庫愛の園幼稚園の濱名潔先生，新たな研修のあり方や保育記録の創造にご尽力くださっているコスモストーリー保育園の先生方，認定こども園くすの木の先生方に，心から感謝申し上げる。

注
⑴　保育記録は本来，保育カリキュラムの一部であり，その形式等の作成権は各園にある。しかしながら，保育記録の根拠は第1章総則の「保育の計画および評価」や，（4）「保育内容等の評価」に求められるため，これらの記述の変化はそのまま内容の変化につながると予測することができる。
⑵　本章では，名称独占の国家資格である保育士資格を持つ保育士と，学校教育法に規定された幼稚園教諭免許状を持つ幼稚園教諭の総称として，保育者と表記する。
⑶　保育所保育指針（2017年改定）第1章総則の「保育の計画および評価」においては，「（エ）保育士等は，子どもの実態や子どもを取り巻く状況の変化などに即して保育の過程を記録するとともに，これを踏まえ，指導計画の内容の見直しを行い，改善を図ること」と記されている。また，（4）の「保育内容等評価」では，「（ア）保育士等は，保育の計画や保育の記録を通して，自らの実践を振り返り，自己評価することを通して，その専門性の向上や保育実践の改善に努めなければならない」とある。
⑷　本岡（2020, p. 14）は鯨岡（2013）を引きつつ，エピソード記述を「読み手を書き手の意識体験に招じ入れるための〈背景〉と，心揺さぶられた意識体験である〈エピソード〉，心揺さぶられた理由を自分の固有性と結びつけて説明する〈メタ観

察＝考察〉の３点セットによって成り立っている」保育実践研究の方法であると述べている。

(5)　なお，保育者の研修には保育施設内でおこなわれる園内研修と保育施設の外部でおこなわれる園外研修があり，それらはさらに「伝達型研修」や「参加型研修」「創発型研修」「協働型園内研修」等に細分化される。本章で採り上げた「保育記録研究交流会」は，こうした従来型の研修とは異なり，保育者と研究者がともに学びの担い手として課題を見出すところから学びが始まる。また，地域や法人の異なる施設でありながら，保育観や課題意識を共有していること，施設間が遠距離であること，研修が継続的であること等がその特徴といえる。組織や立場を超えた協働的な学びによって新たなものを創り出そうと意図することから，「保育記録研究交流会」は「創発的協働研修」に位置付けられている（本岡ほか，2021）。

(6)　筆者がこの交流会に参加したのは，第一回交流会の準備段階である。保育研究の専門家でない筆者がこの会の企画に招待された理由は，第一に筆者が綴方教育を専門としていたことから，保育記録に関しても何らかの知見をもたらすことができると考えられたからであった。そして第二に，すでに本岡との共同研究の経験があったからである。したがって当初は，拡張的学習に対する意図的な取り組みの支援と促進，すなわち形成的介入（formative intervention）は計画されていなかった。形成的介入が意識されはじめたのは，第一回交流会の直前である。

(7)　エンゲストローム（2020）は，「拡張のとらえどころのなさ」というタイトルの節の中で，「拡張は，伝統的に科学的研究に適切な対象とは考えられなかった。それは，ほぼ神秘主義的な思考の領域にとどまっていた」（pp. 38-39）と述べ，ユングの集合的無意識の批判的検討をおこなっている。先行する理論に負わず経験的なイメージのみに依拠するならば，拡張が実際に分析可能であるということは疑われがちである。

(8)　このような教育観ならびに学習観の形成に，活動理論に基づく拡張的学習の勉強会が与えた影響は無視できない。企画者らは，保育者との協働による学びの創発をめざし，よるべとなる理論を探していた。勉強会では主にエンゲストロームの著書が参照されたが，それらの著書のなかでエンゲストロームは，「もし学習の本質的な拡張性（expansivity）が正統に取り上げられるならば，学習をコントロールされたプロセスと見る根強い考え方は，揺さぶられることになる。拡張性を認めることは，学習が指導者の手を離れて，学習者自身で方向づけられるものとなることを受け入れるということなのである」（Engeström, 2016, p. 9 [山住による訳を参照]）と述べ，教育や研修の限界を指摘している。

(9)　例えば，今井（2015）を参照。

(10)　この意味で第一回交流会は，異なる環境にある園が協働して，第一の刺激を発見するプロセスであったとも言えるかもしれない。記号（第二の刺激）へと変えられた人工物の発見が第二回交流会以降の課題となったのもそのためであろう。

(11)　交流会の具体的プロセスや参加園の特徴，保育士たちによる実践の詳細については，その活動内容をまとめたシンポジウムの報告論文（本岡ほか，2021）を参照。

⑿　協働的な学びは，学びの活動を対話的コミュニケーションによる文化的・社会的実践として認識する。そしてそれにより，活動的で協働的で反省的な学びを組織する。そのため協働的な学びは，単に他者との協力関係を示すのではなく，文化的実践（文化的内容の認識活動）に重点を置き，意味や関係を構築することを主眼に置いた社会的実践を強調する。

⒀　本岡（2019）「あいまーるニュースレター」第 1 号，未刊行。

⒁　チェンジ・ラボラトリーとは，拡張的学習に対する意図的な支援としての介入のツールキットである。その方法論について，詳しくは Engeström（2016）を参照。

⒂　玄田（2010）は，希望の概念を次のように定義し説明している。"Hope is a Wish for Something to Come True by Action with Others." つまり，希望には「気持ち（Wish）」と，自分にとっての大切な「何か（Something）」，それがどうすれば叶うのかという「実現（Come True）」に向けた手立て，そして何より自分の足で「行動（Action）」するという 4 つの柱から成り立っている，と。そして近年は，そこに 5 本目の柱として「お互いに（Each Other）」という，希望の社会的側面の存在を指摘している。

引用・参考文献

浅井幸子（2019）．「評価への「抗体」としてのドキュメンテーション——価値・意味生成・翻訳」『教育学研究』86(2)，249-261．
　　https://doi.org/10.11555/kyoiku.86.2_249

安彦忠彦（2019）．『私教育再生——すべての大人にできること』放送大学叢書．

Engeström, Y. (2016). *Studies in expansive learning: Learning what is not yet there.* New York: Cambridge University Press.〔山住勝広［監訳］（2018）『拡張的学習の挑戦と可能性——いまだここにないものを学ぶ』新曜社〕

エンゲストローム，Y., 山住勝広監訳（2018）．『拡張的学習の挑戦と可能性——いまだここにないものを学ぶ』新曜社．

エンゲストローム，Y., 山住勝広訳（2020）．『拡張による学習——発達研究への活動理論からのアプローチ』新曜社．

玄田有史（2010）．『希望のつくり方』岩波新書．

今井康雄（2015）．「音楽科へのエール」『音楽教育学』45(1)，37-39．
　　https://doi.org/10.20614/jjomer.45.1_37

鯨岡峻（2003）．『関係発達論の構築』ミネルヴァ書房．

鯨岡峻（2013）．『なぜエピソード記述なのか——「面接」の心理学のために』東京大学出版会．

レオンチェフ，A. A., 菅田洋一郎監訳（2017）．『新装改定版　ヴィゴツキーの生涯』新読書社．

Midgley, G. (2000). *Systemic intervention: Philosophy, methodology, and practice.* New York: Kluwer.

本岡美保子（2019）．「乳児保育における葛藤の意義——乳児と保育者の相互作用に着

目して（葛藤が生起する場としての保育）」『保育学研究』57(3)，372-384.

本岡美保子（2020）．「『エピソード記述』における記録者の視点に関する課題につい
て――乳児保育場面の関与観察をもとに」『広島都市学園大学　子ども教育学部紀
要』6(2)，13-22.

本岡美保子・山田直之・濱名潔（2021）．「『創発的協働研修』の課題と展望に関する
報告――保育記録に関する課題の共有を手がかりとした継続的取り組み」『広島
都市学園大学　子ども教育学部紀要』8(1)，27-28.

ニューマン，F.＆ホルツマン，L.（2020）．伊藤崇・川俣智路訳『革命のヴィゴツ
キー――もうひとつの「発達の最近接領域」理論』新曜社。

Rinaldi, C., The pedagogy of Listening: The Listening Perspective from Reggio Emi-
lia, in Edwards, C., Gandini, L. and Forman, G. eds., *The Hundred Languages of
Children (Third Edition): The Reggio Emilia Experience in Transformation*,
2011, Prager, pp. 233-246.

天願順優「保育の専門性　光当てて――幼保無償化　質高める機会に」『沖縄タイムス』，
2019年6月12日.

山住勝広（2017）．『拡張する学校――協働学習の活動理論』東京大学出版会.

山住勝広（2020）．「訳者あとがき」エンゲストローム，Y. 山住勝広訳『拡張による
学習――発達研究への活動理論からのアプローチ』新曜社，391-492.

Yamazumi, K. (in press). *Activity theory and collaborative intervention in education:
Expanding learning in Japanese schools and communities.* London: Routledge.

人名索引

事 項 索 引

〈執筆者紹介〉（執筆順，執筆担当）

山住勝広（やまずみ・かつひろ）　編者・まえがき・第1章・第2章

神戸大学大学院文化学研究科博士課程修了。博士（学術）（神戸大学，1996年）。
関西大学文学部 教授。
〔著書〕"*Activity Theory and Collaborative Intervention in Education*" Routledge,
2021.『拡張する学校』東京大学出版会，2017年。『教科学習の社会文化的構成』勁草
書房，1998。『子どもの側に立つ学校』（編著）北大路書房，2017年。『ノットワーキ
ング』（共編著）新曜社，2008年。"*Improving Reading and Reading Engagement in
the 21st Century*"（共著）Springer, 2017. "*Learning and Collective Creativity*"（共
著）Routledge, 2013. "*Learning and Expanding with Activity Theory*"（共著）Cam-
bridge University Press, 2009, ほか。

冨澤美千子（とみざわ・みちこ）　第3章

奈良女子大学大学院人間文化総合科学研究科社会生活環境学専攻博士後期課程修了。
博士（文学）（奈良女子大学，2021年）。
横浜美術大学美術学部教職課程 教授
〔著書〕『野村芳兵衛の教育思想——往相・還相としての「生命信順」と「仲間作り」』
春風社，2021年。『子どもの創造力を育む総合的な学習の時間』大学教育出版，2021
年。
『学びあう食育——子どもたちのニュースクール』（共著）中央公論新社，2009年。
『子どもの側に立つ学校——生活教育に根ざした主体的・対話的で深い学びの実現』
（共著）北大路書房，2017年。『教育の知恵60——教師・教育者を励まし勇気づける名
言集』（共著）一藝社，2018年。『教職概論——理想の教師像を求めて』（共著）大学
教育出版，2020年。

白數哲久（しらす・てつひさ）　第4章

昭和女子大学大学院生活機構研究科人間教育学専攻博士後期課程修了。博士（学術）
（昭和女子大学，2015年）。
昭和女子大学人間社会学部 准教授。
〔著書／論文〕「対話を促す科学読み物の活用に関する研究——文化－歴史的活動理論
と知識構成型ジグソー法の援用」『日本教科教育学会誌』2021年，第44巻1号。「文化
－歴史的活動理論を援用した「総合的な学習の時間」の指導に関する研究」『昭和女
子大学近代文化研究所「学苑」』2018年，第928号。『児童の科学的概念の構造と構
成——ヴィゴツキー理論の理科教育への援用』（単著）福村書店，2017年。

伊藤大輔（いとう・だいすけ）　第5章

　兵庫教育大学大学院連合学校教育学研究科博士課程修了。博士（学校教育学）（兵庫教育大学，2004年）。
　秋田県立大学総合科学教育研究センター　准教授。
　〔著書／論文〕『マンガで学ぼう！　アクティブ・ラーニングの学級づくり──クラスが変わる　学級力向上プロジェクト』（共編著），金子書房，2017年。「『総合的な探究の時間』の学習指導に関する一考察──主体的・対話的で深い学びの実現に向けて」『秋田県立大学総合科学研究彙報』2021年，第22号。

根津知佳子（ねづちかこ）　第6章

　東京学芸大学大学院教育学研究科音楽教育専攻修了。教育学修士（東京学芸大学，1986年）。
　日本女子大学家政学部児童学科　教授。
　〔著書／論文〕『感性のフィールド──ユーザーサイエンスを超えて』（共著）東信堂，2012年。「"声を出すこと"による学び」『活動理論研究』2019年，第4号。「コロナ禍における"集団的即興"」『活動理論研究』2021年，第6号。

浅野吉英（あさの・よしひで）　第7章

　神戸大学大学院教育研究科美術教育専攻修美術講座修了
　兵庫県公立高等学校教諭（2018年まで）
　豊岡短期大学　特別招聘講師
　〔著書／論文〕『美術教育の動向』（共著）武蔵野大学出版局，2009年。「子どもの描画から社会に結び目づくり（ノットワーキング）する創作活動の実践研究」『豊岡短期大学論集』2020年，第16号別冊。

畠山　大（はたけやま・だい）　第8章

　東北大学大学院教育学研究科博士課程修了。博士（教育学）（東北大学，2019年）
　岩手県立大学高等教育推進センター／教職教育センター　准教授
　〔著書〕『新時代の教育課程論』（共著）一藝社，2022年。『学校は私たちの「良い生活」（グッドライフ）だった──アメリカ教育史の忘れ物』（共訳）慶應義塾大学出版会，2021年。『ワークで学ぶ教育学（増補改訂版）』（共著）ナカニシヤ出版，2020年。

山田直之（やまだ・なおゆき）　第9章

　広島大学大学院教育学研究科博士課程後期修了。博士（教育学）（広島大学，2018年）。
　関西大学文学部初等教育学専修／大学院文学研究科教育学専修　准教授
　〔著書／論文〕『芦田恵之助の教育思想──とらわれからの解放をめざして』春風社，2020年。『新・教職課程演習第7巻　道徳教育』（共著）協同出版，2021年。『教員養成を担う──「先生になる」ための学びとキャリア』（共著）広島大学出版会，2019年。「国語科作文教育における訓練的教授の探求──芦田恵之助の綴方教育を手がかりに」『国語科教育』2020年，第87号。

拡張的学習と教育イノベーション
──活動理論との対話──

2022年9月20日　初版第1刷発行　　　　　　　〈検印省略〉

定価はカバーに
表示しています

編著者　山　住　勝　広
発行者　杉　田　啓　三
印刷者　坂　本　喜　杏

発行所　株式会社　ミネルヴァ書房
607-8494　京都市山科区日ノ岡堤谷町1
電話代表(075)581-5191
振替口座01020-0-8076

©山住勝広ほか，2022　冨山房インターナショナル・新生製本

ISBN 978-4-623-09363-2

Printed in Japan

▌小学校教育用語辞典

四六判　408頁　本体2400円

●小学校教育に関わる人名・事項1179項目を19の分野に分けて収録。初学者にもわかりやすい解説の「読む」辞典。小学校教員として知っておくべき幼稚園教育や校種間の連携・接続に関する事項もカバーした。教師を目指す学生，現役の教師の座右の書となる一冊。

▌カリキュラム研究事典

————————C・クライデル編　西岡加名恵・藤本和久・石井英真・田中耕治 監訳

Ｂ５判函入り　834頁　本体22,000円

●カリキュラム論の発祥地・アメリカ編まれた事典。基本的なキーワードの解説に加えて周辺にあるコンセプトや研究機関の解説まで，全505項目を収録。簡潔で明快な解説で「読む事典」として活用できる。

▌戦後日本教育方法論史（上）
——カリキュラムと授業をめぐる理論的系譜

————————————————————田中耕治 編著

Ａ５判　292頁　本体3500円

●教育方法学の基本的な論点と理論的な系譜を軸に，戦後教育史において重要な問題領域とそこで追求された主題・方法論をとりあげる。各章での解説は時代区分により整理されており，時代ごとの理論や実践，論争の特徴・課題を検討していく。

▌戦後日本教育方法論史（下）
——各教科・領域等における理論と実践

————————————————————田中耕治 編著

Ａ５判　274頁　本体3500円

●戦後教育には，「戦後新教育」→「統制の強化と系統性重視」→「教育の自由化とゆとり教育」→「グローバル化の進展とコンピテンシー重視」という流れがある。それをたどりながら，各教科・領域等における代表的な理論的立場と論点，実践を明らかにしていく。

———— ミネルヴァ書房 ————

http://www.minervashobo.co.jp/